改革开放与创新发展理论和实践丛书

上海社会科学院应用经济研究所
周年所庆专题系列文集

U0835369

公共支出、劳动力流动与制造业地区差距

贾婷月◎著

上海社会科学院出版社
SHANGHAI ACADEMY OF SOCIAL SCIENCES PRESS

图书在版编目(CIP)数据

公共支出、劳动力流动与制造业地区差距 / 贾婷月著.—上海：上海社会科学院出版社，2019
ISBN 978-7-5520-2439-5

Ⅰ.①公… Ⅱ.①贾… Ⅲ.①制造工业—经济发展—协调发展—研究—中国 Ⅳ.①F426.4

中国版本图书馆 CIP 数据核字(2019)第 179214 号

公共支出、劳动力流动与制造业地区差距

著　　者：贾婷月
责任编辑：应韶荃
封面设计：风行水上
出版发行：上海社会科学院出版社
上海顺昌路 622 号　邮编 200025
电话总机 021-63315947　销售热线 021-53063735
http://www.sassp.cn　E-mail：sassp@sassp.cn
照　　排：南京前锦排版服务有限公司
印　　刷：江苏凤凰数码印务有限公司
开　　本：710×1010 毫米　1/16 开
印　　张：12.5
字　　数：210 千字
版　　次：2019 年 12 月第 1 版　　2019 年 12 月第 1 次印刷

ISBN 978-7-5520-2439-5/F·586　　定价：65.00 元

编 委 会

序

中国经济在历经改革开放40周年的变迁后已经实现了跨越式发展，经济总量稳居全球第二位。面对全球经济放缓和复杂的国内外政治经济形势，未来的经济发展机遇和挑战并存。在互联网、人工智能、生命科学等新技术快速发展的浪潮下，中国和世界其他主要经济体都面临着重大发展机遇和不确定性，如果能够提高国家整体创新能力、加快产业结构升级，中国有可能在这场新技术革命中取得更大的竞争优势。但与此同时，中国社会经济发展中也面临着区域经济发展不平衡、不充分问题凸显，教育、医疗、养老、居住等基本公共服务供给不足，资源环境压力与经济可持续增长矛盾尖锐等问题。

中国社会经济过往发展的基本经验是努力发挥政府、市场两个积极性，市场竞争发挥调节供求、资源配置的决定性作用，政府通过提供基础设施、改善营商环境、激励创新创业等调动微观主体的发展积极性，而且中国的自上而下的垂直管理体制也强化了地方政府和官员的发展积极性。当然，在这个政府和市场紧密配合的经济运行模式中，也出现了政企不分、产业结构同质化、民营企业发展中的天花板、少数官员的贪腐等严重问题。政府作为国家治理的基础和主要支柱，各级政府的财政收支行为无疑是推动技术创新、产业升级、要素流动和改善公共服务供给的最基本力量。无论是区域收入差距问题还是产业结构转型升级问题，公共服务作为一种配置劳动力要素空间分布的手段，始终贯穿着经济发展与转型升级的进程。研究财政收支对地区间要素配置、经济发展的影响，当然对把握和理解中国经济可持续发展的演化特征有特别重要的意义。

贾婷月的这本专著《公共支出、劳动力流动与制造业地区差距》是对其博士学位论文的扩展和完善。研究选题最初来源于她参与我主持的国家社科基金重点项目“财税制度、要素流动与中国经济增长动力研究”，通过课题的研究，她逐步将公共服务、劳动力流动与区域收入差距问题作为博士论文的选题。尽管区域经济差距已经是一个文献汗牛充栋的问题，我们之所以还要关注和研究这个并不新颖的问题，是因为在进行地区产业发展特征的研究过程中，我们惊讶地发现，工业与服务业地区差距的演变呈现明显的结构分化特征，工业部门实际劳动生产率省际差距在 1997 年前后分别呈现先扩大后缩小的趋势，而服务业实际劳动生产率省际差距在 2012 年之前则是一直持续扩大的状态。为此，我们试图寻找出工业制造业部门先于服务业和整体经济地区差距缩小背后的动因和机制。之前的文献一般是从制造产品、服务产品的可贸易与不可贸易视角对此进行解读，但显然很难解释地区间劳动生产率差距的非线性特征。我们的看法是中国在工业化快速发展的同时也伴随着城镇化的快速发展，因而劳动力集聚和空间流动可能是造成不同时期地区制造业差距的非线性特征的原因之一。贾婷月博士的这本专著依据公共经济、城市经济等现代经济理论，以劳动力跨省流动作为切入点和中间变量，研究了公共支出的规模和结构对制造业地区差距的影响机制。我认为，本书中的重要研究成果主要有以下三个方面：

第一，较为全面地刻画了不同类型公共支出对地区非农产业的增长、地区经济差距的影响特征。本书中的研究发现，近年来中国的财政支出结构发生显著变化，民生性支出占比明显提高，基本建设支出的占比相应降低。中国地方政府基本建设支出、民生性支出对制造业增长有明显的促进作用，然而对于服务业增长，仅有民生性支出的增加起到了显著的拉动作用。此外，民生性支出还与制造业地区差距存在显著的负相关关系，即民生性支出占比的增加，地区制造业差距随之缩小。这个研究结论印证了马斯格雷夫与罗斯托的经济发展的阶段增长理论，即在经济发展的中期至成熟期，教育、医疗等民生性公共服务支出会更快增加。在中国当前正在推进的支持传统产业升级、加快现代服务业发展的战略目标下，这意味着应该进一步改善以教育、医疗、文化、科技等公共服务供给质量，它有助于推动中国由制造业为主向以服务业为主的产业结构转型升级。

第二，将劳动力区分为技能型劳动力与非技能型劳动力，研究了公共服务支出、公共服务水平对技能劳动力与非技能劳动力的集聚与跨地区流动的影响。研究发现，技能劳动力与非技能劳动力迁移的目的存在很大差异，非技能劳动力迁移规模主要受到迁入地工资水平的影响，而技能劳动力迁移既受到公共服务支出增量的影响，也受到迁入地公共服务存量水平的影响。而且技能劳动力集聚会带来城镇化规模以乘数模式上涨，这是由于技能劳动力流入增加了商业服务业的需求，促进就业，并吸引更多低技术从业人员。本书的这个研究表明，地区的公共服务供给对于吸引人才具有直接效应，考虑到中国一直以来地区间的社会经济发展差距，这在一定程度上促进了发达地区先进制造业发展和结构升级，但人才流入又会进一步吸纳商业服务业从业人员，因而造成了一些公共服务供给质量较高的大城市出现了高技术就业与低技术就业的两极分化，这当然会对特大城市的城市治理、公共服务消费的公平公正带来一定的压力；与此相对，对广大欠发达地区，这提示各级政府更应重视提高基本公共服务供给的水平和质量，尤其是教育与医疗等基本公共服务，这将会提升欠发达地区的产业发展基础，实现落后地区社会经济的跨越式进步。

第三，分析了劳动力流动对制造业地区差距倒“U”特征的影响机制，并从三个层面对劳动力流动带来的正反两股力量进行验证，是全面理解制造业地区差距形成动因的更深层次的探讨。本书的实证结果发现，首先，地区劳动力流入与地区制造业劳动生产率的相关性表现为倒“U”型的非线性关系，即劳动力流入会先增加制造业劳动生产率，达到某一峰值后，劳动力过度流入最终会降低地区制造业劳动生产率。其次，技能劳动力流入对制造业发展存在技术外溢效应，这推动了地区制造业劳动生产率的增长，从而扩大人口流入地制造业与其他地区的差距，但这仅存在于技术密集型行业。再次，技能劳动力流入的持续增加会通过推高地区工资与房价水平，提高制造业生产成本和劳动力的生活成本，降低人口流入地制造业劳动生产率，缩小人口流入地与其他地区制造业差距。由技能劳动力流动引起的工资增长，进而带来的地区制造业收敛表现在制造业全行业中，而房价的增长所导致的制造业收敛仅仅出现在技术密集型行业中。这些研究发现提示在相关政策制定中，各级政府应尽量减少对工资、城市化和住房市场的过度干预，积极发挥劳动力和住房市场的调控作用，使生产、生活成本的差异逐步转化为调控地区间产业转移的内在动力，实现区域间经济社会的协调发展，从而促进社会经济的可持续增长。

本书的研究仅仅是从公共服务与劳动力流动的角度解释制造业地区收敛的初步的探索，无论是理论模型还是经验分析都还有许多值得进一步探索的空间，如对于地区间制造业增长中财政政策、要素成本的影响机制的理论模型构建；实证分析中的公共支出结构的分类、技能劳动力流动指标的选取、技能溢价效应的刻画等都还需要进一步深化。作为贾婷月博士学术生涯中的一项阶段性研究成果，我相信此项研究可以对中国未来改善区域制造业发展不平衡的支出政策制定提供一些有益的借鉴，也期待着本书的出版能够引起学术界对中国地区间制造业不平衡收敛问题产生更多的关注和研究。

付文林

2019 年 2 月

前　言

改革开放初期，国家经济发展的战略重心向东部沿海地区倾斜，东部省份工业化进程加快，生产要素向东部沿海省份集聚，这一重大经济发展举措使沿海地区劳动密集型制造业快速发展，中国制造遍布全球，并且在短期内快速拉动经济增长，成为全球第二大经济体。东部地区工业化快速发展虽然带动了中国整体经济的腾飞，但同时也出现了区域经济发展不协调、不充分的现象，产业空间分布严重失衡。当前，中国经济已经进入高质量发展阶段，中国经济发展关注的重点已经不仅仅是增长绩效，而是应更多地关注如何改善区域间经济发展的不充分、不平衡，促进产业结构升级，将中国制造业由制造大国向制造强国转变。因此，制造业区域间差距的形成及其影响机制成为当前中国经济转型期间的研究重点。

笔者通过计算工业与服务业省际基尼系数与泰尔指数发现，工业劳动生产率省际差距呈现倒“U”型特征，即地区差距先扩大后缩小，而服务业劳动生产率地区差距在2012年以前一直在扩大，制造业地区差距的缩小先于服务业与整体经济。笔者使用事实数据还计算出近年来地方政府对于民生性支出加大了力度。虽然在市场经济的体制下，市场为资源分配的主要力量，但政府对宏观经济发展所起到的积极作用也是毋庸置疑。笔者在关注到这样的经济背景后，试图将劳动力跨省迁移的规模与结构作为中间变量，从政府公共支出的规模、结构去解读制造业地区差距形成的原因和机制，旨在为改善区域间制造业发展的不平衡与不充分提供较为行之有效的财政政策方向。

本研究的核心分为三个部分，第一部分是研究公共支出对中国非农产业发展的综合经济效应，作为后继研究的理论机制、事实基础与经济背景，这一部分的探讨集中在本书的第三章。在第三章中，首先通过大量事实数据揭示出近年来中国的财政支出结构发生了显著的变化,民生性支出占比明显提高,基本建设与城市发展类支出的占比相应降低。其次,数据揭示出中国制造业与服务业发展迅速,但却出现地区差距结构性分化的特征。进一步基于经验分析发现,中国地方政府基本建设支出与民生性支出对制造业增长有明显的促进作用,对于服务业增长,仅有民生性支出的增加起到了显著的拉动作用。最后通过拟合数据发现民生性支出还与制造业地区差距存在显著的负相关关系。因此在将劳动力流动作为中间变量进行研究时,本研究集中探讨能够代表民生性支出的公共服务对制造业地区差距的影响机制。

接下来的第四章是本研究核心的第二部分,将劳动力流动作为中间变量探讨公共服务规模和结构对制造业地区差距的影响及机制,并将这一研究内容分为两节。第一节为公共服务支出规模、结构对不同技术结构的劳动力迁移的效应。在第一节研究的基础上,第二节主要从基本公共服务在产业发展中起到的重要作用着手,进行了三个层次的分析。第一,公共服务支出水平对城镇化率增长的效应;第二,公共支出规模与结构对技能就业人口与非技能就业人口集聚效应的检验,以及公共服务存量的规模与结构对技能劳动力与非技能劳动力集聚效应的检验;第三,公共服务支出规模与结构对技能劳动力流动与非技能劳动力流动的影响的实证分析,以及公共服务存量规模与结构对技能劳动力流动与非技能劳动力流动的效应的实证检验。实证研究恰好发现公共服务与基础设施水平的提高对技能劳动力迁移有着明显的"引力"作用,而对于非技能劳动力不存在直接的"引力"效应。因此下文的分析主要讨论了技能劳动力流动的效应。

本研究核心的第三部分主要探讨劳动力流动对制造业地区差距的影响及其机制。这一部分内容分布在本书的第五、六章。第五章首先基于巴罗与萨拉伊马丁的经济收敛模型对制造业分行业的劳动生产率是否出现区域间 β 收敛进行实证检验,进一步加入劳动力跨区域流动的变量用以验证劳动力流动是否引起了制造业收敛。研究发现劳动力跨区域流动在 2001 年以前具有扩大地区差距的效应,2001 年以后加速了地区之间制造业劳动生产率的 β 收敛,这一现象与工业地区差距的倒"U"型特征匹配。第六章基于第五章的分析,进一步探讨了劳动力流动促进区域间制造业劳动生产率收敛的机制。该章首先假设劳动力流动对制造业地区差距产生倒"U"型影响必然存在扩大制造业地区差距与缩小地区差距的两股力量,这两股力量可能来源于异质性劳动力流动的差异化经济效应。该章从三个层次的实证设计进行分析。首先,从实证层面检验劳动力流动是否对流入地制造业劳动生产率产生倒"U"型的非线性影响。其次,进行劳动力流动对制造业地区差距影响的两股力量的实证检验。一是对高技术流入劳动力对制造业是否发挥出了技术外溢效应,促进了地区制造业劳动生产率的提高,从而扩大人口流入地区与其他地区差距的实证检验;二是从工资、房价两个层面验证技能劳动力流动是否通过带动人口流入地生产、生活成本的提高从而对制造业地区差距产生缩小的作用。

本书后续部分是对人口流动进程中的公共服务供给效率与供给的支出责任划分中存在的问题的一系列思考。最后给出本研究的总结与未来财政政策的方向。本书是在作者攻读上海财经大学经济学博士学位时撰写的学位论文基础上修改而成的,研究源于对区域间收入差距问题的关注。本研究尝试性地为公共服务、劳动力流动与地区间制造业收敛提供了逻辑一致性解释框架,通过理论挖掘与经验分析,试图为未来改善区域收入差距的政策提供更加理性的评价。

目　　录

第一章　引　　言

第一节　选题的缘起及研究意义

一、本书的研究背景与问题的提出

十一届三中全会确立了中国由计划经济向社会主义市场经济体制转变的经济体制改革目标。改革开放四十年来，伴随着财税体制改革、国有企业改革、对外开放、价格体制改革与新兴非国有部门的迅速增长，中国经济在一段时期内呈现跨越式增长，当前已成为全球第二大经济体。经济体制改革初期，中国的产业结构仍然是以农业为主。随着英国工业革命的爆发，技术革新、机器制造业机械化大大提高了农业劳动生产率，同时释放了大量农业剩余人口。在此时期，中国的城市大力发展工业，工业化进程加快为农业剩余人口不断向城市集聚提供了机遇，中国经济出现了快速工业化与城镇化的现象。东部地区先发展，进而带动中西部地区发展的区域差别化的经济政策使得东部沿海地区最早成为制造业的集聚地。在工业化的初始阶段，中国制造业依靠低廉的劳动力成本优势占据了国际市场中的一席之地，中国成为世界工厂，国内生产总值依靠加工制造业和贸易出口带动，在一段时期内保持着两位数的增长速度。虽然中国经济总量增长迅速，但人均收入还仅仅属于中等偏上行列。此外，经济快速增长的同时，还在一段时期内出现地区经济差距扩大的现象。当前，中国经济进入高质量发展阶段，经济增长速度已经不再是以往两位数增长的状态，经济进入增长的新常态。当前中国经济发展关注的重点已经不仅仅是增长绩效，更多的是关注区域间经济发展的不充分、不平衡的结构特征问题，以及如何将中国制造业由制造大国向制造强国转变。因此，制造业区域间差距的形成及其影响机制成为当前中国经济转型期间的研究重点。

从新古典经济理论开始，关于地区差距的研究主题就与劳动力流动密切关联，因为劳动力是重要的生产要素，劳动力区域间流动自然是影响地区差距变动的重要原因。之前国内的研究往往强调户籍制度带来的城乡二元经济分割，东部地区对中低端劳动力流动设置入户障碍，同时努力吸引高技术劳动力流入，从而获得大量低成本的劳动力资源，推动经济快速增长（蔡昉，2005），也同时拉大了东部地区与中、西部地区的产业发展差距。以 1990 年为基期，计算出的工业劳均增加值——工业全员劳动生产率的省际基尼系数，从 1990 年的 0.15 逐年增长至 2000 年的 0.26①。付文林（2011）指出过度的“增长主义”形成和固化了粗放式增长模式，导致利益分配失衡，消费需求不足，腐败现象蔓延，资源环境恶化，居民福利与收入分配差距持续存在。以 1990 年为基期的人均 GDP 基尼系数经过十年的经济发展从 1990 年的 0.26 增加到了 2000 年的 0.31，地区收入差距与地区工业发展差距同步扩大。改革开放后经济粗放式发展的 20 年，区域间工业增长差距与总体经济增长差距严重分化，有可能是因为地区之间要素流动的两极分化以及基础设施、基本公共服务配置向东部省份倾斜，导致欠发达地区不能发挥比较优势，产业结构出现严重失衡。这一结果还极有可能成为长期经济可持续增长的制约因素。

随着粗放式经济发展方式的弊端与矛盾凸显与人口红利的消失殆尽，中国经济增长速度放缓，改善区域间经济发展的不平衡、不充分问题尤其重要。在改革开放后的 40 年里，为了适应经济快速增长与转型，中国的财政体制也在探索中不断地进行改革。近年来，政府逐渐明确自身的职能，确定了以市场分配为主、政府干预为辅的资源配置方式。随着确立市场配置资源的主体地位、促进地区公共服务均等化、加快产业结构内部与外部转型以及财税制度改革等举措的渐进式实施，中国的实际人均地区生产总值的差距呈现逐渐缩小趋势。以 1990 年为基期，中国除西藏外的 30 个省际之间的基尼系数由 1990—2004 年逐年上升转变为 2004—2014 年逐年降低的趋势，从 2004 年的 0.32 降低至 2014 年的 0.22②，在近十年间地区人均 GDP 差距呈现缩小趋势。

仅仅关注区域间经济总量差距的减小，而不重视各产业区域间差距的结构特征，容易对区域间经济差距的变动做出误导性的政策判断。本研究分别

① 数据来源于相应年份《中国统计年鉴》，经计算得出。

② 基尼系数由相应年份《中国统计年鉴》数据计算得出，本书中基尼系数与泰尔指数数据均来源于此，省际间基尼系数与泰尔指数采取的是除西藏之外的全国 30 个省（自治区、直辖市），基尼系数与泰尔指数计算时均使用实际值。

计算了工业与服务业劳动生产率的基尼系数与泰尔指数，以关注 1990 年以后非农产业部门区域间差距的变化趋势。以 1990 年为基期，中国工业实际全员劳动生产率[①]的基尼系数从 2001 年开始出现波动的下降趋势，自 2001 年的 0.26 下降至 2014 年的 0.16，泰尔指数从 2001 年的 0.12 下降至 2014 年的 0.04。与工业全员劳动生产率地区差距变动相似的是地区人均 GDP 差距，省际间基尼系数从 2004 年的 0.32 下降至 2014 年的 0.22，泰尔指数从 2004 年的 0.18 下降至 2014 年的 0.08。显然，工业实际全员劳动生产率地区差距与全国人均 GDP 实际值的地区差距演化路径相同，均呈现先扩大后缩小的趋势，但人均 GDP 地区差距缩小先于工业实际劳动生产率的缩小。与此相对的是服务业实际全员劳动生产率地区差距在 2012 年之前没有表现出缩小的趋势，1990 年至 2002 年之间服务业实际全员劳动生产率地区差距日益凸显，2002 年以后基尼系数呈现相对平稳的波动式上涨，2012 年至 2016 年之间呈现下降趋势。以 1990 年为基期的数据具体来看，服务业实际全员劳动生产率基尼系数从 1990 年的 0.19 扩大到 2012 年的 0.27，并且在 1999—2012 年间，基尼系数在 0.25—0.27 之间反复波动，2012 年之后缩小至 2016 年的 0.2；服务业实际全员劳动生产率的泰尔指数显示，1990 年为 0.03，2012 年达到最高值，为 0.13，2016 年该数据又降低到 0.06。上述三组数据表明，工业率先出现地区差距缩小，带动整体经济地区差距缩小，而服务业仅仅在最近四年表现出地区差距的缩小。地区间产业增长敛散性的结构分化暗示着中国整体经济区域间差距的缩小只是表象，实现区域经济均衡发展需要了解地区间不同产业收敛趋势差异的影响因素与其内在的机制是什么，才能从调节产业结构地区间优化、促进产业增长与地区差距缩小着手，改善地区之间经济发展的不平衡、不充分的现象，这就需要寻找形成当前工业与第三产业地区差距演变趋势不一致的原因所在。

制造业增加值在工业增加值的占比超过 80%，是工业经济最重要的组成部分。制造业发展初期，东部沿海省份在经济发展初期由于资源禀赋及政策倾向实现了经济快速增长，但生产、生活成本也随之增加，同时东部省份低端制造业曾一度出现了“用工荒”的现象，使得制造业沿海集聚地的劳动力成本优势不复存在。随之而来的是东部省份对于劣质劳动密集型制造业企业的淘

---

① 全员劳动生产率为相应产业增加值除以该产业从业人员，实际值全部是以名义值通过 CPI 消除价格因素的影响。

汰，低端制造业行业内迁，出现了飞雁模式的产业转移现象。制造业开始逐渐从以劳动密集型为主到以技术密集型为主的工业结构模式过渡，制造业产业发展政策也在随着经济结构的转型逐渐有所变动。“十二五”经济发展期间，中国第三产业的增加值占国内生产总值的比重已经显著高于第二产业，但仍然存在突出的不可协调、不可持续的问题，经济增速进入7%左右的“新常态”，经济结构调整出现阵痛，结构性矛盾日益加剧，创新能力较弱，经济下行压力加大[①]。依据世界发达国家的发展经验来看，经济发展位于不同的时期，第一产业、第二产业与第三产业的数量比例关系不存在一定处于某一个严格的数值。现代经济的发展趋势是工业化与信息化不断融合，制造业通过服务外包的形式也使得二者逐渐融合，产业边界日渐模糊，一味追求产业结构最优比例的政策思路的合理性日渐薄弱。“十三五”时期更需要加深优化制造业要素密集度结构，同时提高服务业在经济结构中的重要地位[②]。区域协调发展的新格局也需要在“十三五”时期定型。2017年底，党的十九大报告中指出：“加快建设制造强国，加快发展先进制造业，推动互联网、大数据、人工智能和实体经济深度融合，在中高端消费、创新引领、绿色低碳、共享经济、现代供应链、人力资本服务等领域培育新增长点，形成新动能。支持传统产业优化升级，加快发展现代服务业，瞄准国际标准提高水平。促进中国产业迈向全球价值链中高端，培育若干世界级先进制造业集群。”可见，深化制造业内部结构改革在经济的高质量发展阶段尤为重要。制造业产业间新旧动能转换会伴有制造业区域间迁移，对地区间制造业经济增长率产生重要的影响，形成区域间制造业增长的差异，最终表现在区域间制造业敛散性的差异。改善区域间经济发展的不协调、不充分的问题，首先就要了解各产业区域间发展不平衡、不充分的原因及其内在机制。在以市场为主要经济导向机制的前提下，如何促进要素在区域间合理流动、优化劳动力要素结构并与产业升级转移形成良性循环，是财政政策研究范围内需要重点关注的领域。

中国的经济转型牵涉范围十分广泛，相对集中的政治体制决定了政府在经济转型中是主导力量，中国经济转型新阶段的核心任务是适当地划分好政

---

① 资料来自“十三五”规划原文：“……同时，必须清醒认识到，发展方式粗放，不平衡、不协调、不可持续问题仍然突出，经济增速换挡、结构调整阵痛、动能转换困难交织，面临稳增长、调结构、防风险、惠民生等多重挑战。有效需求乏力和有效供给不足并存，结构性矛盾更加凸显，传统比较优势减弱，创新能力不强，经济下行压力加大，财政收支矛盾更加突出，金融风险隐患增大。”

② “十三五”时期规划中指出要进一步提高工业化与信息化融合的水平，促进先进制造业和战略新兴产业的更快发展，服务业的比重也需要进一步的提高。

府与市场的边界以促进市场机制在资源配置中的决定性作用[①]。因此，本书对中国区域产业结构协调发展的研究也将立足于政府经济行为转变和发挥市场机制的决定性作用这个基本前提。

改善区域间制造业发展的不平衡、不充分的公共支出政策最重要的功能在于引导要素区域间流动，尤其是劳动力要素的不同结构所带来的经济效应有显著的差异，与产业升级相伴相生，并且劳动力的区域间转移还会带动区域间产业发展的动态变动差异。具体来说，一方面，劳动力做出是否迁移的决策取决于个人迁移的成本与收益函数，发达地区的公共福利是影响迁移收益的重要因素。另一方面，政府往往会通过公共支出竞争优质要素流入。这一机制早在 1956 年被著名经济学家蒂伯特的"用脚投票"理论所阐释。蒂伯特(1956)的"用脚投票"理论说明了劳动力通过用脚投票机制将优质公共服务与税收组合的区域选择出来。工业化带动城镇化快速发展，中国常住人口城镇化率也于 2015 年达到 56.1%[②]。虽然，由农业人口释放出的大量剩余劳动力促进了经济转型初期工业的极大发展，但在当前制造业结构转型的情况下，促进高新技术行业的蓬勃发展，不仅仅需要提升生产要素的数量，更需要提升的是生产要素的质量，尤其是劳动力的质量。然而在经济欠发达地区，产业发展相对较差，公共服务、基础设施与土地住房政策的不完善无法为高水平人才提供工作岗位与生活服务上的承接，使技能劳动力净流出，如中国的东北地区由于技能劳动力净流出，产业凋敝，老龄化严重，国有经济比重过大，导致经济增长严重落后于其他省份。劳动力要素区域间的分布不仅仅要满足效率要求，同时也需要政府在以市场分配为主的前提下，通过财政政策引导不同技术水平的劳动力在区域间合理流动，在一定程度上避免因产业极端分化而显失公平。

公共财政的最基本职能为资源配置、收入分配与稳定宏观经济，地方政府职能的重点在于资源配置，这是由于地方政府对于辖区内的居民的偏好、对于地方资源禀赋、历史文化、制度特征更加了解，因此对于公共服务的供给相对于中央政府更加具有效率。中国目前劳动密集型制造业的低成本优势正面临着巨大挑战，促进制造业优化升级、平衡区域间制造业发展的不完善、不充分尤其需要政府政策的支持与引导，这不仅关系到中国经济的可持续增长，也关

① 区域经济协调发展是一个复杂的系统工程，涉及经济、政治、文化和生态文明等众多体制改革任务，而经济体制改革作为全面深化改革的重点，十八届三中全会指出政府与市场的基本定位是"使市场在资源配置中起决定性作用和更好发挥政府作用"。

② 数据来源：《国家新型城镇化报告 2015》。

系到中国能否实现制造业强国、跨越中等收入陷阱。本书从产业增长与区域均衡发展的影响因素与影响机理出发，从劳动力区域间流动的角度去解释制造业地区差距变动背后的原因，通过区分流动劳动力的技术结构，研究不同技术水平劳动力流入后对本地经济的差异化作用，从而理解劳动力要素流动对制造业地区差距产生影响的内在动因。在此基础上，本书基于劳动力的"推—拉"理论、劳动力流动的引力模型等机理，研究公共支出、基本公共服务供给对不同技术结构的劳动力流动的效应，把劳动力流动及其作用机理作为中间机制将公共支出与制造业地区差距这二者关联起来，从而为合理改善区域间制造业发展的不平衡、不充分提供一定的理论依据与政策指导。这里需要说明的是，财政政策涵盖范围十分广泛，本书只聚焦于公共支出规模及结构、基本公共服务的配置这几个方面，并从现象到机制进行深入的研究。

二、研究意义

对中国产业发展、改善产业区域间发展的不平衡、不充分的财政政策体制改革的历史经验进行总结，研究地区间财政政策对制造业的区域间收敛、产业迁移与结构升级的效应，不仅对深化财税制度改革的研究具有重要的理论价值，更是对科学制定宏观财政政策，匡正地方政府的经济行为，优化地区间实体经济竞争环境，实现经济可持续增长具有重要的实践意义。更为重要的是，在改革开放后的四十年与分税制改革后的二十余年，研究如何能够发挥地方政府对产业经济发展的创造性与积极作用，不仅能为工业技术结构转型与服务业的大力发展提供良好的成长环境与政策支持，还能推动中西部地区创造普惠制度的基础设施与公共服务以吸引要素的流入，从而改善区域产业结构发展的不平衡，同时也是政府进行支出责任划分与税制结构改革的重要参考。

鉴于以往的研究较为忽视财政政策与中国区域间制造业地区差距特征的相关性，为了更好地理解中国政府资源配置职能的转变、财政政策改革的经济动因，本书试图对 2001 年以后制造业与服务业之间出现的地区差距敛散性的不一致现象的原因及内在机理进行深入剖析，不仅可以探究由公共支出所引起的高技术劳动力流动在制造业地区收敛中起到的作用机制，还可以为准确把握调节产业结构优化与升级方面的财政政策设计提供直接的研究证据。在此基础上，本书希望能够在改善区域间制造业发展的不平衡和不充分、保证制造业结构升级的顺利进行、维持公平有序的产业梯度转移、明确财政在产业政策上的资源配置方向、推进中国地区间在公共服务均等化、住房与土地政策、劳动力迁移的户籍制度改革以及提高城镇化质量方面提出具有价值的政策建议。

第二节　研究方法与研究结构

一、研究方法

由于公共支出、劳动力流动与区域产业结构均衡发展的研究涉及公共经济学、劳动经济学、城市经济学与产业经济学等学科，本研究又具体到人口学与财政学的基本原理，因此采用了跨学科分析的研究方法；同时，本研究主要采用实证研究的框架，寻找影响区域间制造业产业结构均衡发展的原因，分析公共支出对制造业收敛的具体影响及其机制，使得研究成果为下一阶段的区域间制造业转移与升级方向提供政策指导依据。

本研究采用了理论与实践相结合、规范分析和实证分析相结合、定性分析与定量分析相结合的方法。具体地说，本研究既定性分析了公共支出对劳动力流动的影响机理，技能劳动力、非技能劳动力对制造业地区差距的影响机制，又定量评估了制造业的区域间收敛特征、公共支出规模与结构对技能劳动力流动与非技能劳动力流动的各方影响的程度、不同技术结构劳动力流动对制造业收敛的影响机制，从宏观的视角分析了公共支出的规模、结构带来的制造业发展的要素成本增长，最终作用于制造业地区差距收敛这一联动的经济问题。

在具体的实证分析中，笔者首先对实证中所选取的数据进行描述性统计分析，对数据进行深入剖析、核对及调整。在数据类型上，笔者主要使用面板数据进行实证分析。但由于本研究的中间核心变量还包括细分技术结构的流入劳动力的规模，在基于笔者可能得到的数据中，细分职业与细分教育水平的迁移人口数据只在十年一次的人口普查数据中统计得比较全面，因此涉及流动人口结构变量的回归时，采用截面数据分析。具体实证方法为 OLS、IV－2SLS、联立方程组模型。本研究还使用了面板数据的 RE、FE 以及 3SLS 等回归方法的比较分析，并对实证模型进行稳健性检验。

二、研究结构

本书主要关注了公共支出是如何通过劳动力跨省流动对地区制造业差距的倒“U”型特征的后半部分产生影响，即对制造业率先出现收敛效应。为了细致深入地研究内在机制，本书的结构如下：

第一章是引言。主要说明了本书的选题背景和研究意义，阐述了文章的研究方法和研究价值，对文章的研究结构进行简要概括，揭示文章的研究创新与结论。

第二章从劳动力流动对地区经济的影响、基本公共服务对劳动力流动的影响以及公共支出对经济增长的影响这三个方面对国内外的基础理论与经验研究进行梳理、总结，找出相关研究的主题的直接与间接的理论依据。通过对相关研究的梳理发现，尚未有研究是从民生性财政支出、劳动力流动的角度对地区制造业劳动生产率收敛进行逻辑一致的框架下的解释，本书在这一方面弥补了以往研究的缺陷，在理解产业收敛的机理的研究领域有所突破。

第三章是研究公共支出对非农产业发展的经济效应。这一章主要作为下文研究的理论机制、事实基础与经济背景。该章首先通过大量事实数据揭示出近年来中国的财政支出结构发生显著的变化，民生性支出占比明显提高，基本建设与城市发展类支出的占比相应降低。其次，数据揭示出中国制造业与服务业发展迅速，但却出现地区差距结构性分化的特征。进一步基于经验分析发现，中国地方政府基本建设支出与民生性支出对制造业增长有明显的促进作用，对于服务业增长，仅有民生性支出的增加起到了显著的拉动作用。最后通过拟合数据发现民生性支出还与制造业地区差距存在显著的负相关关系。

在接下来的三章主要研究民生性公共支出对制造业地区差距的具体作用机理，本书的研究思路是民生性公共支出并不是直接作用于地区差距，而是通过劳动力跨省流动作为传导中介对制造业近年来地区差距的收敛产生了作用。民生性支出在第四章中选择一揽子基本公共服务变量来度量。

第四章对地区基本公共服务供给与劳动力流动的关系进行研究，该章尤其聚焦公共服务对劳动力流动的技术结构的差异化影响效应。在上一章研究的基础上，该章主要从基本公共服务在产业发展中起到的重要作用着手，进行了三个层次的分析。第一，公共服务支出水平对城镇化率增长的效应；第二，公共支出规模与结构对技能就业人口与非技能就业人口集聚效应的检验，以及公共服务存量的规模与结构对技能劳动力与非技能劳动力集聚效应的检验；第三，公共服务支出规模与结构对技能劳动力流动与非技能劳动力流动的影响的实证分析，以及公共服务存量规模与结构对技能劳动力流动与非技能劳动力流动的效应的实证检验。通过实证分析表明，不同人力资本水平的劳动力迁移的目的存在很大差异，公共服务与基础设施水平的提高仅仅直接吸引高技术劳动力流入，但高技术劳动力的流入会通过辐射效应进一步吸引低技术劳动力流入，扩大城市化规模。

第五章研究了劳动力流动对制造业区域间收敛的影响。该章基于巴罗与萨拉伊马丁的经济收敛模型为理论基础，沿袭 Rodrik(2013)的可以使用名义变量进行回归的收敛改进模型对制造业分行业的劳动生产率的区域间 β 收敛性质进行实证检验。实证结果表明，2001 年以前，中国制造业并未出现绝对收敛特征，2001 年以后中国制造业省际差距出现了绝对收敛的特征；进一步加入劳动力跨区域流动的变量验证劳动力流动是否是引起制造业收敛的原因时，发现劳动力跨区域流动在 2001 年以前具有扩大地区差距的效应，2001 年以后加速了地区之间制造业劳动生产率的 β 收敛，这一现象与工业地区差距的倒"U"型特征匹配。

第六章是基于第五章的分析，进一步探讨了劳动力流动促进地区制造劳动生产率收敛的具体机制。该章首先假设，劳动力流动对制造业地区差距产生倒"U"型影响必然存在扩大制造业地区差距与缩小地区差距的两股力量，这两股力量可能来源于异质性劳动力流动的差异化经济效应。该章从三个层次的实证设计对形成制造业收敛的内在机制进行抽丝剥茧的分析。首先，从实证层面检验劳动力流动是否对流入地制造业劳动生产率产生倒"U"型的非线性影响。实证结果发现，第一，地区劳动力流入与地区制造业劳动生产率的相关性表现为倒"U"型的非线性关系。这意味着，劳动力在某一地区内流入会先增加制造业劳动生产率，达到某一峰值后，劳动力过度的流入最终会降低地区制造业劳动生产率，也即在东部人口净流入省份中人口不断流入会逐渐降低东部地区制造业劳动生产率的增长率，而中西部跨省人口流入较少的地区，制造业劳动生产率的增长率相对较高，这使后发地区产生追赶的态势。其次，进行劳动力流动对制造业地区差距影响的两股力量的实证检验。实证结果表明，高技术流入劳动力对制造业发挥出了技术外溢效应，促进了地区制造业劳动生产率的提高，从而人口流入地区如东部地区与其他地区之间的制造业发展差距会扩大，但这仅存在于技术密集型行业，这会带来发达地区技术密集型行业与欠发达地区技术密集型行业劳动生产率差距的扩大。此外，高技术劳动力流入的增加还会带动地区平均工资水平、房价的提高，提高制造业增长的要素成本，从而作用于地区制造业地区差距。虽然，技能劳动力产生的技术外溢效应扩大了技术密集型劳动生产率，但同时，由于技能劳动力流入的持续增加，流入地工资与房价也会不断增长，技能劳动力流动最终会导致流入地技术密集型行业劳动生产率的下降。由技能劳动力流动引起的工资增长，进而带来的地区制造业收敛表现在制造业全行业中。将上述三个层次的实证结果综合对比，该章得到如下结论：当前制造业地区差距的演变主要来自由劳动力流动导致的东部地区低附加值制造业与高附加值的技术密集型制造业生产成本上升、利润降低，但技能劳动力流入又因为存在技术外溢效应，一定程度上抵消了成本上升导致的技术密集型劳动生产率下降。

第七章是对人口流动进程中当前的公共服务供给效率与供给的支出责任进行研究。促进人口健康有序流动的关键问题是公共服务供给的支出责任划分和供给效率的问题。因此该章首先以基础教育为例对公共服务供给效率进行测算。选取基础教育是因为上述研究发现技能劳动力流动是促进区域制造业协调发展的重要机制，而基础教育是直接提高劳动力人力资本水平的公共服务。该章使用 DEA-CCR 模型与 DEA-Malmquist 指数法对中国各省基础教育的静态效率和全要素生产率进行测算，判断技术效率的演变趋势，最终给出改善效率损失时各项要素投入应缩小的比例。随后，该章继续探讨人口城镇化进程下，政府公共服务供给的支出压力和成本分担机制设计，并指出在支出责任划分上，应该注意利益分配关系，尽可能地设计相对公平的政策制度，最后提出推进人口城镇化的财政支出责任建议。

第八章是总结和启示。在前文研究结果的基础上进行总结和归纳，提出政策性建议，并给出未来研究展望。在调节区域间产业平衡发展的公共支出政策的选择上，应进一步发挥要素流动对产业结构升级的作用机制，要打破劳动力跨地区流动的壁垒，促进劳动力集聚的知识外溢的规模报酬递增效应。当前特别是要加快推进中西部省份的基础设施建设、改善中西部地区的公共服务供给的水平和质量，引导资本和劳动要素向经济欠发达地区流动，创造地区间技术外溢、商业和贸易网络，增加落后地区制造业技术模仿能力。在行政干预方面应积极发挥劳动力和住房市场的调控作用，减少对工资、城市化和住房市场的不必要行政性干预，使生产成本差异逐步转化为调控地区间产业转移的内在动力，实现区域间经济社会的协调发展。

第三节　本研究的创新与不足

一、本研究的创新

本研究的创新有以下几点：

第一，本研究尝试性区分了不同公共支出在带动产业经济发展与结构升级方面是否发挥出不同的作用，指出了在所有公共支出的结构中，民生性公共支出在现阶段对制造业增长与服务业升级的作用要明显大于其他类型公共支出。

第二，本研究为劳动力流动与地区间制造业劳动生产率差距的倒“U”型相关关系提供了逻辑一致性解释框架，即民生支出地区间差异化可以吸引技能劳动力流入，发挥技能劳动力流动所带来的技术扩散与技能溢价双重效应在不同的时期产生的不同的主导作用，带动制造业区域收敛。本书首次从公共服务、劳动力流动的视角解释制造业收敛。

第三，本研究阐明了区域经济协调发展的财政支出政策应立足于生产要素配置的市场竞争规律，减少对人口和产业集聚、劳动力和住房市场的行政性干预，打破户籍制度壁垒，使地区间生产生活成本差异逐步转化为调控地区间制造业生产能力转移的内在动力。

二、本研究的不足

本研究的逻辑是公共民生性支出通过吸引技能劳动力流入引起了制造业收敛，但无论是通过理论机制还是实证检验，本研究仅仅能够解释劳动密集型与技术密集型行业的收敛特征，未能解释资本密集型行业的收敛特征。但本研究通过实证检验发现，劳动力流动同样与资本密集型劳动生产率有着倒“U”型关系，在排除了技能劳动力未能解释的部分，其影响的来源可能在于非技能劳动力流入及其背后的机制，为保证本书前后章节的逻辑一致，笔者在本书中没有进一步去研究非技能劳动力流动对资本密集型行业地区差距的效应。

关于制造业与服务业地区差距演变趋势的差异化现象，本研究仅仅给出了制造业地区差距倒“U”型特征的解释，并没有解决服务业地区差距在2012年之前持续扩大背后的原因，这也是本书未来研究的方向。此外，人口流动宏观数据的可得性较差，现有数据时效性相对滞后，造成本研究在公共服务“引力”作用、收敛、技术外溢、技能溢价实证检验的技术上受到限制。

第二章　文献综述

马歇尔(1890)在其著作中提出,规模效应、知识的外溢以及共享中间投入品这三个方面是产业集聚的原因。而中国在改革开放初期,向东部地区倾斜的发展政策导致东部沿海区域最早形成了工业集聚,同时也出现区域间收入差距急速扩大的现象。至此之后,中国的经济学者从多个方面推进关于地区经济失衡的研究。魏后凯(1997)指出,正是向东部沿海地区倾斜的对外开放经济发展政策,使人力资本、外商直接投资等要素向东部沿海地区流入,交通基础设施的逐渐完善进一步吸引了优质要素流入,导致东部地区与中西部地区的经济差距逐渐扩大。中国区域间经济的失衡与产业向东部地区集聚有着密不可分的联系。从改革开放初期到 1995 年之间地区差距主要表现为第二产业集中率不变时的结构效应;而 1995 年后,是由集聚效应与第二产业结构效应共同导致的地区差距的变动(范剑勇等,2002)。农业剩余劳动力向东部城市的涌入会进一步推动东部沿海城市与中西部地区的经济两极分化效应,加剧地区差距的扩大(范剑勇、王立军与沈林洁,2004)。因此,中国地区间产业分布严重失衡首先主要体现在工业部门,并且要素的流动——尤其是劳动力流动从中起着重要的催化作用。新古典经济理论指出,劳动力的流动可以促进地区经济收敛,但传统的新古典经济理论所阐述的经济收敛现象并没有出现在中国经济快速发展的初期。在 2006 年以前,虽然出现大规模劳动力跨地区流动,但是中国的区域经济差距并没有缩小,经济失衡仍然严重。

陆铭与陈钊(2004)指出,一味地追求经济增长而忽视地区收入差距的扩大将会引致社会的动荡。因此,在经济快速增长的同时,国内经济学者对地区收入差距领域进行了大量的研究。随着中国经济进入增长的"新常态"时期,中国的产业经济发展政策更加关注区域间产业协调发展这一目标。当然,各地区的比较优势是客观存在的,当地区要素与资源禀赋不适于发展制造业时,势必要与其他地区在这一产业上拉开差距。但近年来研究发现,属于可贸易部门的制造业出现了行业内迁的现象(曲玥、蔡昉和张晓波,2013),尤其是劳动密集型制造业,这说明发达地区已经逐渐失去低成本劳动力要素、较低的土地价格等优势,而这正是中西部地区所具备的比较优势。本书从公共支出、公共服务结构优化对产业增长效应的影响、公共支出引导劳动力要素流动、劳动力流动与制造业收敛的关系及其影响机制这三个层次进行研究,本章余下部分的文献综述也是从这三个方面将相关领域的文献进行分类整理与评述。

第一节　公共支出与经济增长

一、公共支出与经济增长的理论研究

经济增长理论发展的初期是将公共支出与税收外生化,但外生化的财政税收政策并不能影响稳态时经济增长率。Arrow 与 Kurz(1970)开创性地将政府生产性投资纳入了增长模型中,在他们的研究中,公共资本存量可以影响消费效用从而影响经济增长。Barro(1990)提出了将公共支出内生化的内生经济增长理论,这一理论模型的提出在公共财政领域至今仍有广泛的影响,这对公共支出与经济增长关系的研究作出了极大的理论贡献。Barro(1990)将政府购买的商品与服务纳入规模报酬不变的柯布道格拉斯生产函数中,基于 AK 经济模型,通过一个政府仅通过征税来弥补支出成本的预算约束,求解出均衡时政府的最优税率,以及稳态时公共支出对经济增长率的影响。Barro(1990)的研究中的另一个贡献是提出了生产性公共支出与消费性公共支出的这一概念。该研究认为,并不是所有的公共支出都可以进入生产函数,还有一部分公共支出用于购买商品及服务,影响了劳动力的效用,进入劳动力效用函数,从而影响经济稳态增长率,因此公共支出一般被分为生产性公共支出与消费性公共支出两类。在此之后,国内外关于公共支出的经验分析都基于 Barro(1990)的框架将公共支出划分为生产性和消费性进行回归分析。理论层面的探索,较多的研究是在 Barro(1990)的公共支出内生增长模型的基础上不断放松假设而来。严成樑与龚六堂(2009)研究了中国财政支出对长期经济增长的效应,该研究也同样区分了生产性支出和消费性支出。该研究扩展了 Barro(1990)的内生经济增长模型,将劳动力供给内生化,通过数值模拟刻画出生产性公共支出对经济增长的促进作用还取决于政府使用何种税收征税,若使用消费税来融资,则税率越高生产性公共支出规模越大越容易提高经济增长率,

然而若使用劳动所得税与资本所得税来融资，则上述关系呈现不确定性。该研究还指出，由于内生化劳动力供给，公共支出与税收可以通过影响劳动力供给从而对经济增长产生影响。金戈与史晋川(2010)的研究构造了一个包含多类公共支出的内生经济增长模型，进行了理论创新。具体地说，该研究认为公共支出应该区分为纯生产性支出、纯消费性支出以及生产—消费混合性支出。此外，该研究中还将公共品的拥挤性与排他性考虑进来，丰富了 Barro(1990)早期的经济模型的含义，更接近现实。

二、公共支出与经济增长的实证研究

关于实证方面的研究，沿用 Barro(1990)的经济理论，不同国家由于制度、经济禀赋、气候、资源以及经济体制的差异，得出的结论也是不同的。如 Devarajan et. al. (1996)使用实证分析的方式比较研究了 43 个发展中国家与 21 个发达国家生产性公共支出对经济增长的作用，研究发现，发达国家生产性公共支出对经济增长呈现促进作用，但发展中国家恰恰相反，生产性公共支出抑制了经济增长。Xie et. al. (1999)对美国 1948—1994 年的公共支出与经济增长的时间序列数据进行分析，研究表明，公共支出并没有显示出与经济增长的正相关，反而还会损害美国的经济增长。

在中国，马拴友(2000)较早地检验了政府支出与经济增长的关系，研究认为政府消费占 GDP 比重对经济增长显著正相关，同时也指出应该扩大文教卫等公共服务类支出的占比。庄子银与邹薇(2003)使用 1980—1999 年的时间序列数据检验了中国公共支出对经济增长的影响。检验结果表明，由于经济发展初期存在较大规模的预算外资金，财政支出对经济增长的效应并不明显。进一步使用截面数据回归发现由于存在较大的调整成本，财政支出同样并没有表现出明显的增长效应。不过，该研究使用财政支出增长率这一指标进行回归发现，财政支出增长率与经济增长率有显著的正相关关系。刘勇政与冯海波(2011)在 Barro(1990)与 Rioja(2003)理论研究的基础上，构造了一个包含政府、家庭与厂商的开放经济模型，并通过数值模拟和经验分析检验了公共支出效率与经济增长的关系，研究得出公共支出效率对经济增长呈现正相关关系，这与唐颖和赵文军(2014)的结论一致。

上述文献无论是从理论上还是实证上都较为认可政府公共支出的选择会内生地促进或抑制经济增长。不过，现有的研究关于生产性与消费性公共支出的具体划分还没有明确的界定，不同类型的支出对经济增长的影响机制不同,但毋庸置疑的是公共服务类支出都具有提高居民消费效用的属性,从而可以影响劳动力供给意愿及迁移决策。

第二节 公共服务与劳动力流动

一、公共品影响劳动力流动的基础理论

追溯公共品对劳动力流动的经济影响,较早的研究来自劳动力流动的"推力—拉力"理论。Ravenstien(1885)首次总结了七类影响人口迁移的因素,认为经济因素是最重要的影响因素,除此之外,迁移的决策还受到迁移地的距离、流动人口归属于城市还是乡村、迁移的层次、迁移人口的性别、交通和通讯信息技术的发展等因素的影响。但此时,公共服务对地区人口流动的引力作用还并未凸显。Bagne(1959)发展了人口迁移的"推力—拉力"理论,并首次将基本公共服务与基础设施纳入了迁入地"拉力"范围中,如良好的基础教育环境、文化和交通基础设施等。随后,劳动力流动的"推力—拉力"模型还有进一步的发展,如 Lowry(1966)进行了数理层面的扩展,但是在公共品领域的深入挖掘较为有限。劳动力流动的"推力—拉力"模型起源于新古典经济理论,但是人口迁移的复杂程度要远远高出新古典经济理论所推演出来的现象,尤其是公共政策与制度性变量层面还少有考虑。

真正引起关注的是 Tiebout(1956)提出的公共品与人口自由流动的"用脚投票"理论。Tiebout(1956)认为,各个辖区的税负与公共品种类存在差异,在人口可以自由流动的前提下,居民可以选择适合自己的公共品与税收的组合,从不适合自己偏好的辖区迁出,迁入适合自己偏好的辖区,实现一种"用脚投票"选择机制。通过上述的选择行为,可以优化辖区的公共品,从而吸引优质劳动力流入,实现社会福利的提升。但"用脚投票"理论有严格的假设:第一,要有足够多的提供公共品的市政区域;第二,所有的城市居民都可以获得所有市政机构管辖区的信息,并且居民可以在这些辖区间无成本的流动;第三,地方公共产品的供给没有溢出效应;第四,不存在规模经济;第五,市政机构用人头税支付公共产品支出。Oates(1969)在 Tiebout(1956)研究的基础上指出,若是按照 Tiebout"用脚投票"的理论,意味着公共服务供给与税收组合更吸引人的地区,要素越倾向于流入,不动产价格也越高,并通过实证检验验证了这一事实。Oates(1972)在随后的研究中提出地方政府更倾向于通过降低税率

的方式吸引流动要素,从而使公共品供给低于帕累托效率水平。地方政府的财政竞争行为会导致区域间公共服务供给水平产生巨大差异,若人口流动的障碍较小,就自然会引起人口向高水平公共品供给区域流动。

关于移民的影响因素的研究,Gallaway(1971)研究了地区间收入差距对美国移民迁移决策的影响,研究发现地区内移民数量与地区人均收入呈现正相关,与地区人口规模和迁移地距离呈现负相关。除此之外,在时间序列上,地区收入差距对迁移决策的影响越来越大,这是由于移民的收入弹性随时间的推移越来越大,而随着交通与通信技术的发展,距离对移民进行迁移决策的影响越来越小,这似乎也暗示着交通基础设施的发展会增加人口流入的规模。Borjas(1992)认为人口流动的决策不仅与地区平均工资相关,还与工资的离差显著相关,高技术水平的工人希望能够在工资水平更高的地区生活。该研究意味着不同技术水平的劳动力关注的"拉力"因素有所差别。随着研究的推进,Diamond(2016)指出,不同技术结构的劳动力所选择生活的城市的差异主要来自地区公共福利的差异,高技术劳动力往往倾向于向具有更加完善的基本公共服务、高质量的环境、更公平的市场机制的地区集聚,并推动地区基础设施和公共服务的进一步发展;与此相对,低技术的劳动力往往选择生活成本相对较低、公共福利相对较差的城市生活,从而使地区之间存在持续性的公共服务差异。

当然,人口迁移与公共品的互动关系还可以从城市经济学与空间经济学领域进行分析。经济的空间分布取决于厂商的区位选择,厂商在进行区位选择这一决策时,需要考虑区域间公共品的差异。公共品供给水平越高,越容易引起规模经济,提高生产效率。同时,政府为了吸引企业进入辖区,扩大辖区当地税基,势必要将采取公共支出竞争手段竞争要素流入。魏后凯(1998)指出向东部沿海城市偏向性的经济政策以及地区交通运输在内的基础设施上的差别,导致了地区差距的扩大。中、西部地区农业剩余人口向东部沿海城市的涌入引起了产业的集聚,从而导致地区差距的扩大(范剑勇,2004)。上述两篇文献暗示了一条线索,即地区交通基础设施的便利引起大量农业人口向东部城市流入,从而产生经济集聚,扩大了地区差距。综上所述,区域间的经济发展的不平衡还与地区公共品供给,尤其是公共服务、基础设施的规模与结构的差异相关。

二、公共支出对劳动力流动的影响的经验研究

随着经济理论研究的不断推进，关于公共支出与劳动力流动的研究逐渐集中在地方政府公共支出竞争行为上。地方政府会通过公共支出竞争来吸引要素源源不断地流入该地区，从而实现该地区经济发展。Black and Hoyt(1989)研究了政府通过使用公共支出竞争与直接支付竞标这两种方式对工业项目的投资进行竞争，但研究表明，使用公共服务竞争缺乏经济效率，反而使用直接支付竞争可以增进居民福利。Binet(2003)利用法国27个市一级面板数据的回归分析显示，17个市政府通过提供更有吸引力的公共品与公共服务来吸引外来人口。国内关于公共支出竞争的开创性研究来自付文林(2011)的研究成果。付文林(2011)在其研究中指出，政府通过公共支出手段吸引劳动力跨区域流入。该研究将迁移劳动力按受教育程度划分为低技术劳动力、中等技术劳动力与高技术劳动力；按照职业类型分为技术人员、工人与企事业单位人员。由于中国迁移人口数据的限制，该研究使用截面数据进行实证分析。其中公共支出按照财政支出的功能性划分为三类：(1)社会福利性支出；(2)公检法支出、社会福利性支出及行政管理费之和；(3)文教卫支出。研究结果表明公共支出竞争的主要对象是高技术水平的流动人口，这是由于高技术水平的流动人口可以带来更多的经济剩余，与资本之间的互补性更强，从而促进了经济的绩效。

与政府行为相对的是，从居民的迁移决策的效用来看，公共支出确实影响了迁移的决策。夏怡然与陆铭(2015)基于中国的1%人口抽样调查的劳动力流动微观数据研究了中国220个地级市公共服务对工资的影响，研究发现劳动力在进行迁移选择时，包括基础教育与医疗在内的公共服务是劳动力迁移重要考量的指标，此外，长期流动的劳动力更偏向于向公共服务较好的城市流入。

除此之外，国内还有一支关于公共服务与人口流动的文献关注的是流入人口的公共福利需求与福利障碍，也即如何提高城镇化质量的问题。城市内的部分公共服务具有户籍制度的限制，这会将流动人口排除在城市公共服务体系范围外，如社会保障、保障性住房、基础教育等，阻碍劳动力区域间自由流动。流动劳动力尤其是农业外出务工人员对经济增长有着重要的贡献，大约占GDP的16%—20%(蔡昉，2000)，将流动人口排除在城市公共服务范围外不利于促进地区经济发展。中国城镇劳动力流动课题组(2002)在北京、无锡

和珠海三城市的调研显示，流动人口在工作上受到了明显的歧视。中国人口流动障碍不仅存在于城乡之间，各地区之间对流动人口存在明显的公共福利歧视，尤其是低技术水平的流动人口（付文林，2007）。王德祥和李建军（2008），刘小鲁（2008），Yiu Por Chen（2009）的研究都指出中国地方公共服务存在拥挤现象，这说明公共服务的供给存在严重的不足。贾婷月（2015）指出，中国当前要实现人口城镇化，基础教育与住房供给严重短缺，若要解决这一问题，还需以区域间产业结构的发展调节各地区人口均衡流动，充分发挥市场的资源配置作用，以实现基本公共服务与人的良好的匹配关系。Hanson et. al.（2007）的研究发现，政府为居民提供福利越慷慨的州，越倾向限制人口流入，在高收入群体中这种呼声更加明显。付文林（2012）构建了纳入人口流动的公共服务的需求模型，并通过实证检验表明，户籍歧视会使地方公共服务供求失衡现象更加严重，尤其是教育、医疗与社保。

第三节　劳动力流动对地区经济的影响

一、劳动力流动与区域间经济收敛

劳动力流动推动地区经济收敛已经不是一个新的研究主题。新古典经济理论认为劳动力流动可以熨平地区间经济差距（Solow，1956；巴罗等，2010，中译本），在规模报酬不变、储蓄率不变的前提下，资本与劳动比率的不同是导致地区经济差距变化的原因。当劳动力从工资较低的地区向工资较高的地区流动时，工资低的地区由于劳动力要素数量的减少，劳动力价格上升，劳动力的边际价格增加，资本与劳动之比增长较快；对于人口流入地来说，劳动力数量的增加降低了劳动力价格，K/L 下降，工资逐渐下降，最终地区之间收入差距缩小（Solow，1956）。

关于中国区域间经济差距收敛的相关研究在较早时期主要聚焦在省际绝对与条件 β 收敛特征上。巴罗等的著作《经济增长》（2010，中译本）中将 β 收敛的定义表述为，在地区间仅存在初始收入水平的差距而其他要素禀赋与制度设计均相同的条件下，落后经济体的增长速度快于富裕经济体，最终达到相同的稳态水平的现象。但由于每一个经济体受到的自然气候、资源禀赋、政治与经济制度等基础条件的不同，导致的最终收敛的稳态水平不同，这被称为条件 β 收敛。刘夏明等（2004）指出政策制定者往往更关心条件 β 收敛，这是由于条件收敛与地区的人力资本、投资等因素直接相关。该研究还指出，在2001年之前，中国地区之间经济差距的扩大主要表现在东部沿海地区与内陆地区之间的差距，而沿海地区内部差距较小，并且中国并不存在俱乐部收敛。这与之前沈坤荣与马俊(2002)的研究不符，该研究表明中国经济存在显著的俱乐部收敛，也即由于初始资源禀赋与发展政策相似，在中、东、西三大地区内部出现了经济收敛的特征。在产业结构不断变化时，收敛特征会受到明显的影响。随着时间的推移，地区之间收敛特征也会随之变化。朱国忠、乔坤元和虞吉海(2014)运用空间计量模型，使用1952—2008中国各省的GDP数据进行收敛性分析，研究结果表明，中国的中西部地区存在地区经济收敛特征，但是东部地区经济不收敛，而地区省际经济收敛的特征也并不明显。

Sachs and Warner(1997)在其研究中指出，若一国开放程度较高，资本、劳动力与技术会存在跨区域流动，这会使开放程度较高的国家的人均收入水平趋向于稳态的增速高于开放程度较低的国家近乎一倍的程度。中国关于劳动力与地区经济收敛的相关研究中，最初并没有得出新古典理论中劳动力流动可以带来地区经济收敛的结论。沈坤荣等(2006)认为中国的经济转型过程中，大规模劳动力流动使得就业结构发生巨大变化，劳动力增长速度超过资本积累的速度，有可能不存在资本的边际收益递减，而新古典经济收敛的条件更适合发达国家这种劳动力增速远低于资本积累的国家，因此中国的大规模劳动力流动在二十世纪九十年代初没有形成地区经济收敛。国内许多学者关于劳动力流动与地区经济增长差距的研究结果普遍认为劳动力流动并没有缩小地区差距(蔡昉，2005；严浩坤等，2008；段平忠2008；潘越与杜小敏，2010；樊士德等，2011)，并由此提出了“人口迁移之谜”。新古典人口流动熨平地区差距的理论受到挑战之后，国内外学者进而转为从新经济地理理论的角度去解释“人口迁移之谜”(李国平与范红忠，2003；范剑勇，2006；姜乾之等，2015)，研究普遍认为外部性与规模经济等因素可以解释人口大规模流动与收入差距并存的现象。

不同技术水平的劳动力流入对地区经济差距的影响的作用也不尽相同。钟笑寒(2006)区分了劳动力的技术结构，并通过理论与实证层面研究了不同技术层次的劳动力流入后在本地市场中是否存在由于制度分割而出现的工资歧视，并进一步检验了人口流入规模对地区工资差距的影响。研究表明，劳动力流入的规模与地区工资的增长呈现十分显著的正相关性，若地区存在教育与技术水平的差距，劳动力的流入会促使地区工资差异的加大。赵伟和李芬

(2007)提出了异质性劳动力这一概念，即劳动力的技术结构是不尽相同的，而不同技术劳动力流入人口迁入地后不仅会产生本地市场效应，还会产生技术、知识外溢效应，但低技术劳动力流入后只会产生本地市场效应。赵伟和李芬(2007)通过对异质性劳动力进行测算，通过新经济地理学模型进行均衡性分析，并使用数值模拟的方式，研究了异质性劳动力对地区差距的影响。研究表明，由于存在知识与技术的正外部性的作用，高技术劳动力的集聚能力要明显高于低技术劳动力，从而会扩大流入地与其他地区之间的经济差距，与此相反，低技术劳动力反而会缓解地区差距的扩大。

无论是使用新古典经济理论还是新经济地理理论来解释劳动力流动对地区收入差距的影响都已经较为成熟，然而现有的文献却忽略了一个重要的环节，制造业是最初直接承接大量外来劳动力的载体，相比对整体经济地区差距的影响，劳动力流动对制造业劳动生产率地区差距的影响可能更大。在人口城镇化的初期，大量农业剩余人口从中西部地区向东部地区制造业转移，使东部地区率先成为制造业的中心区域。正是由于城市制造业收入增长快于农村收入的增长，大量农村剩余劳动力流入城市就业，使更多的劳动力与资本结合，形成集聚效应，使人口流入初期地区差距加大。但是劳动力流动对人口流入地区制造业增长效应并不是持久的。因为人口集聚的同时还会带来拥挤效应、工资、土地成本的增长效应，这会抵消一部分集聚效应带来的正向影响。随着中部地区制造业的逐渐崛起，在流动人口的作用下地区差距有可能不再持续扩大。然而在中国关于制造业劳动生产率收敛性的研究并不多，尤其是从劳动力流动角度解释制造业收敛的研究几乎是空白。孙巍与李菁(2010)从制造业行业结构的角度检验了中国 29 个省市 1993—2007 年间制造业收敛的情况，得出了近年来中国制造业各行业地区间水平分布和结构并没有呈现一致性的 β 条件收敛特征；在细分的两位数制造业行业的收敛检验中发现对原材料依赖较强且运输成本较高的行业具有 β 条件收敛趋势。简泽等(2012)从制造业企业层面通过实证分析验证了全要素生产率不断收敛趋势的存在。戴觅与茅锐(2015)在基于 Rodrik(2013)研究的基础上，首次揭示了中国工业部门存在显著的制造业劳动生产率的绝对收敛特性，并且制造业收敛的程度并没有带动整体经济的收敛。该研究在产业经济收敛研究领域中具有较大的突破性，且该研究还进一步指出了工业部门出现收敛但是总体经济不收敛的原因，这一原因主要来自地区工业份额的差异与非工业部门的收敛。但戴觅与茅锐(2015)这一研究与齐绍洲和李锴(2010)的研究结论不同，该研究使用

1997—2006 年的数据分别验证了省际劳均 GDP 与六大部门经济的收敛情况，研究表明，中国既存在省际劳均 GDP 的 β 收敛，也存在部门经济收敛，其中工业部门收敛速度最慢。

二、劳动力流动与劳动生产率的相关性

劳动力流动会直接和间接地影响地区劳动生产率。经济的地理集聚必然伴随着劳动力的不断集聚，人口规模不断扩张又与劳动力大规模流动息息相关，因此考察劳动力流动对劳动生产率的间接影响可以在新经济地理学与城市经济学理论中找到证据。Krugman(1991)曾指出劳动力流动更容易引起产业在发达地区集聚，使得产业结构有所转变。Dumais et. al.(1997)指出劳动力的跨区流动是制造业在大都市集聚的最重要因素。外来劳动力的增加会改变地区就业密度和人口规模。在产业集聚的相关研究中，大多使用非农产业的就业密度来代表产业集聚的程度(范剑勇，2006；刘修岩，2009；孙浦阳等，2013；Ciccone and Hall，1996；Ciccone，2002)。Ciccone and Hall(1996)研究了城市就业密度的变化与美国各州劳动生产率的关系，研究结果表明就业密度增加一倍，平均劳动生产率增长 6%左右，随后 Ciccone(2002)进一步研究了西班牙、德国、法国、英国与意大利的就业密度与劳动生产率的关系。研究得出就业密度增长一倍时，平均劳动生产率增长 4.5%，这也意味着发达国家人口向城市不断集聚提高了当地劳动生产率。在国内的研究中，范剑勇(2006)指出 2004 年中国的大陆地区非农产业就业密度每增加一倍可带来地区平均非农产业劳动生产率增长 8.8%，相比上述 Ciccone 等人对欧美国家的研究来看，中国的这一弹性要高于欧美国家。孙浦阳等(2013)在基于 Ciccone(2002)研究的基础上，使用中国 2000—2008 年间 287 个地级以上城市数据，验证了以就业密度代表的产业集聚对劳动生产率具有长期的增长效应这一结论，在进一步区分工业与服务业时发现，工业就业密度对工业劳动生产率有长期的正向促进作用，但服务业的这一影响却不显著；Dekle and Eaton(1999)指出日本的制造业的就业密度与劳动生产率的弹性为 1%。

当前中国正处于城镇化的快速增长时期，大量的农业剩余劳动力向城市转移扩大了城市规模。中国在 2010 年时，土地面积仅有全国土地面积 6.5%的地级以上城市却拥有全国 29%的人口，GDP 占全国总量的 61.3%之多。而诸如美国等发达国家早已经历了人口城市化带来经济快速增长的过程(梁婧、张庆华与龚六堂，2015)，这说明城市人口规模的扩张与劳动生产率的增加息

息相关。Sveikauskas(1975)验证了美国 1967 年城市规模与生产率的弹性为6%。梁婧等(2015)指出中国地级市及以上城市规模与劳动生产率呈现十分显著的倒"U"型关系,当城市人口规模扩张的初期,劳动力集聚与人力资本外溢作用形成产业规模报酬递增,劳动生产率增加,达到最优值后,城市规模的继续扩张会带来拥挤效应,从而使得收益小于成本,劳动生产率降低。

劳动力流动本身也直接地影响着流入与流出地的劳动力市场结构,形成迁移人口与本地劳动力市场的替代与互补效应,这无论对于流入地还是流出地来说都会直接影响地区经济绩效。Bencivenga and Smith(1997)构建了一个考虑人口从乡村转移到城市与就业不足的新古典增长模型,研究得出在正规的制造业部门中,现阶段的资本与劳动之比和未来的资本与劳动之比并非是单调关系,这种非单调关系是经济发展的多重渐进稳定状态、内生波动与不确定性的根源。Carrington et. al.(1996)在其研究中指出劳动力迁移是存在成本的,并且这种成本并非固定不变,这与新古典增长理论的劳动力流动特征不一致。该研究通过构造一个劳动力动态迁移模型,指出劳动力流出会使贫困地区收入最终超过没有人口流出的富裕地区收入,劳动力的重新配置促进了整个地区的经济增长。Kangasniemi et. al.(2012)认为,在西班牙,劳动力流动降低了劳动生产率,但是在英国却提高了劳动生产率,不过后者的实证结果并不显著,该研究没有考虑劳动力的技术水平和技术结构。Paserman(2008)指出无论在高技术还是在低技术部门,以色列的高技术苏维埃移民的占比与劳动生产率并不相关。显然,在没有充分剖析劳动力流动的结构特性时,劳动力流动能够提高劳动生产率的证据并不明显。

三、劳动力流动对劳动生产率的影响机制

劳动力流动既会带来地区经济发展的正效应,也会带来地区经济发展的负效应。正效应主要表现在剩余劳动力转移产生的规模经济、分享中间投入品、共享劳动力储备等效应引起的生产效率提高,以及高技术劳动力的技术扩散与知识外溢等正外部性;负效应主要表现在流动人口带动的工资成本增长、房价上升与地方公共服务拥挤的负外部性,这些都会抑制地区经济发展,因此人口的集聚会产生拉动经济增长与抑制经济增长的两股力量。

关于人口流动对劳动生产率的促进作用的研究,Borjas(1995)提出了"人口流入过剩理论"。该理论认为有两种情况可以提高劳动生产率,其一是流入劳动力的技术分布与本地劳动力技术分布不同,并且二者呈现互补效应;其二

是本地就业者与流动就业者之间的知识外溢产生规模报酬递增。劳动力从低效率部门转移到高效率部门提高了整体经济的要素配置效率(Rodrik，2013)。Peri(2012)提出移民与本地就业者的分工促进了效率的提高，主要表现在移民对全要素生产率产生正向影响。外来劳动力的技术结构分布与本地劳动力的技术结构分布不同，劳动力流动导致劳动力市场人力资本结构的变动，从而影响了经济绩效。一般来说，技术外溢普遍来自于高技术水平、受教育程度较高的流动人口。Hornung(2014)认为高技术劳动力的知识与技术外溢对提高劳动生产率的影响是长期的，并且使用历史数据验证了这种长期影响。陈强远与梁琦(2014)基于一般均衡模型证明了高技能劳动力的知识溢出效应在理论上的存在性，提出了知识外溢能够促进劳动力在具有技术比较优势的大城市中集聚，指出当前中国城镇化必须要有高技术产业的支撑、转型经济体需要从劳动力密集型经济向知识密集型经济的转变等结论。该研究还指出了经济发展初始时期城镇化过程是以低技术劳动力迁移为主；当地区经济中人力资本水平较高时，高技能劳动力会出现回流，出现逆城市化过程，这为本书下述研究提供了一定的研究基础。

关于技术、知识外溢的讨论较早在1987年被马歇尔提出。相同性质的行业不断向同一地区集聚会加速劳动力之间的知识与技术的交流，形成知识外溢、技术扩散，促进地区专业化，这即是“马歇尔外部效应”；与此相对的是“雅各比外部效应”，具体指不同产业向同一地区的集聚从而形成不同技术层次、不同技术结构的劳动力之间的知识外溢与技术扩散，催化创新思想的产生，促进了地区经济发展。张海峰等(2010)指出集聚的企业可能同时从“马歇尔外部效应”与“雅各比外部效应”中获益，二者并非绝对的互相排斥。在劳动力跨区流动中，不同技术结构和知识储备的劳动力无疑与本地劳动力形成“马歇尔外部效应”与“雅各比外部效应”，对劳动生产率有正向的促进作用。

1954年经济学家Lewis提出一个经典的人口流动的“刘易斯转折点”理论，并由Ranis and Fei(1961)扩展与完善。刘易斯转折点理论的内容是农业部门过剩的劳动力向现代部门转移，而劳动力的价格不变，这种农业剩余劳动力在部门间的流动一直持续到某一点，经济中不再存在剩余劳动力，超过这一点劳动力的价格会迅速上升，这一点就被称作刘易斯转折点。从这一理论可发现，人口红利不是持续存在的。虽然中国是人口大国，经济发展初期存在大量的农业剩余劳动力，但东部地区近年来出现的劳动密集型行业“用工荒”现象意味着当前中国的人口红利可能已经释放殆尽。中国关于人口转移的刘易斯转折点的研究，比较有代表性的是汪进与钟笑寒(2011)的研究。该研究使用世界银行1980—2004年一百多个国家的数据来测算刘易斯转折点，并进行了国际比较。该研究表明，与世界各国比较发现，中国虽然在2004年就已经跨越了刘易斯拐点，但是中国的劳动力仍然存在剩余。这表明虽然中国仍然存在大量的剩余劳动力，但劳动力的成本却在显著上升。对于东部沿海省份来说，迁移劳动力已经不具备成本优势，这会带来劳动密集型行业的转移。制造业是一个生态系统，低端制造业的迁移会推进东部地区制造业行业的结构向以技术密集型与资本密集型行业的率先升级。

除了劳动力流动与工资水平的研究之外，劳动力流动还会带来其他的负外部性，即发达地区流入人口的“拥挤效应”，这同样会抑制劳动生产率的增长。Borcherding and Deacon(1972)构造了一个囊括人口规模的拥挤函数，认为公共品的拥挤程度与人口规模相关。此后关于拥挤函数的设定存在一定的争论和扩展，拥挤函数的设定更为复杂，Means and Mehay(1995)比较了不同拥挤函数的估计结果，认为较为复杂的拥挤函数在回归时估计的拥挤系数偏低。因此，付文林(2011)在参考Borcherding and Deacon(1972)的拥挤函数的基础上，通过理论与实证的方法证明了中国地方公共服务存在严重不足，公共服务供给与居民的需求缺口过大，并且缺口在文教卫支出、转移性支出、城市维护费支出与公检法司支出中都存在。该研究还使用敏感性检验验证了回归结果的稳健性。公共支出的拥挤效应实证检验结果表明，随着城市人口规模的扩大，公共服务与基础设施会表现出负外部性，有损地区产业经济的发展，降低规模收益。

关于人口流动导致成本增长方面的研究还表现在住房价格的上升上。改革开放初期的地区差异化发展战略，资本和劳动力主要向东部地区流动(王小鲁和樊纲，2004)，在推动东部地区经济快速增长的同时，高人力资本水平的劳动力集聚也带动了房价上升(陈斌开和张川川，2016)。陈斌开、金箫与欧阳涤非(2015)使用《中国工业企业数据库》的数据进行了逐层递进的实证分析，研究表明高房价并没有刺激经济增长，反而导致资源错配，并进一步降低了工业企业全要素生产率。城市外来人口越多，往往越会带动地区房价的快速上涨，这在美国、瑞士与西班牙都曾出现过(Saiz, 2007; Degen and Fischer, 2010; Gonzalez and Ortega, 2009)，现阶段中国也出现了这一现象。陆铭、欧海军与陈斌开(2014)指出，在中国大规模城镇化的快速发展阶段，城市中流动人口占比越高的地区，城市房价就越高，也即是城镇化带来的外来移民推动了城市内部房价水平的攀升。研究表明，2000 年的外来人口增长 10%时，五年后的房价会高出 16.17%。陈斌开和张川川（2016）认为人口城镇化是住房价格上涨的最重要原因，进一步剖析其内部原因，这与高技术人口规模的扩张相关——人力资本水平的提高。1999 年以后中国高等学校教育扩张带动了较大范围的人力资本水平的提高，高技术人口由于具备较高的购买力，提高了城市化的质量，推动了房价的上涨。此外，高技术劳动力还会进一步产生辐射效应，这表现在高技术劳动力数量的增加会带动地区商业服务业扩张，进一步吸引低技术劳动力进城务工，因此高技术劳动力规模的增长会以乘数形势推动城镇化，从而引起城市房价的增长。

上述文献有以下几点不足：

第一，国内现有研究缺乏对公共支出吸引劳动力流动从而影响地区制造业差距这一视角的直接研究，这削弱了对中国财政政策改革实践的指导性和可操作性。要想准确反映财政支出政策的产业结构调整效应的全貌，有必要在已有研究的基础上进一步理顺公共支出结构对制造业长期增长与区域间协调发展的影响机理。

第二，国内关于制造业地区差距层面的研究尚存不足，尤其是证明制造业收敛与发散的研究。此外，现有的研究并没有区分制造业劳动生产率的要素密集度结构，不同要素密集度结构的行业其地区差距成因也会有所不同，但这一领域的研究较少。

第三，现有的文献虽然对劳动力流动的技术和知识外溢等外部效应的理论分析已经成熟，但是因为技术难度较大，国内依然缺少关于高技术外来劳动力技术外溢的实证分析。国内仅有的技术外溢的经验研究是针对海归智力回流的技术外溢的效应（李平等，2011），产业经济中流动人口的技术外溢的实证分析几乎为零。

第四，国内从劳动力流动的技术结构细化及技能劳动力带来的技术外溢、要素成本增长等影响机制的角度去解释制造业收敛的研究依然空白。以往国内的关于制造业收敛的文献一部分将制造业收敛归因于产业分工和专业化程度的降低以及制造业各产业合并重组，近年来还主要从产业集中度、行业平均规模、产业关联角度等制造业本身的性质去解释。现有关于劳动力流动与产业层面的研究几乎都是将劳动力流动作为中间传导机制去研究其对产业集聚、制造业增长和空间分布的影响，鲜有从异质性劳动力流动的经济效应差异的角度去剖析它对制造业劳动生产率的直接的作用。

对于转轨时期的中国经济，政策与制度因素对经济的影响力十分深刻，财税政策、产业政策与土地政策等政府的行为直接影响要素空间配置与产业结构的调整，因此政府的规模及行为在中国经济转型阶段需要被“内生化”（李世杰、胡国柳和高健，2014），政府如何通过公共政策引导要素在区域间合理流动从而改善区域间制造业发展的不协调、不充分问题是实现区域经济协调发展的关键。

第三章　公共支出与产业结构演变

本章主要对20世纪末中国产业经济从以传统农业为主体到以工业、服务业为主的产业发展规律进行事实描述，并深入分析政府公共支出对经济快速腾飞进程中产业增长、结构转型以及地区差距的重要作用，给出政府公共支出对非农产业发展的全局式描述，并由此作为本书余下章节研究的背景与理论基础。本章一共分为四个部分，第一节是关于近年来中国中央和地方政府的公共支出规模与结构和中国非农产业部门经济发展的规模、结构与地区差距的变化规律、原因、发展背景的描述；第二节是公共支出对非农产业增长与地区差距产生影响的理论机制；第三节是公共支出规模、结构对非农产业增长的经验分析；最后为小结。

第一节　公共支出与产业结构演化路径的事实分析

一、政府公共支出规模、结构与经济作用

中国的经济体制自打从计划经济向市场经济转变以来，经济增长稳中有速。在社会主义市场经济的力量下，生产要素配置效率大大提升。但市场并不是时刻有效，有时还会出现市场失灵。当经济出现信息不对称、垄断、外部效应等市场失灵的问题时，政府干预经济是行之有效的方法。财政对资源配置、收入分配和宏观经济发展有着至关重要的调节作用，这也是财政的最基本职能。在经济转型时期，关于如何能持续有效地促进中国经济增长，一直是中国政府探索与经济发展阶段相适应的财政政策改革的目标。政府对经济干预的手段主要分为两大类，支出手段和收入手段。本书主要聚焦公共支出规模与结构的政策效应，尽可能地刻画出公共支出对产业经济发展的规律。观察改革开放以后中国中央与地方政府财政支出比重趋势（图3.1），发现从1978

年至 1984 年之间，中央财政支出占比始终高于地方财政支出占比，直到 1984 年地方财政支出占比为 47.5%以后，在“分灶吃饭”的财政制度改革下，地方政府承担的公共支出占比逐渐提升，地方承担的财政预算自主权也在逐渐提升，从 1994 年分税制改革至 2004 年的十年间，地方财政支出占比持续在 70%上下浮动，2004 年以后，地方财政支出占比逐年上涨，到 2015 年，地方政府财政支出比重已经高约 85%左右，与 1984 年相比增长了 84%。追溯公共支出占比在中央与地方政府之间呈现如此变化的原因，是改革开放后调动地方财政积极性的财政体制改革。1978 年，中国在 10 个省、市进行“增收分成，收支挂钩”体制改革的试点工作，1980 年中国开始实行财政包干体制改革，这一阶段成为后期财政分权体制改革的起点，逐渐赋予了地方政府的支出责任，并刺激了地方政府带动地区经济发展(付文林，2011)。因此可以说中国财政支出占比的政府间关系的演变，对转型时期中国经济的增长发挥着不可忽视的积极作用。

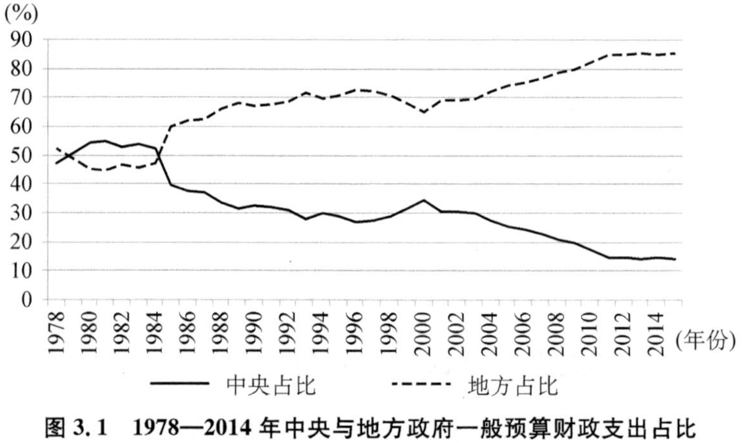

图 3.1 1978—2014 年中央与地方政府一般预算财政支出占比

数据来源：相应年份《中国统计年鉴》，经计算得出。

中国的财政分权的改革最重要的意义是赋予地方政府承担更多的公共支出责任，这为地方经济发展提供了激励机制(傅勇、张晏，2007)，同时也能保证地方政府的资源配置职能和公共品的有效供给，这是因为地方政府相对于中央政府更了解辖区内的偏好，降低了信息传递到中央政府的成本。地方政府公共支出作为一项十分重要的财政政策，在促进宏观经济发展上有着不可小觑的重要力量。图 3.2 为 1979 年到 2015 年中国公共支出增长速度与第二产业及第三产业增加值增长速度的对比线型图。观察公共支出增速的变化与产

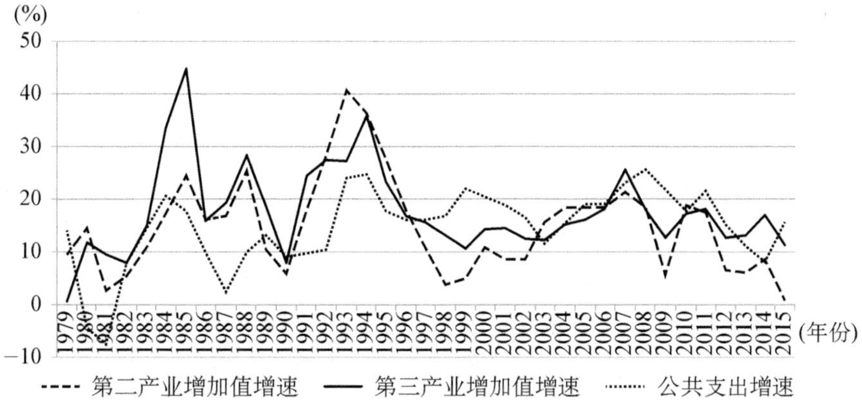

图 3.2　1979—2015 年中国公共支出增速与第二产业及第三产业增加值增速

注：公共支出指一般预算财政支出。
数据来源：相应年份《中国统计年鉴》，经计算得出。

业发展速度的变化规律发现，当第二产业与第三产业增加值增长速度较快时，公共支出的增长速度低于第二产业与第三产业增加值的增长速度。比较明显的阶段为 1982—1996 年，这一时期第二产业与第三产业增长速度虽然波动较大但总体较快，此时公共支出的增长始终明显低于第二产业与第三产业的增长速度；从 1996—2002 年，非农产业增长速度与上一阶段相比有所回落，而公共支出的增速始终高于第二产业与第三产业增加值增速，2008—2012 年这一阶段也出现了同样的状态，这一阶段显然是与政府"四万亿"的基础设施刺激经济增长的政策相关。图 3.2 可以说明，中国政府的公共支出对现代部门的发展有着逆周期的调节与引导作用。

经济发展的不同阶段，对公共支出类型的需求也有所差异。在经济发展的初始阶段，在以 GDP 为绩效考核指标的拉动下，地方政府往往更加重视城市建设而相对忽视民生类公共服务的供给，因此在政府支出的选择上，地方政府更加偏向经济建设性支出（傅勇、张晏，2007）。当经济发展到一定阶段，经济总量规模一定时，政府会逐渐增加基本公共服务类民生性支出占比。Barro（1990）将公共支出划分为生产性公共支出与消费性公共支出，生产性公共支出会影响劳动生产率；严成樑与龚六堂（2009）指出生产性公共支出是进入生产函数从而影响经济增长的部分。金戈（2010）认为消费性公共支出因能够转化成公共品而提高劳动力的效用，那么教育与医疗在这一层面上似乎可以被看作消费性支出，但许多学者将教育与医疗作为生产性公共支出（唐颖和赵文军,2014;赵志耘和吕冰洋,2005;严成樑和龚六堂,2009;吴伟平和刘乃全,2016)。然而,学界对生产性公共支出与消费性公共支出的界定至今也没有明确的划分。本书沿袭付文林(2007)的方法,将公共支出按照功能特征划分,但划分方式与其略有不同。

图 3.3 为按财政支出功能分类的各项支出占财政总支出的比重,本书将财政支出划分为三大类,分别为经济建设及发展性支出、维护性支出与民生性支出。2007 年前后,中国对一般预算支出统计类目进行了调整,因此本书以 2007 年为节点,分别统计了 1978—2006 年以及 2007—2015 年的三类支出占比。2007 年以前,经济建设及发展性支出主要包括基本建设支出、挖潜改造资金和科技三项费用、地质勘探费、支农支出,以及工、交、流通部门事业费,这部分支出主要服务于地区基础设施与城市建设和农业发展。民生性支出包括文教、科学、卫生支出,以及社会保障支出。其中社会保障支出包括抚恤和社会福利救济费、社会保障补助支出和行政社会事业单位离退休支出,1996 年不包括作为行政管理费开支的离退休支出。这部分支出主要被用于教育、医疗与社会保障等民生性领域,因此将其命名为民生性支出。维护性支出包括国防支出与行政管理支出。其中行政管理支出包括公检法司支出和外交外事支出,这部分支出主要为了维护国家和平稳定、保障公共安全以及国家行政部门的正常运转,因此定义为维护性支出。2007 年以后,一般预算支出类目取消基本建设支出,本书定义 2007 年以后的经济建设及发展性支出主要包括城乡社区事务支出、农林水事务支出、资源勘探电力信息等事务支出、商业服务业等支出、金融监管等支出、国土资源气象支出与粮油物资储备支出、地震灾后重建支出、节能环保支出与保障性住房支出等其他支出项目;民生性支出包括教育支出、科学技术支出、文化体育与传媒支出、社会保障和就业支出、医疗卫生支出;维护性支出包括一般公共服务支出、外交支出、国防支出与公共安全支出。事实上,为了使数据在 2007 年前后可以比较,本书的处理方式是将建设与发展性支出定义为财政总支出减去民生性支出与维护性支出后余下的部分。图 3.3 显示 1978 年改革开放初期,中国政府偏向地方基本建设与发展,较为轻视民生性公共支出,地方政府经济建设与发展性支出占比始终高于民生性支出占比。随着中国经济不断发展,中国的民生性支出占比逐渐接近经济建设与发展性支出的占比,这说明在中国政府财政支出的结构中,民生性支出的相对地位有了显著的变化,政府逐渐在教育、科技文化与社会保障等关乎居民基本生活问题的公共品供给上有所侧重。2007 年三项支出比重有所突

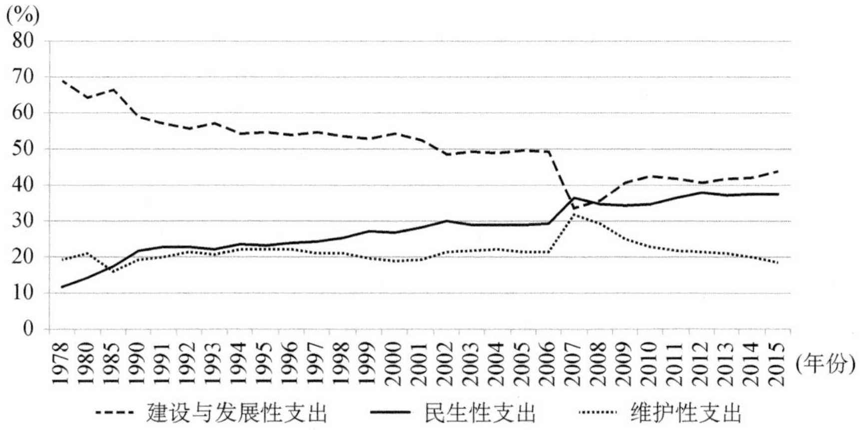

图 3.3　按功能分类的各项公共支出占比

注：该数据为中央与地方政府支出的总量。
数据来源：相应年份《中国统计年鉴》。

变，这可能是统计数据的口径发生调整导致的，2007—2015 年民生性公共支出占比与建设及发展性支出占比的差额也较 2007 年之前有所缩小。需要说明的是，为了使民生性支出数据在 2007 年前后可以进行对比，民生性支出仅包含了文教科卫娱乐以及社会保障与就业支出几项，这几项在 2007 年前后都有所统计，2009 年以后政府支出还包括保障性住房以及环境保护支出，这也在一定程度上具备民生支出的性质，若要将这一部分划归到民生支出类目，则当前民生支出占比已经几乎与建设与发展性支出持平，甚至超越。

之所以出现图 3.3 中显示的公共支出结构性的变化，一方面在于经济增长初期，地方政府官员晋升与 GDP 增长的考核指标挂钩（Li and Zhou，2005）；另一方面财政分权改革后，增量预算的模式也使得地方政府较为依赖地区税源，导致地方政府强化对地区经济增长的诉求；除此之外还源于地区之间的财政竞争（傅勇、张晏，2007），然而上述两个方面也是激化财政竞争的重要因素（付文林，2011）。不过，随着经济快速增长，经济总量规模虽然已经逐渐在全球排名靠前，但伴随着工业化的发展与城镇化速度的加快，劳动力区域间流动的规模逐渐增加，对于劳动力个体所关注的民生性公共服务的需求逐渐加大，社会矛盾与经济发展过程中产生的民生问题也开始凸显，以市场为主要力量、政府为辅助力量的政府职能的转变逐渐形成，地方政府也逐渐意识到基本公共服务对提高劳动力效用水平的重要性。公共福利水平的提升会带来劳动力效用的提高，降低社会矛盾发生的风险，有益于长期发展。

二、产业增长与地区差距的演变

(一) 产业结构演化特征

中国经济的快速发展起源于现代部门经济的发展，改革开放后生产要素逐渐从传统农业部门流向现代非农业部门，特别是农业剩余劳动力的流动大大提高了经济发展的效率。人口红利带来了全国范围的快速经济增长，使中国经济总量一跃成为全球第二大经济体。随着政策与制度的不断改革，中国的区域间产业结构也正在发生一系列的转变。从国家产业结构发展政策的角度来看，现阶段中国的产业结构正从以工业为主逐渐向以服务业为主转型，推动服务业发展是未来中国产业结构升级的路径。在经济发展的初始阶段，中国的经济增长主要由大规模的工业化带动，从图 3.4(a)中可以看到改革开放初期中国第二产业增加值占 GDP 的比重远远高于第三产业与农业。第二产业增加值占比在 2012 年以后有小幅下降的趋势。其可能的原因之一在于原本的低端制造优势不复存在，当前中国属于可贸易部门的制造业正逐渐从要素驱动型产业向科技驱动型产业过渡，增长放缓；但另一方面，地区间制造业的发展也通过依托产业的梯度转移从原本严重失衡的态势逐渐向区域间协调发展的方向转变。

与美国产业发展的轨迹不同，美国经济需要通过“再工业化”促进就业，从而带动美国经济增长，而中国在改革开放以来工业化占比逐渐增加，成为三大经济部门中的支柱产业。如图 3.4(a)所示，改革开放初期，中国第二产业增加值占比一直保持在 40%—50%之间波动的高位，第一产业增加值比重持续下降，第三产业增加值比重持续增长；在 2011 年以前，第三产业增加值占比始终低于第二产业增加值占比。中国的第三产业初始规模较小，带动经济增长的能力较弱。部分服务业属于知识密集型行业，并且具备高附加值的特征，因此部分发展中国家大力推进服务业的发展，产业结构逐渐“去工业化”(黄永春等，2013)。1997 年后中国第三产业增加值占比增长迅速，在大力发展服务业的产业政策目标下，第二产业增加值占比逐年放缓，2011 年中国的第三产业增加值占比超过第二产业增加值占比(图 3.4a)。图 3.4(b)为改革开放后第二产业与第三产业劳均增加值——全员劳动生产率的变化趋势。虽然 2011 年后在增加值总量的水平上第二产业部门低于第三产业部门(图 3.4a)，但从劳均增加值的水平上可以发现，迄今为止第二产业全员劳动生产率始终高于第三产业劳动生产率，中国目前依然属于以工业为主的经济体，工业经济的发展会直接影响地区经济的发展，乃至影响全国经济的长期增长。

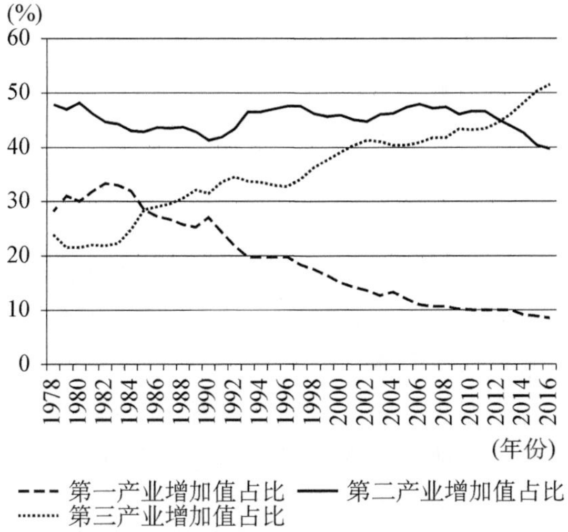

(a) 三大经济部门增加值占 GDP 比重

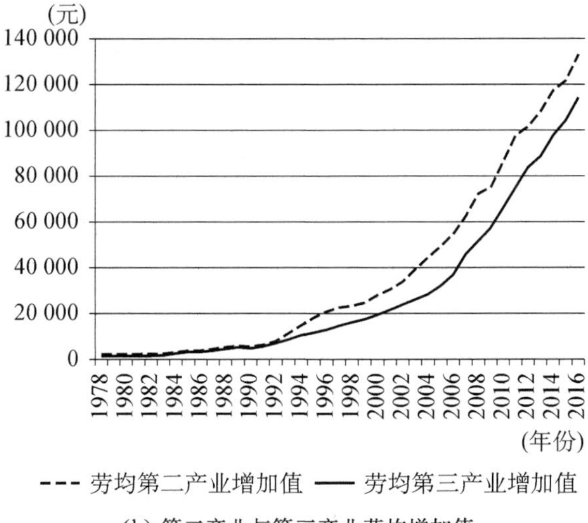

(b) 第二产业与第三产业劳均增加值

图 3.4 改革开放后中国第二产业与第三产业增加值演变趋势

注：劳均增加值为增加值除以从业人口，也被称为全员劳动生产率。
数据来源：中国知网中国经济与社会发展统计数据库。

(二) 产业地区差距结构特征及成因

改革开放初期的东部率先实行工业化的区域差别化发展政策虽然促进了

GDP 的快速增长，但同时也带来了严重的地区间产业发展失衡问题，地区收入差距较大。自 1994 年《劳动法》降低了对劳动力“离土不离乡”的限制后，中国劳动力逐渐由劳动生产率较低的第一产业向劳动生产率较高的第二、三产业转移；2000 年以后，劳动力从传统农业部门向现代非农部门转移的速度迅速增加，与此同时，第二、三产业劳动生产率的增长速度也迅速提升，这意味着劳动力流动从低效率部门向高效率部门的转移形成了要素的有效配置，从而加快了各产业的发展。改革开放以来，东部省份由于地理、商业传统以及政策倾斜等优势逐步成为制造业的集聚地，随之而来的经济极化效应吸引中西部地区的劳动力大规模向东部省份流动，但由于二元经济体制，中国大规模的劳动力流动并未促进新古典意义上的区域均衡发展（沈坤荣和唐文健，2006）。

比较工业与服务业的地区差距变化趋势发现，中国工业与服务业劳动生产率地区差距呈现十分明显的结构性差异。计算 1990 年以来中国除西藏以外的 30 个省工业与服务业的实际全员劳动生产率的基尼系数与泰尔指数，笔者发现服务业实际劳动生产率在 2012 年之前并未出现地区差距缩小趋势（图 3.5a），1990 年到 2002 年期间服务业劳动生产率的地区差距逐年扩大；2002 年至 2012 年期间，基尼系数与泰尔指数开始呈现波动性增长的状态；2012 年至 2016 年期间服务业地区差距有所下降。与服务业有所不同的是，工业劳动生产率的泰尔指数与基尼系数波动幅度比较大，总体上表现为倒“U”型变化特征，在 2001 年之前工业劳动生产率地区差距逐年扩大，基尼系数与泰尔指

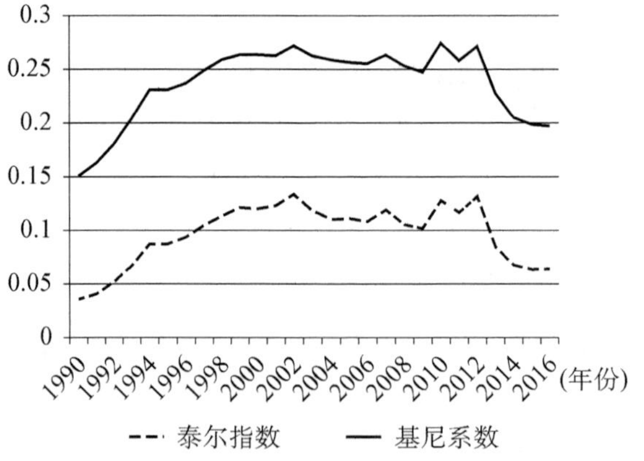

(a) 服务业地区差距

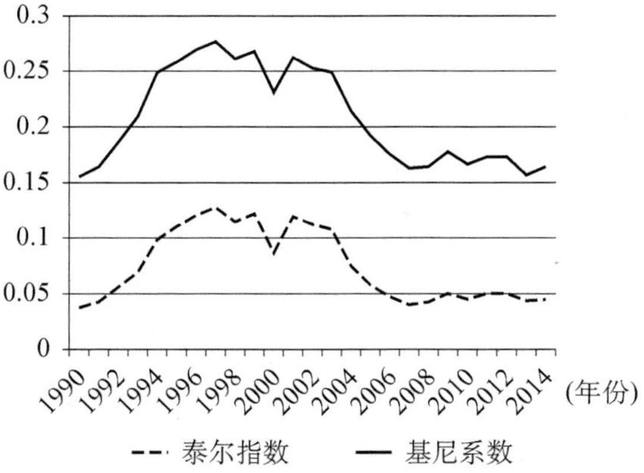

（b）工业地区差距

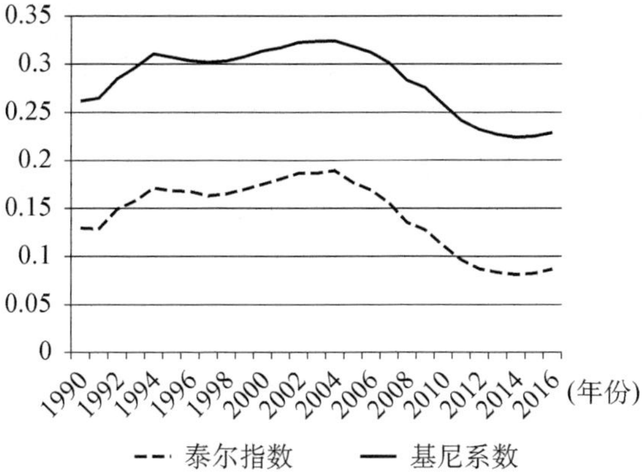

（c）人均 GDP 地区差距

图 3.5　实际人均 GDP 与分产业实际劳动生产率地区差距

注：工业与服务业全员劳动生产率为实际增加值与从业人口的比率，这里服务业用第三产业数据表示。服务业全员劳动生产率实际值均以 1989 年价格为基期使用 CPI 进行价格调整，工业增加值使用 1990 年 CPI 为基期进行调整。由于工业出厂价格指数 1990 年以后有一些年份各地区数据出现缺失，为了与服务业增加值保持一致，同样使用 CPI 而不是其他指标剔除价格因素。因为无法获得 2007 年后高质量的各省（自治区、直辖市）制造业增加值数据，这里的计算只能采用工业数据判断趋势。

数据来源：中国知网中国经济与社会发展统计数据库，相应年份《中国工业经济统计年鉴》《中国统计年鉴》。

数逐年增长，2001 年以后地区间出现了明显的收敛趋势（图 3.5b）[①]，泰尔指数与基尼系数的地区差距逐年缩小；此外，近年来制造业增加值占工业增加值的

① 虽然这期间各地区的劳动生产率都在增长，但东部省份的制造业劳动生产率增长速度普遍更慢。

比重高约 80%以上[①],因此可以基本断定工业地区差距的缩小是由制造业地区差距的缩小引致。

中国实际人均 GDP 的省际差距在 1990—2004 年之间一直处于扩大趋势(图 3.5c),泰尔指数与基尼系数持续扩大,这与此前关于地区经济收敛方面的相关研究的结论保持一致,即使存在大规模的劳动力转移,但中国在 2006 年以前并未出现新古典经济中的全域性经济收敛状态(魏后凯,1997;蔡昉、都阳,2000;沈坤荣、马俊,2002;周业安、章泉,2008)。但图 3.5c 中的基尼系数与泰尔系数在 2004 年以后开始出现逐年降低的状态[②],说明地区实际人均 GDP 差距开始缩小,2004 年后,地区差距缩小的趋势才刚开始展现出来。

对比工业、服务业与整体经济的地区差距演变趋势图能够发现,工业全员劳动生产率基尼系数与泰尔指数在 1990—2001 年之间呈现十分陡峭的递增状态,递增速度要高于服务业与人均 GDP 的幅度,这意味着经济差距在省际间不断扩大始于区域工业发展的严重失衡,甚至出现极化状态。随后工业全员劳动生产率的省际基尼系数与泰尔指数却在 2001 年以后就出现逐年递减的情况,递减速度也同样快于服务业全员劳动生产率与实际人均 GDP 的速度。此外,对比图 3.5(c)与图 3.5(a)、3.5(b)可以发现工业部门地区差距的缩小先于服务业实际全员劳动生产率与人均 GDP 地区差距的缩小,这说明中国的制造业部门的劳动生产率在 20 世纪 90 年代中期以来可能率先出现省际收敛的趋势。但工业部门为什么会出现这样的地区差距变动特征?其背后的影响因素和机理是什么?回答上述问题是本书研究的主要目的。但无论工业部门为什么出现上述有别于服务业和整体经济的地区差距演变趋势,产业地区分布的严重失衡都会抑制经济可持续增长。

客观上,由于不同地区具有不同的比较优势,适合发展工业的地区工业增长势必要快于不适合发展工业的省份,因此在要素均衡分布的状态下,工业地区差距也会存在。但中国改革开放初期的经济政策导向使优质资源向东部地区流动形成集聚效应,这使得中西部欠发达地区无法发挥其比较优势,这造成地区之间产业结构严重失衡,地区间经济增长差距十分明显,并在一段时间内

① 数据经过相应年份《中国统计年鉴》计算得出。

② 此处数据为 1990 年的人均实际 GDP 的基尼系数与泰尔指数,数据来源为相应年份《中国统计年鉴》,经计算得出。

形成恶性循环，导致“强者恒强”的经济现象。钞小静与沈坤荣（2014）在其研究中总结了以往关于收入差距抑制经济增长的路径，这主要存在于四个方面，第一，对于收入水平较低的群体，收入差距过大会导致低收入人群投资的机遇大大减少，不利于财富积累；第二，收入差距过大会减少消费；第三，收入差距过大不利于劳动分工；第四，收入差距过大政府需要通过征税调节，并且容易引发社会矛盾。平衡区域经济发展战略已经成为当前中国经济体制改革的重大决策目标，“十三五”规划中指出，区域经济协调发展的基本格局要在这一时期初步形成。

关于服务业与工业劳动生产率地区差距结构性分化的解释，首先笔者认为可能的原因与服务业和制造业的行业特性相关。服务业需求往往有本地化特点，其发展取决于地区经济发展、文化传统、资源禀赋和人口结构；而工业产品的生产和消费在空间上可以分离，地区的基础设施、工资和资源环境等综合生产成本，会极大地影响制造业企业的空间布局。可贸易的制造业部门率先出现省际收敛，反映出东部省份的产业重心在逐步向服务业转移，因为改革开放初期的地区差异化发展战略，资本和劳动力主要向东部地区流动（王小鲁和樊纲，2004），在推动东部地区经济快速增长的同时，也带动了工资和房价上升（陈斌开和张川川，2016），加上制造业发展累积的资源环境压力，东部地区的低端制造业的竞争优势正在逐步丧失，形成制造业向中西部的“飞雁模式”梯度转移（曲玥等，2013）。具有后发优势的中西部省份在此过程中必然表现出工业劳动生产率的更快增长①。不可贸易的服务业部门的地区间劳动生产率差距依然在扩大，一方面反映的是地区间生产成本增加效应，另一方面在于东部地区的人口集聚所带来的多样化服务需求，会刺激劳动力流入地区的消费性服务业更快增长，因而，地区间制造业和服务业会出现完全相反的收敛特征。

工业与服务业地区差距出现显著性差异的另一个原因在于劳动力跨区域流动。人口流动对地区经济增长的影响存在着总量和结构效应。中国目前制造业部门大多处于全球价值链的低端，就业结构也主要以低学历劳动力为主。在就业人口中，低学历劳动力的比重高约 89.4%，其中，东、中、西部的低学历就业人口占全国就业人口的比重分别为 37%、27.7%和 24.7%；而在流动人

① 1999 年以来“西部大开发”“振兴东北老工业基地”和“中部崛起”等战略，带动了中西部省份的固定资产投资规模的更快上升，这应该会大大改善支撑中西部地区的制造业发展的基础设施。

口中，东部地区接纳了全国78%的跨省迁移的低学历人口（图3.6），如此大规模劳动力流动所带来的服务需求，无疑会促进东部省份服务业劳动生产率更快增长。而人口流入特别是高技术劳动力流入的技术外溢会提高地区人力资本积累水平，促进人口流入地区的劳动生产率增长（Hornung，2014）。高技术劳动力往往更加关注收入的离差、公共服务质量的差异（Lucas，2004），他们倾向于向东部发达省份流动。如2010年《第六次全国人口普查资料》表明，在中

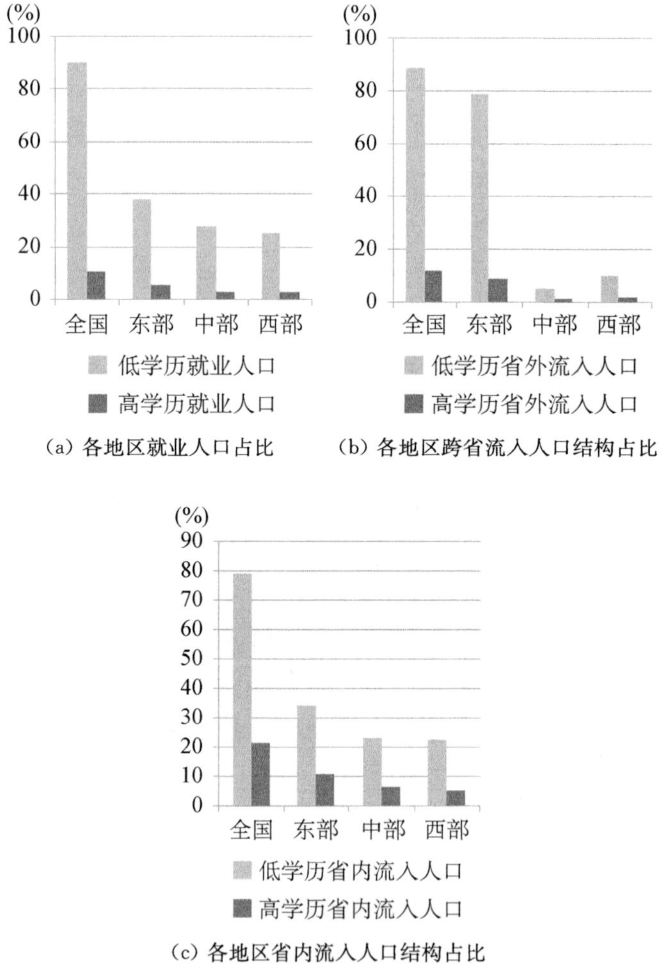

(a) 各地区就业人口占比　　(b) 各地区跨省流入人口结构占比

(c) 各地区省内流入人口结构占比

图3.6　2010年不同受教育程度流入人口的结构特征

注：低学历人口为高中及以下受教育程度的人口，高学历人口为大专及以上受教育程度的人口。
数据来源：《第六次全国人口普查资料》。

国全部跨省流动人口中，高学历跨省迁移人口占比为11.5%，其中流向东部省份的比例为8.5%，即跨省的高技术流动人口中74%是往东部省份流动(图3.6)。正因为东部省份的高技术劳动力流入比重更大，发挥知识外溢作用，并扩大地区商业服务业的需求，通过乘数效应创造了就业。此外，迁移人口与本地劳动力市场的替代与互补效应也会加快东部地区服务业升级，从而引起服务业劳动生产率的更快提高。

第二节　公共支出影响产业发展的理论机制

一、公共支出规模与结构对经济增长的影响机制

公共支出影响产业发展以及地区差距的形成首先可以在公共支出对经济增长的影响的相关理论中找到证据。在经济增长模型中，政府购买对GDP增长的贡献不容置疑，但早期以索洛新古典经济增长理论为代表的研究往往将公共支出视为经济增长的外生因素。Arrow与Kurz(1970)开创性地将政府生产性投资纳入了增长模型中，认为公共资本存量影响了消费者的效用。随后Barro(1990)提出了将公共支出内生化的内生经济增长理论，这对公共支出与经济增长关系的研究做出了极大的理论贡献。具体来说，Barro(1990)将政府购买的商品与服务纳入规模报酬不变的生产函数中，基于AK经济模型，假设政府仅通过征税来弥补支出成本的预算约束，求解出均衡时政府的最优税率，同时阐释了稳态时公共支出对经济增长率的影响。不仅如此，Barro还区分了公共支出的结构，并指出公共支出的不同成分对经济增长的影响机制有所不同，并不是所有的公共支出都可以进入生产函数，还有一部分公共支出购买的商品及服务影响了劳动力的效用，进入效用函数，从而影响经济稳态增长率，因此公共支出一般被分为生产性公共支出与消费性公共支出两类。该研究在公共支出结构特征对经济增长的影响这一领域有着十分重要的理论贡献。

在此之后国内外关于公共支出结构对经济增长的影响一般是基于Barro(1990)的纳入公共部门的内生经济增长理论框架。生产性支出规模的变动会改变资本与劳动的边际回报率，从而影响经济增长，但这种影响往往是促进作用，如Devarajan et. al.(1996)使用实证分析的方式比较研究了43个发展中国家与21个发达国家生产性公共支出对经济增长的作用。该研究发现，发达

国家生产性公共支出对经济增长呈现促进作用，但发展中国家恰恰相反，生产性公共支出抑制了经济增长。严成樑与龚六堂(2009)研究了中国财政支出对长期经济增长的效应，该研究也同样区分了生产性支出和消费性支出。该研究扩展了 Barro(1990)的内生经济增长模型，将劳动力供给内生化，通过数值模拟刻画出生产性公共支出对经济增长的促进作用还取决于政府使用何种税收征税，若使用消费税来融资，则税率越高、生产性公共支出规模越大越容易提高经济增长率；若使用劳动所得税与资本所得税来融资，则上述关系呈现不确定性。该研究还指出，由于内生化劳动力供给，公共支出与税收可以通过影响劳动力供给从而对经济增长产生影响。

中国在 1980—1999 年期间，由于经济发展初期存在较大规模的预算外资金，财政支出对经济增长的效应并不明显，此外由于存在较大的调整成本，财政支出同样并没有表现出明显的增长效应。但若使用财政支出增长率来衡量其对经济增长的贡献，可以发现在 1999 年之前财政支出增长率对经济增长呈现显著正相关(庄子银与邹薇，2003)。然而近年来中国经济增长正处于转型期，当前的经济增长方式与早期的经验分析存在较大的差异，政府预算管理体制也逐渐规范化，预算法也正在逐渐完善，政府公共支出的规模随着政府职能的转变也发生了显著的变化，因此，近年来国内关于公共支出与经济增长的研究也在不断地完善。刘勇政和冯海波(2011)在 Barro(1990)与 Rioja(2003)理论研究的基础上，构造了一个包含政府、家庭与厂商的开放经济模型，并通过数值模拟和经验分析，检验了公共支出效率与经济增长的关系，研究得出公共支出效率对经济增长呈现正相关关系，这与唐颖和赵文军(2014)的结论一致。唐颖和赵文军(2014)还指出公共支出还有可能通过刺激劳动力投入等方式强化发展初期粗放式的增长模式，而公共支出的不同结构对经济增长转型也没有表现出十分显著的作用。这一研究对关于公共支出与现代部门增长的研究有所启示，因传统的粗放发展模式已不适合现阶段的增长目标，产业正在经历区域性与结构性的转变，公共支出的规模与结构的合理性是否适合现代产业的发展是值得进一步深入挖掘的问题。

二、公共支出对劳动力流动的吸引效应

公共支出对现代产业发展影响的另一个层面是公共支出对劳动力流动的影响。劳动力迁移的影响机制最早始于人口迁移的引力模型。劳动力在做出是否迁移的决策时，需要考虑影响人口迁出的迁出地“推力”要素与影响人口

迁入的迁入地“拉力”要素，在充分权衡拉力与推力作用大小之后，才能判断是否迁移，因此是迁入地的拉力与迁出地的推力二者共同作用导致了人口的迁移(Herberla, 1938)。Bagne(1959)首次将基本公共服务与基础设施纳入了迁入地的“拉力”范围从而扩展了人口迁移的“推力—拉力”理论，如良好的基础教育环境、文化和交通基础设施等。值得关注的是 Tiebout(1956)提出的公共品与人口自由流动的“用脚投票”理论。由于各个辖区内税负与公共品种类组合存在差异，在人口可以自由流动的前提下，居民可以选择适合自己的公共品与税收的组合，从不适合自己偏好的辖区迁出，迁入适合自己偏好的辖区，实现一种“用脚投票”选择机制。Oates(1969)在 Tiebout(1956)研究的基础上，指出若是按照 Tiebout“用脚投票”的理论，那么公共服务供给与税收组合更吸引人的地区，要素越倾向于流入，不动产价格越高，并通过实证检验验证了这一事实。Oates(1972)在随后的研究中提出地方政府更倾向于通过降低税率的方式吸引流动要素，从而使公共品供给低于帕累托效率水平。地方政府的财政竞争行为会导致区域之间公共服务供给水平产生巨大差异，若人口流动的障碍较小，就自然会引起人口向高水平公共品供给区域流动。

随着研究的推进，人口迁移还与地区经济发展差异、房价差异、网络效应、城市化规模、迁移成本等因素相关，但从中国国情来看，人口迁移的决策主要取决于对家庭情况的改善(邢春冰等，2013；刘生龙，2014；Chen, 2015；陆铭等，2013；吴伟平等，2016)。在中国快速城镇化发展的背景下，中国的劳动力跨省流动总是会与公共服务的供给与公共支出的规模相关联。若仅仅关注地区工资水平等特性差异而忽视地区公共服务带来的效用变化将会导致区域政策设计上的缺陷。地区公共服务对劳动力流动决策的影响十分显著，并且有长期流动倾向的劳动力会选择公共服务水平较高的城市居住，公共服务均等化可以缓解人口集聚(夏怡然、陆铭，2015)。异质性劳动力迁移决策也存在偏差，高技术人力资本的劳动力往往还倾向于向具有更加完善的基本公共服务、高质量的环境、更公平的市场机制的地区集聚，但低技术的劳动力往往选择生活成本相对较低，公共福利相对较差的城市生活，从而使地区之间存在持续性的公共服务上的差异(Diamond, 2016)。

中国现实的情况是政府通过公共品配置来引导劳动力要素有序流动的作用并不十分显著(甘行琼等，2015)。但在经济发展初期，由东部地区工业化吸引人口集聚从而导致经济极化，政府为了吸引企业流入、扩大当地税基，势必要扩大基础设施建设，导致生产型公共支出的急速扩张。这说明政府通过扩大基础设施支出吸引人口集聚的理论机制成立。魏后凯(1998)指出向东部沿海城市偏向性的经济政策以及地区交通运输在内的基础设施上的差别,导致了地区差距的扩大。而生产性公共支出与消费性公共支出对劳动力流动的效应存在十分明显的差别,二者对劳动力流动的净效应作用方向相反。具体来看,生产性公共支出对劳动力迁移取决于三类效应的平衡作用,这三类效应分别是生产率效应、税负效应与拥挤效应,而消费性支出主要通过消费性效应与税负效应的平衡产生作用(吴伟平与刘乃全,2016)。综上所述,本书的研究可以发现公共支出的不同结构对人口的迁移的结构会产生差异化的影响,从而作用于地区产业增长与地区差距。

第三节 公共支出影响地区产业发展的经验分析

一、计量模型与数据描述

上文梳理了公共支出对地区产业增长的经济效应理论基础。现有关于公共支出规模及其结构对整体经济增长的研究已经十分充分,而本章主要关注公共支出的规模及结构对非农产业的增长,并使用中国的数据通过实证层面来判断上述理论机制是否成立。因此,下文首先给出公共支出的规模、结构对地区产业增长的综合效应检验,从而以此作为基础,对下文关于制造业地区差距倒"U"型演化特征做出理论与事实分析的铺垫。本书设置如下计量经济模型,并按照这一模型进行本章余下部分的回归分析:

$$\ln Y_{it} = c + \kappa_1 E_{it} + \kappa_2 X_{it} + u_{it} \tag{3.1}$$

其中,i 表示省份,t 表示时间,Y_{it} 代表 i 省份 t 年相应产业的劳动生产率,此处主要包括第二产业与第三产业以及制造业劳动生产率;E_{it} 表示 i 省 t 年公共支出规模,X_{it} 为控制变量集合,u_{it} 为误差项,c 为回归常数项。各变量具体包括以下内容:

1. 被解释变量

本章这部分实证研究被解释变量为第二产业劳动生产率($\ln(rsec)$)、第三产业劳动生产率($\ln(rthr)$)与制造业劳动生产率($\ln(rprdc)$)。沿袭Rodrik(2013)的研究思路,劳动生产率的计算方法为增加值除以就业人口,即劳均增加值,也被称为全员劳动生产率。然而,制造业增加值数据在2007

年以后的可得性较差，因此本书采用工业总产值除以就业人口作为劳动生产率的代理指标，采用20个有代表性的两位数行业数据加总以代表制造业行业总产值的水平①。第二产业劳动生产率为第二产业增加值除以第二产业从业人员，第三产业劳动生产率为第三产业增加值除以第三产业从业人员。第二产业劳动生产率与第三产业劳动生产率均以1990年为基期使用CPI进行价格平减②；制造业劳动生产率以1999年为基期使用CPI进行价格平减。

2. 主要解释变量

本章主要解释变量包括各省财政支出占比（*czzcr*），这一指标为规模总量指标，计算方法为各省一般预算内支出占GDP比重。本章的核心解释变量还区分了财政支出的结构。Barro（1990）将公共支出分为生产性公共支出与消费性公共支出，生产性公共支出进入生产函数影响经济增长，消费性公共支出进入劳动力效用函数影响劳动力的效用水平，两者通过不同的机制作用于经济增长。但是目前，国内外学者们对生产性公共支出与消费性公共支出如何划分并没有明确的界定，如以往的研究将教育支出作为生产性支出，因为其可以改变人力资本水平，从而进入生产函数，但教育水平的高低本身也会影响劳动力迁移的效用。Diamond（2016）将学校的质量作为一类公共设施，认为劳动力是否进行迁移决策不仅要考虑消费私有品，还要消费如教育、环境与交通基础设施等公共设施。因此，本章并不按照生产性与消费性支出划分，而是按照功能将公共支出划分成三类，具体为维护性支出占比（*whr*）、民生性支出占比（*msr*）与建设与发展性支出占比（*jsr*）。由于地方政府外交支出占比极少，且仅有一部分省份存在外交支出项目，并且有些年份并不统计外交支出这一类，因此本章在维护性支出的衡量上做了调整，仅包含一般公共服务支出、公共安全支出以及国防支出，这类支出是为了维护国家行政部门安全与正常运转，因此按此命名；民生性支出这里主要包括教育支出、卫生支出、科技支出、

① 实证回归选取的20个两位数制造业行业分别为农副食品加工业、食品制造业、饮料制造业、烟草加工业、纺织制造业、造纸及纸制品制造业、石油加工及炼焦制造业、化学原料及化学制品制造业、化学纤维制造业、非金属矿物制品制造业、黑色金属冶炼及压延加工业、有色金属冶炼及压延加工业、金属制品业、通用机械制造业、专用设备制造业、交通运输设备制造业、电气机械和器材制造业、计算机通信和其他电子设备制造业、仪器仪表制造业与医药制造业。数据来源为相应年份《中国工业经济统计年鉴》。本章制造业数据是将20个两位数行业的数据进行行业加总，计算得出制造业行业劳动生产率。

② 为了与第三产业保持一致，第二产业没有使用工业出厂价格指数进行消胀处理，而是与第三产业统一使用CPI消除价格因素，方便对实证结果进行比较。

文化体育与娱乐支出以及社会保障及就业支出。在 2009 年以后，地方财政支出中还统计了保障房支出，但是为了保障前后年份民生性支出类目一致，本书并没有将保障房支出与环境保护支出纳入民生性支出；建设与发展性支出类目繁杂，近年来统计口径的变化也较大，本章的处理是将财政支出减去民生性支出与维护性支出的部分作为建设与发展性支出。

3. 控制变量

非农产业的发展不仅与公共支出变量相关，还与地区特征等其他变量相关，若不进行控制，则有可能因为遗漏重要变量而产生回归偏差的问题。本书主要选择的控制变量包括人力资本变量（*hc*），具体指地区平均受教育年限；地区市场化程度变量（*private*），具体指地区非国有经济固定资产总值占内资企业固定资产总值比重；外商直接投资占比（*fdi*），具体指外商直接投资的实际使用额占 GDP 的比重，原始数据使用相应年份美元兑换人民币的年平均价进行换算。地区人力资本水平衡量一个地区劳动力的质量，因人力资本是内生经济增长的重要的动力，人力资本水平的提高对地区的劳动力供求、房价、工资等都有较大的影响，从而会进一步影响地区产业劳动生产率的增长、结构的转型等。地区市场化程度主要是衡量一个地区非国有资本的占比，市场化程度越高，表明市场竞争越大。一般来说，在不出现市场失灵的情况下，市场的竞争会使生产要素的投入和生产率达到较为有效率的水平。地区外商投资实际使用额占比衡量的是地区吸引外资、对外开放的程度。

本研究的数据来源于中国知网中国经济与社会发展统计数据库、相应年份《中国统计年鉴》《中国工业经济统计年鉴》《中国人口与就业统计年鉴》，回归中各变量的描述性统计特征见表 3.1。由于 2012 年以后第二产业从业人口缺失、2007 年前后公共支出统计类目变化较大，因此本书此处实证分析中使用 2007—2012 年除西藏以外 30 个省（自治区、直辖市）的面板数据对第二产业与第三产业的劳动生产率进行回归。对于制造业的劳动生产率的回归，2011 年以后《中国工业经济统计年鉴》不再统计工业总产值，而是统计工业销售产值，二者口径有所不同，因此关于制造业的回归，本章使用 2007—2011 年除西藏外 30 个省的面板数据。

表 3.1　　公共支出与产业发展变量描述性统计分析

变量定义	观测值	平均值	标准差	最小值	最大值	变 量 定 义
ln(*rsec*)	180	10.610	0.393	9.638	11.840	第二产业劳动生产率实际值
ln(*rthr*)	180	10.900	0.562	8.599	12.150	第三产业劳动生产率实际值
czzcr	180	0.209	0.090	0.087	0.615	财政支出占 GDP 比重
whr	180	0.039	0.015	0.019	0.093	维护性支出占 GDP 比重
msr	180	0.077	0.035	0.031	0.242	民生性支出占 GDP 的比重
jsr	180	0.094	0.047	0.034	0.339	建设与发展性支出占 GDP 比重
L.whr	150	0.039	0.015	0.020	0.093	滞后一期维护性支出占比
L.msr	150	0.073	0.033	0.031	0.242	滞后一期民生性支出占比
L.jsr	150	0.091	0.045	0.034	0.339	滞后一期建设性支出占比
L.czzcr	150	0.203	0.086	0.087	0.592	滞后一期财政支出占比
fdi	180	0.025	0.019	0.000	0.082	FDI 实际使用额占 GDP 比重
private	180	0.609	0.125	0.166	0.868	市场化程度
hc	180	8.566	0.929	6.764	11.840	人力资本水平
ln(*rprdc*)	150	13.250	0.421	11.470	14.070	制造业劳动生产率实际值

二、公共支出与产业劳动生产率增长的实证结果

本书使用面板数据固定效应模型(FE)进行如下实证检验，首先是当期公共支出规模及结构的基准回归，回归结果为表 3.2。实证结果显示公共支出占 GDP 的比重上升，第二产业与第三产业劳动生产率也会随之上升，公共支出占比增加 1%，第二产业劳动生产率的自然对数值增加 3.84%，第三产业劳动生产率增加 4.24%，回归结果在 1%的统计水平上显著。本书在此之后还进一步分结构进行回归，回归结果发现民生性支出及建设与发展性支出占比的提高，会显著地增加第二产业与第三产业的劳动生产率，然而维护性公共服务占比的提高会降低第二产业与第三产业的劳动生产率。进一步的，笔者加入了控制变量以检验基准回归结果是否稳健。表 3.3 为在表 3.2 的基准回归的基础上加入控制变量的回归结果，此外，为了避免回归中出现异方差，本章余下均使用稳健标准差进行回归。表 3.3 的回归结果显示，与基准回归的结果类似，财政总支出占 GDP 的比例对第二产业与第三产业的增长具有明显的促进作用，回归结果在 1%的水平上显著正相关。区分结构的回归中，发现维护性支出占比的提高会显著的抑制第二产业劳动生产率的提高，对第三产业的效应并不显著。民生性支出与建设及发展性支出的比重提高，会显著增加第

三产业与第二产业劳动生产率。比较来看，建设与发展性支出占 GDP 的比重提高，对第二产业与第三产业的增长效应的影响程度几乎一致，因为回归系数差距较小，分别为 3.13 与 3.15，回归结果在 1%的统计水平上显著。民生性支出占比的提高对第二产业劳动生产率的增长作用要小于对第三产业劳动生产率的增长效应，回归系数分别为 2.78 与 4.78，回归结果在 1%的统计水平上显著，这说明提高民生性服务支出对服务业的增长更为有利，与中国现行的以服务业为主的产业结构升级目标相契合。这意味着通过增加各地区教育、医疗、社保、文娱与科技支出，会提升当地服务业从业人员的效用水平，从而更加有效地促进中国产业结构升级。

此外，从控制变量的回归结果发现，地区人力资本水平越高，地区非农产业劳动生产率水平就越高，这说明地区技能劳动力是产业增长的源泉之一，回归结果均通过了显著性检验。地区市场竞争程度越高，第二产业增长越快。现阶段，中国第二产业发展已经到了技术革新时期，而不是以往经济体制改革初期的技术模仿期，市场起着主要的资源配置作用，市场竞争的力量对第二产业的发展影响更高；而服务业不同，服务业在中国仍然处于发展的初级阶段，服务业的发展在一定程度上更需要政府经济政策干预和宏观调控，甚至税收政策的扶持，因此市场力量的作用相对第二产业发挥的作用程度要小。从回归结果来看，第二产业市场化程度回归结果显著为正，而对第三产业的回归却不显著。

地区外资使用情况对第二产业与第三产业的回归均不显著，可能存在的原因是，改革开放初期经济的发展主要靠打开国门吸引外资带动东部沿海地区工业化发展，本地产业通过技术扩散的方式争相模仿，从而达到带动整体经济的发展。现阶段，中国经济的发展已经逐渐开始跨越技术模仿阶段，开始从事自主研发，财税政策也有所倾斜，如 2008 年，相关的企业所得税的税收政策将原本高于外资企业的内资企业所得税税率降低至内外一致的 25%的水平。由此可见，现阶段地区对外开放程度对产业增长的作用已不如以往显著。

表 3.2　　公共支出与第二产业与第三产业的基准回归

	第二产业 ln(*rsec*)				第三产业 ln(*rthr*)			
	(1)	(2)	(3)	(4)	(5)	(6)	(7)	(8)
czzcr	3.848^{***} (9.146)				4.239^{***} (5.702)			

续　表

	第二产业 ln(*rsec*)				第三产业 ln(*rthr*)			
	(1)	(2)	(3)	(4)	(5)	(6)	(7)	(8)
whr		−31.387***				−16.143**		
		(−7.497)				(−2.137)		
msr			5.859***				7.501***	
			(5.874)				(4.644)	
jsr				5.469***				5.178***
				(9.624)				(4.946)
常数项	9.804***	11.824***	10.158***	10.097***	10.014***	11.526***	10.324***	10.416***
	(110.064)	(72.675)	(129.913)	(184.094)	(63.613)	(39.259)	(81.548)	(103.086)
地区固定效应	YES	YES	YES	YES	YES	YES	YES	YES
R^2	0.360	0.274	0.188	0.383	0.179	0.030	0.126	0.141
N	180	180	180	180	180	180	180	180

注：括号内为 *t* 值，* $p<0.1$，** $p<0.05$，*** $p<0.01$。

表 3.3　　公共支出对第二产业与第三产业劳动生产率的影响

	第二产业 ln(*rsec*)				第三产业 ln(*rthr*)			
	(1)	(2)	(3)	(4)	(5)	(6)	(7)	(8)
czzcr	2.102***				2.867***			
	(4.324)				(3.797)			
whr		−19.640***				−3.371		
		(−3.073)				(−0.305)		
msr			2.778***				4.778***	
			(5.245)				(3.000)	
jsr				3.134***				3.115***
				(3.530)				(3.299)
fdi	0.964	1.281	1.358	0.454	−9.282	−9.516	−8.517	−9.878
	(0.382)	(0.378)	(0.454)	(0.180)	(−1.384)	(−1.239)	(−1.191)	(−1.435)
private	0.781***	0.735***	0.811***	0.794***	0.263	0.389	0.274	0.317
	(5.335)	(4.223)	(4.250)	(5.847)	(0.778)	(1.241)	(0.761)	(0.965)
hc	0.230***	0.280***	0.291***	0.215***	0.195*	0.321***	0.266**	0.217*
	(5.225)	(5.466)	(7.155)	(4.288)	(1.874)	(2.773)	(2.542)	(1.923)
常数项	7.703***	8.487***	7.372***	7.978***	8.705***	8.282***	8.302***	8.805***
	(20.212)	(13.579)	(19.154)	(18.813)	(7.783)	(6.740)	(7.195)	(7.691)

续 表

	第二产业 ln(*rsec*)				第三产业 ln(*rthr*)			
	(1)	(2)	(3)	(4)	(5)	(6)	(7)	(8)
地区固定效应	YES	YES	YES	YES	YES	YES	YES	YES
R^2	0.559	0.578	0.519	0.571	0.245	0.188	0.231	0.223
N	180	180	180	180	180	180	180	180

注：括号内为 *t* 值，* $p<0.1$，** $p<0.05$，*** $p<0.01$，使用稳健标准差回归。

上述回归结果均采用当期公共支出变量进行回归，然而，公共支出对地区产业劳动生产率增长的效应并不一定当期就会出现，还可能存在滞后效应，仅仅使用当期公共支出变量进行回归，不能十分准确地验证公共支出对第二产业与第三产业的增长效应，因此本章还使用滞后一期公共支出变量重新对第二产业与第三产业实际劳动生产率进行回归(表 3.4)，控制变量与表 3.3 保持一致，回归使用稳健标准差以去除异方差导致的回归偏误。

表 3.4　滞后一期公共支出对第二产业与第三产业劳动生产率的影响

	第二产业 ln(*rsec*)				第三产业 ln(*rthr*)			
	(1)	(2)	(3)	(4)	(5)	(6)	(7)	(8)
L.czzcr	1.724***				1.444**			
	(4.204)				(2.572)			
L.whr		−10.315***				4.830		
		(−3.915)				(0.424)		
L.msr			2.351***				2.881***	
			(4.509)				(3.041)	
L.jsr				2.343***				1.111
				(3.278)				(0.780)
fdi	0.853	1.091	1.800	0.140	−8.303	−7.852	−7.309	−8.484
	(0.566)	(0.622)	(1.149)	(0.092)	(−1.041)	(−0.972)	(−0.946)	(−1.070)
private	0.984***	1.191***	1.154***	1.001***	0.663	1.011***	0.739*	0.795**
	(6.296)	(10.395)	(8.263)	(5.822)	(1.645)	(2.877)	(1.756)	(2.089)
hc	0.145***	0.137***	0.183***	0.117***	0.133	0.178	0.168	0.131
	(3.771)	(3.303)	(4.639)	(3.144)	(1.257)	(1.596)	(1.488)	(1.567)
常数项	8.443***	9.131***	8.163***	8.821***	9.323***	8.815***	9.034***	9.450***
	(24.103)	(23.196)	(22.855)	(26.264)	(7.940)	(6.884)	(7.689)	(9.892)

续　表

	第二产业 ln(*rsec*)				第三产业 ln(*rthr*)			
	(1)	(2)	(3)	(4)	(5)	(6)	(7)	(8)
地区固定效应	YES	YES	YES	YES	YES	YES	YES	YES
R^2	0.605	0.576	0.580	0.602	0.157	0.146	0.159	0.148
N	150	150	150	150	150	150	150	150

注：括号内为 *t* 值，$^{*}p<0.1$，$^{**}p<0.05$，$^{***}p<0.01$，使用稳健标准差回归。

表 3.5　　公共支出对制造业劳动生产率的影响

ln(*rprdc*)	公共支出当期变量				公共支出变量滞后一期			
	(1)	(2)	(3)	(4)	(5)	(6)	(7)	(8)
czzcr	5.134**							
	(2.394)							
whr		−25.572**						
		(−2.074)						
msr			8.372**					
			(2.600)					
jsr				6.902**				
				(2.164)				
L.czzcr					2.220***			
					(3.650)			
L.whr						−4.698		
						(−1.401)		
L.msr							3.765***	
							(3.311)	
L.jsr								3.680***
								(4.016)
fdi	−10.465**	−10.728	−9.073*	−11.978**	−3.371*	−2.456	−2.128	−4.261*
	(−2.333)	(−1.596)	(−1.829)	(−2.310)	(−1.765)	(−1.085)	(−1.272)	(−1.847)
private	−0.300	−0.294	−0.170	−0.360	0.735***	1.150***	0.816***	0.767***
	(−1.041)	(−0.812)	(−0.560)	(−1.173)	(2.810)	(4.581)	(3.532)	(2.794)
hc	0.381***	0.539***	0.614***	0.283**	0.228***	0.232***	0.243***	0.205***
	(3.964)	(6.319)	(8.123)	(2.055)	(7.508)	(5.459)	(8.079)	(5.646)
常数项	9.418***	10.123***	7.763***	10.739***	10.652***	10.967***	10.598***	10.978***
	(15.256)	(10.359)	(11.747)	(10.223)	(46.501)	(30.237)	(44.728)	(43.017)

续 表

$\ln(rprdc)$	公共支出当期变量				公共支出变量滞后一期			
	(1)	(2)	(3)	(4)	(5)	(6)	(7)	(8)
地区固定效应	YES	YES	YES	YES	YES	YES	YES	YES
R^2	0.475	0.362	0.425	0.451	0.748	0.659	0.758	0.712
N	150	150	150	150	120	120	120	120

注：括号内为 t 值，$^{*}p<0.1$，$^{**}p<0.05$，$^{***}p<0.01$，使用稳健标准差回归。

表 3.4 显示滞后一期财政支出占 GDP 的比重与第二产业劳动生产率以及第三产业劳动生产率依然显著正相关，提高 1%当前公共支出占比，下一年的第二产业劳动生产率的自然对数值增长 1.724%，下一年的第三产业劳动生产率的自然对数值增长 1.44%，回归系数在 1%的水平上显著。对公共支出的结构的回归中发现第二产业的各项回归系数与表 3.3 和表 3.2 的基本结果依然一致，即民生性公共支出与建设及发展性公共支出占比的增加，会显著提高第二产业劳动生产率，而维护性支出占比的增加，会显著抑制第二产业劳动生产率的增长，二者显著负相关，回归结果均通过了 1%的显著性检验；而对于第三产业，民生性公共支出占比的增加会显著地提高服务业的劳动生产率，且民生性公共支出占比的增加对服务业的促进作用要大于对第二产业的促进作用，这与表 3.3 与 3.2 的基本结论相一致。不过，滞后一期的维护性支出与建设及发展性支出占比的增加，对下一年服务业劳动生产率的影响并不显著，这意味着政府增加基础建设、维护性支出，无论是当期还是滞后期对服务业增长的作用都十分有限，政府应该适当加大对文教卫、科技、社保等民生性支出，选择性地根据自身情况降低其余类目的支出，从而促进中国产业发展与结构的转型。

上述实证分析检验了公共支出的规模及结构对第二产业和第三产业劳动生产率是否存在增长效应。然而，笔者更加关注制造业地区之间增长差距的变化，这是由于工业劳动生产率地区差距的基尼系数显示出倒“U”型特征，而近年来中国工业增加值中的 80%都为制造业所贡献，因此有理由认为倒“U”型的右半部分的特征来源于制造业地区差距的缩小。因此，笔者试图寻找一条公共支出影响制造业地区差距的传导机制，从而为未来政府改善地区产业发展不均衡不充分的政策设计提供理论与实践层面的基础。那么要想厘清公共支出在制造业地区差距形成背后的作用机制，首先要明确地方公共支出对地区制造业增长的综合作用。

表 3.5 为公共支出影响制造业劳动生产率的综合效应，回归结构既包含财政支出的当期效应，又包括财政支出的滞后期效应。回归(1)—(4)为当期各类公共支出对制造业劳动生产率的作用，这里的回归结果与公共支出对第二产业的回归结果相似，即公共支出总量占比的提高会促进制造业劳动生产率的提高，回归系数显著为正，且通过了 5%的显著性检验；细分公共支出结构对制造业劳动生产率的影响发现，维护性支出占比与制造业劳动生产率显著负相关，回归系数显著为负；民生性公共支出与制造业劳动生产率显著正相关，建设与发展性支出与制造业劳动生产率也呈现显著正相关，二者回归系数显著为正，上述财政支出结构的实证回归均通过了 5%的显著性检验。表 3.5 的回归(1)—(4)表明，提高民生性支出与建设性支出占比，会促进制造业劳动生产率的增长，其中提高民生支出的促进作用要显著大于提高建设性支出的促进作用，原因在于民生性支出的回归系数高于建设性支出的回归系数。

公共支出对制造业的增长效应有时不会在当期就表现出来，往往存在一定的滞后期，因此本书还使用了公共支出及其结构变量的一阶滞后值进行了回归。回归(5)—回归(8)结果显示公共支出对制造业劳动生产率的增长存在滞后效应，当期公共支出水平占比的提高会显著提高下一期制造业劳动生产率；区分公共支出的结构特征来看，维护性支出不存在滞后效应，充分地反映出维护性支出对产业发展没有贡献；而民生性支出与建设及发展性支出存在显著的滞后正相关关系，同样证明，提高当期民生性支出占比或建设及发展性支出的占比，可以显著地促进下一期制造业劳动生产率增长。

三、公共支出与制造业地区差距经验分析

通过本章以上部分的研究可发现几个事实：(1)近年来中国财政支出占 GDP 的比重逐年增加，在财政支出范围中，以文教卫、科技、社保、文娱体等为代表的民生性支出的占比也在逐年增加，此外政府还在近年来加大了环境治理与保障房建设的力度，也就是表明政府的一般预算支出结构中能够提升居民效用的部分的占比越来越高；(2)近年来中国第二产业与服务业都在增长，其中地区之间第二产业增长差距有着显著的倒“U”型的趋势，而服务业却与此不同，地区之间的增长差距先逐年增加，后保持在一个波动上涨的水平，在 2012 年之后有所下降；(3)无论从理论还是经验分析上，中国公共支出占 GDP

的比重的提高对第二产业、第三产业以及制造业存在显著的增长效应。区分公共支出结构时，发现建设性支出与民生性支出对制造业都具有增长效应，尤其是民生性公共支出占比提高所产生的促进产业增长的作用更大。考虑政策滞后性的回归还发现民生支出的提高能够对制造业的增长起到持续的推动作用，这也意味着，地区公共服务支出或地区公共服务的供给水平对产业发展有着显著的正向促进功效。

地区之间差距来源于地区之间增长速率的不同，既然地区公共支出规模及其结构可以对地区制造业增长产生十分显著的推动作用，并且还存在滞后效应，那么近年来区域间公共支出占比的变动是否也会带来制造业地区差距的变化呢？图 3.7 为 1999—2011 年中国制造业劳动生产率省际基尼系数与公共支出占比的趋势图。从图 3.7(a)发现，1999—2011 年间制造业省际基尼系数的波动下降，说明制造业地区差距近年来有所缩小，与此同时，财政支出占比有十分明显的增长，使用时间序列数据进行回归发现二者显著负相关，也就是说公共支出占比增长的同时，制造业的省际基尼系数会随之降低。区分公共支出结构后发现，伴随着制造业省际基尼系数下降，建设性支出与服务性支出逐年变动的趋势并不明显[图 3.7(b)与图 3.7(d)]，只有民生性支出占比近年来有显著的提高。利用时间序列数据进行简单的回归发现民生性支出与制造业基尼系数同样呈现显著负相关[①]。因此，有理由判断，民生性公共支出的增长，对缩小地区制造业差距起到了不可忽视的作用。

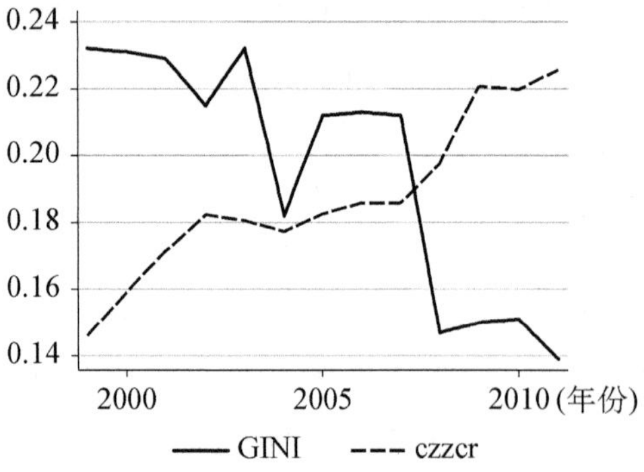

(a) 制造业基尼系数与财政支出占比

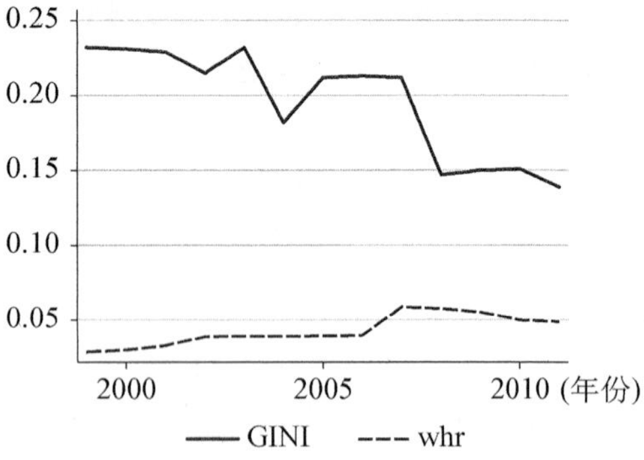

(b) 制造业基尼系数与维护性支出占比

① 本书此处忽略了回归结果。

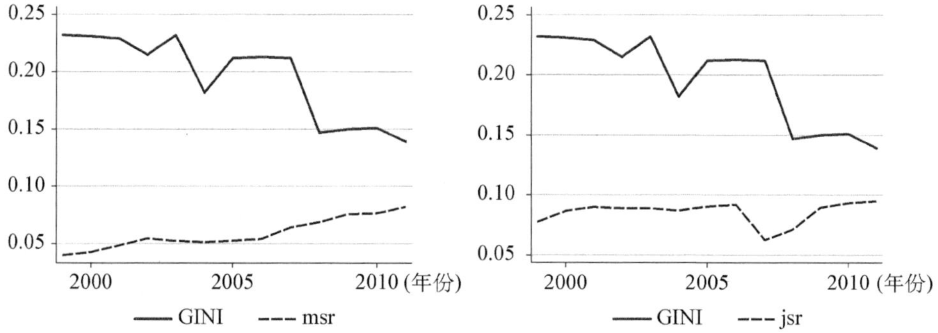

（c）制造业基尼系数与民生性支出占比　　（d）制造业基尼系数与建设性支出占比

图 3.7　1999—2011 年制造业基尼系数与财政支出趋势

第四节　小结

本章主要作为全书余下部分研究的理论基础与经济背景，为下文具体剖析公共支出、公共服务对地区制造业差距的影响机制提供分析线索。本章首先研究了现阶段中国公共支出的规模、现状并分析了现行公共支出结构变动的原因；其次分析了第二产业、第三产业发展的特征、分产业地区差距的现状以及可能的经济原因；进一步地，本书梳理了公共支出增长效应的理论基础，从而为公共支出为现代部门产业增长的经验分析提供逻辑框架；在此之后，本章对公共支出的规模以及结构与第二产业、第三产业和制造业劳动生产率增长进行实证检验，并考察了公共支出规模、结构与制造业地区差距的相关关系。具体来看，本章主要得出以下结论：

第一，通过事实分析可发现：首先，公共支出对第二产业与第三产业增加值增长具有逆周期调节作用；其次，中国政府公共支出的结构有所变化，建设和发展性支出占比逐渐走低，反而民生性支出占比逐渐提高，逐渐与建设和发展性支出持平，而维护性支出占比在近年来逐渐降低。再次，第三产业增加值占比逐渐增加，现阶段已经超越第二产业增加值占比，但从劳动生产率的角度来看，第二产业劳动生产率依然高于第三产业劳动生产率。

第二，中国工业与服务业省际劳动生产率差距——劳均增加值地区差距呈现结构性分化。工业省际基尼系数与泰尔指数呈现倒"U"型特征，即地区差距先增加，2001 年后开始降低，2007 年以后开始平稳波动；而服务业地区差距演变趋势却完全不同，2002 年到 2012 年之间，服务业地区差距是小幅波动上涨，2012 年之后是迅速下降。此外，近年来人均 GDP 的省际基尼系数与泰尔指数也出现了倒"U"型特征，但工业地区差距缩小先于服务业与人均 GDP 地区差距的缩小。制造业增加值占工业增加值的比重为 80%左右，因此，人均 GDP 以及工业劳动生产率近年来地区差距的缩小可能来自制造业省际收敛。

第三，本书的经验分析发现公共支出占比对服务业与制造业增长有显著的促进作用。细分公共支出结构发现，对于制造业，增加民生性政府支出、建设与发展性支出会显著地提高制造业劳动生产率，且民生性支出的效应大于建设与发展性支出的增长效应，且存在政策的滞后效应；对于服务业，提高民生性支出会显著提高服务业的增长，促进中国产业结构升级。因此政府应适当提高关系到劳动力效用的公共服务支出，提高基本公共服务供给质量，从而有效促进中国制造业与服务业的发展与转型。

第四，简单地考察制造业省际基尼系数与公共支出占比的时间序列趋势，发现公共支出占比与制造业省际基尼系数有比较明显的负相关关系。考察公共支出的结构发现，上述这种负相关关系主要来自于民生性公共支出，也即基本公共服务类支出的增加会伴随着制造业地区差距的缩小。简单地使用时间序列数据将二者进行回归同样得出民生性支出与制造业省际基尼系数的显著负相关关系。这一结果意味着，虽然地区建设与发展性支出及民生性支出都可以带来制造业的增长，但是对于制造业地区差距背后的动力，较大程度来自地区公共服务支出、地区公共服务水平的差异。本书余下部分将会继续深入分析公共服务对制造业地区差距的影响及背后的机制。

第四章　基本公共服务与劳动力流动的技术结构

通过前文的分析，可发现在公共支出的分类中，民生性公共支出对于制造业劳动生产率增长和地区差距的缩小起着十分重要的作用。但这种作用并不是直接产生的，究其背后的原因，是由于公共支出对要素流动特别是劳动力省际流动有十分明显的“引力”效应，这一点在关于劳动力流动的引力模型、“用脚投票”理论以及财政竞争理论中都有所涵盖。而劳动力流动又会通过自身人力资本水平、技术外溢改变劳动力市场供求结构等方式作用于地区产业结构，从而会对区域间制造业差距产生作用。

从劳动力需求的角度看，高技术劳动力曾是财政分权体制改革后地方政府进行公共支出竞争的重要生产要素；从劳动力供给的角度来看，地方公共福利水平也是劳动力迁移决策的重要“拉力”，但是影响不同技术结构的劳动力迁移的因素应有所不同，因此本章研究地区基本公共服务水平对技能劳动力与非技能劳动力的迁移是否存在差别化的影响，从而厘清通过公共服务配置劳动力要素用以引导区域制造业均衡发展的脉络。

第一节　区域公共服务支出差距与劳动力流动的事实描述

一、劳动力流动的影响因素

关于劳动力流动的影响因素方面的研究，早期较多关注地区工资差距而忽视了公共服务的重要性。城市中工资对劳动力流入的吸引力随着地区经济的发展呈现先上升后下降的关系，而中国工资收入较高的城市对劳动力流入的“拉力”已经进入了下降的阶段(徐清,2012),劳动力迁移的决策往往与包含工资因素在内的综合性因素相关。当城市的规模尚未达到极限时,城市内的公共福利越发达,居民的“幸福感”越高(孙三百等,2014)。工资高的地区其物价与消费成本也相对越高,虽然这弱化了工资对技术劳动力的“拉力”作用,但另一方面城市内更加发达、便捷、舒适的公共设施却提高了居民的“幸福感”,强化了公共服务对技术劳动力迁移的“拉力”作用(Diamond, 2016)。地区公共服务的规模、结构与质量可以促进劳动力地区之间转移(Tiebout, 1956;夏怡然与陆铭,2015),并进一步对地区产业结构乃至地区收入差距产生影响。因此,研究引导劳动力区域间合理流动的公共服务供给政策对有序推进城镇化、促进区域经济协调发展尤为重要。

不同规模的城市,影响人口流入结构和规模的公共政策需要有所差异①。从劳动力需求市场来看,发达地区与欠发达地区需要的劳动力技术结构也有所不同,经济发展较快的大城市提供更加完善的基础设施建设、发达的医疗水平、基础教育和社会保障,这类大城市的发展政策普遍向高技术、高学历的外来劳动力倾斜。如2016年上海市的房屋限购政策为:非上海户籍外来人口的家庭,其中一方需要连续缴满五年的社会保障,才可购买一套住房;但若夫妻双方有一方具备上海高等院校在读博士集体户口,则可直接购买一套住房,不需要受到必须缴满五年社保的限制。大城市对高技术、高学历劳动力具有“锁定效应”,使得大城市成为经济增长的主力(踪家峰等,2015),形成了对区域经济协调发展的不利因素。

从劳动力供给的角度来讲,低技术劳动力与高技术劳动力在做出迁移决策时所关注的“拉力”因素有所不同,低技术劳动力可能主要关注基本生存问题,迁移成本更高,而高技术劳动力可能更加重视公共福利及未来的发展前景。张文武(2012)指出若是降低普通劳动力的迁移成本有利于实现社会公平。由公共服务的地区差异而引发的劳动力区域间转移,最终都会作用于城镇化水平的差异。人口在区域间集聚的不均衡不仅会导致地区之间产业发展的失衡,同时人口不断地在经济发达地区攀升还可能造成大城市住房需求与

① 2014年3月国务院颁布了《国家新型城镇化规划(2014—2020年)》,并指出要加快户籍制度改革,有序推进农业流动人口市民化;以合法稳定就业和合法稳定住所(含租赁)等为前置条件,全面放开建制镇和小城市落户限制,有序放开城区人口50万—100万的城市落户限制,合理放开城区人口100万—300万的大城市落户限制,合理确定城区人口300万—500万的大城市落户条件,严格控制城区人口500万以上的特大城市人口规模。

住房价格的持续增长、资源过度消耗、交通拥堵与环境污染等民生问题(陈斌开等,2016)。

地方基本公共服务供给是影响要素均衡流动的机制、是城市发展的基础、是投资环境考量的重要指标、更是实现地区之间均衡发展的必要途径。只有深入地剖析公共服务结构对劳动力迁移的技术结构的影响,才能使财政政策合理导向于现阶段的经济目标。从劳动力流动影响人口流入地的经济效应的角度出发,考察地区基本公共服务对劳动力流动的技术结构的影响,对科学的、有针对性的新型城市化政策制定显然有重要价值。

二、基本公共服务支出的地区差距

本书所提及的财政民生性支出主要考虑基本公共服务支出,它是从投入的角度对基本公共服务供给的体现。马斯格雷夫与罗斯托曾指出经济发展的五个阶段[①]公共支出的侧重点应有所不同。从经济的起飞到成熟阶段,公共支出结构的配置应该从以基础建设支出为主逐渐向民生性支出为主转变。上一章为了保证2007年财政支出目类改革前后数据的一致性,仅将民生性支出定义为文教卫、社会保障、文娱体及科技支出这几类,然而2007年以后所统计的交通运输支出、环境治理支出、公共安全性支出都具有改变劳动力效用的性质,因此本章在研究财政民生性支出时将其扩展为七类公共服务,分别为财政安全性支出、财政教育费支出、财政科技文化支出、财政社会保障支出、财政医疗卫生支出、财政环境保护支出与财政交通运输支出。

图4.1为根据省际间各项人均公共服务支出计算出的基尼系数。从近年来各项民生性财政支出的演变趋势来看,中国公共政策确实致力于促进地区间基本公共服务的均等化(图4.1),从2007年到2013年财政科技文化支出、财政安全性支出、财政教育费支出、财政医疗卫生支出与财政社会保障支出的地区差距都呈现缩小的趋势,尤其是财政医疗卫生支出,从原有的2007年的0.27已经降至2013年的0.13;财政社会保障支出从2007年的0.28降至2013年的0.22;财政教育费支出从2007年的0.21降至2013年的0.15。而财政交通运输支出与环境保护支出的地区差距却呈现先缩小后扩大的趋势。

从各项民生性财政支出地区差距的整体水平来看,科技文化支出的地区

① 这五个经济发展时期分别为经济发展的传统起飞阶段、起飞创造条件阶段、起飞阶段、成熟阶段与大众高额消费阶段。

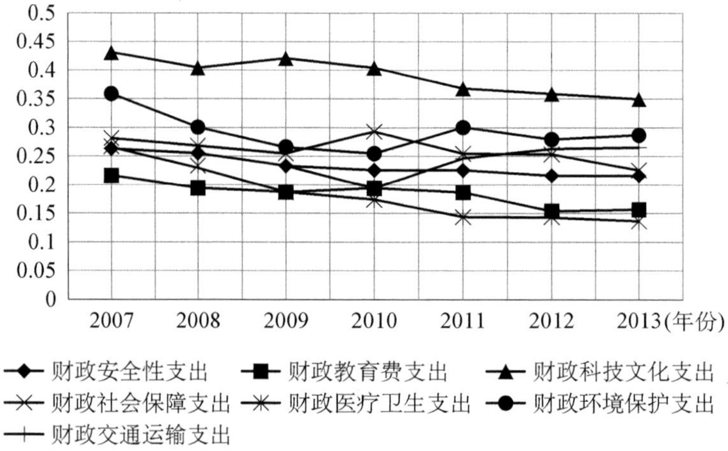

图 4.1 2007—2013 年中国地区间人均公共支出基尼系数

数据来源：根据相应年度《中国统计年鉴》，经计算得出。

差距要明显高于其余公共服务支出，2007 年的基尼系数为 0.43，即使近年来地区差距有所缩小，2013 年基尼系数仍然保持在 0.34 的高位。其次是环境保护支出，地区环境保护支出差距先缩小后扩大。有可能由于近年来经济发达地区雾霾等环境污染现象尤为严重，政府加大了对空气污染严重的地区的环境治理，而环境质量较好的城市政府的投入较小，因此地区差距有所扩大。处于地区差距第三位的是社会保障支出，近年来地区经济发展差距扩大的现象有所改善，但是改善幅度并不大，基尼系数要明显大于教育支出与卫生支出。交通运输支出的地区差距的变动趋势与社会保障支出的变动趋势呈现明显相反的现象，基尼系数的水平都保持的 0.2 以上。教育支出的基尼系数的大小排列在倒数第二，说明教育支出的地区间差距要明显低于以上五类民生性支出。而近年来财政对医疗卫生的投入的地区差距明显缩小，医疗卫生支出的基尼系数也是这七类民生支出中数值最低的，也即地区差距最小的。

从投入的角度来看，地区公共服务支出存在差距，对劳动力流动具有吸引力。当然，公共服务支出的规模较大并不代表地区的基本公共服务的质量与发展水平就越高，还应该从产出的角度去考察其对劳动力供给与迁移的作用，也即基本公共服务与基础设施水平的供给存量，本章会从实证检验部分进行全面的分析。

三、中国人口流动的规模与结构

自 1994 年《劳动法》放松了对劳动力迁移的限制后，中国的劳动力流动的规模显著攀升。从流动人口的城乡来源来看，中国的流动人口大部分来自农业剩余人口，主要表现在城镇化水平上，但不同地区之间差距也较为明显。表 4.1 是 2010 年《第六次全国人口普查数据》中按照来自城镇人口迁入占比由高到低的省份排序的地区人口迁移情况。东北三省、北京、天津这五个省市的流入人口中来自城镇的人口高于 50%，而长三角地区与广东省这四个经济发达省份主要迁入人口为农业人口，且农业人口占比较高。

从流动人口的地区来源(表 4.2)的角度，东部地区流动人口来自省外的占比与来自省内的占比相差不大，省外流入人口占比略低于 50%。此外，从省外流入的人口主要来自中部地区与西部地区，中部地区流入人口占总流入人口的比重为 24.9%，西部地区为 14.1%。进一步观察中西部省份的流入人口结构，发现中部地区 90%的流入人口来自省内迁移，西部地区 82%的流入人口来自省内迁移，这也同时能够佐证东部地区是中国人口跨省迁移主要目的地。

从流动人口的受教育程度结构的角度来看(表 4.3)，在各地区跨省迁移的流动人口中，接受初等教育水平的最多，这说明跨省迁移人口中，多数为只接受过义务教育的低技术劳动力。中部地区的跨省迁移劳动力中，接受高等教育的人数所占比重为 25%，高于接受中等教育的人数；东部地区接受高等教育人数占比为 11%，低于接受中等教育的人数占比；西部地区接受中等教育人数占比与接受高等教育人数占比持平。虽然东部地区劳动力的技术结构中，接受高等教育水平流动人口占东部省份全部流动人口的比重较少，但是东部地区外省人口集聚的规模较大，且大部分跨省迁移的高技术劳动力都向东部省份集聚。北京作为首都城市具有一定的特殊性，高技术人才占比要高于其他两个东部直辖市，而天津与上海的流动人口受教育程度的分布与东部整体水平几乎一致。笔者认为，较多数量的低技术流动人口向东部省份涌入，其中可能的原因是东部地区有更多低技术行业岗位的就业机遇，从而能够使剩余劳动力解决基本生计问题。这一点可以在表 4.4 中得到印证。

从流动劳动力的职业分布数据(表 4.4)可以发现，东部地区的流入人口有 59%从事低技术的生产运输设备操作行业，26%从事商业与服务业；而中西部流入人口从事商业与服务业的人员与从事生产运输操作设备的人员占比不相上下。东部地区跨省流入人口的规模整体要远远高于中西部地区流入人口的规模，从而可以看到，东部地区为低学历人口提供了大量的低技术岗位。

表 4.1　2010 年中国各省(自治区、直辖市)的城镇迁入人口情况　(单位：人、%)

地区	总流动人口	来自城镇	来自乡村	农村流动人口比率	城镇流动人口比率
全　国	21 225 359	8 385 174	12 840 185	60.49	39.51
吉　林	369 276	252 252	117 024	31.69	68.31
辽　宁	802 237	508 973	293 264	36.56	63.44
黑龙江	434 482	256 092	178 390	41.06	58.94
天　津	347 475	192 635	154 840	44.56	55.44
北　京	872 039	456 592	415 447	47.64	52.36
湖　北	715 256	357 553	357 703	50.01	49.99
山　东	1 133 881	526 574	607 307	53.56	46.44
重　庆	466 062	214 780	251 282	53.92	46.08
安　徽	595 378	271 124	324 254	54.46	45.54
河　北	671 015	303 133	367 882	54.82	45.18
海　南	141 883	62 361	79 522	56.05	43.95
甘　肃	233 344	100 231	133 113	57.05	42.95
湖　南	627 949	267 196	360 753	57.45	42.55
新　疆	310 884	132 293	178 591	57.45	42.55
四　川	946 157	401 438	544 719	57.57	42.43
山　西	508 931	213 916	295 015	57.97	42.03
陕　西	480 730	201 706	279 024	58.04	41.96
江　西	430 460	180 137	250 323	58.15	41.85
河　南	806 889	334 743	472 146	58.51	41.49
上　海	1 114 215	458 719	655 496	58.83	41.17
青　海	92 436	37 673	54 763	59.24	40.76
宁　夏	108 463	43 921	64 542	59.51	40.49
内蒙古	552 589	219 752	332 837	60.23	39.77
广　西	497 254	188 310	308 944	62.13	37.87
江　苏	1 370 191	515 867	854 324	62.35	37.65
贵　州	355 545	120 759	234 786	66.04	33.96
云　南	408 920	134 325	274 595	67.15	32.85
西　藏	18 698	5 398	13 300	71.13	28.87
广　东	3 345 711	863 737	2 481 974	74.18	25.82
福　建	876 804	215 632	661 172	75.41	24.59
浙　江	1 590 205	347 352	1 242 853	78.16	21.84

数据来源：《第六次全国人口普查数据》，经计算整理得到。

注：各地区流动人口总和是指各地区城市与镇迁移人口总和。

表 4.2　　2010 年东、中、西三地区来自各地区的流动人口占比

现住地	来自省内	来自省外	来自东部	来自中部	来自西部
东部	0.53	0.47	0.08	0.25	0.14
中部	0.91	0.09	0.03	0.04	0.02
西部	0.82	0.18	0.03	0.06	0.09

数据来源：《第六次全国人口普查数据》长表数据，按现住地、户口登记类型分的户口在外乡镇街道的人口计算得出。

表 4.3　　2010 年按受教育程度区分的各地区省际流动人口占比

现住地	文盲	初等教育	中等教育	高等教育
东部	0.01	0.71	0.17	0.11
中部	0.02	0.57	0.16	0.25
西部	0.03	0.66	0.16	0.16
北京	0.01	0.54	0.19	0.26
天津	0.01	0.71	0.16	0.13
上海	0.02	0.66	0.17	0.15

数据来源：《第六次全国人口普查数据》，经计算整理得到。

表 4.4　　2010 年各地区省际流动劳动力的职业分布占比

劳动力类型	现住地	国家机关与企、事业单位负责人	专业技术人员	办事人员和有关人员	商业服务业人员	农林牧渔水利生产人员	生产运输设备操作人员
流动劳动力	东部	0.02	0.06	0.05	0.26	0.02	0.59
	中部	0.04	0.08	0.03	0.39	0.12	0.34
	西部	0.03	0.07	0.03	0.40	0.10	0.36

数据来源：《第六次全国人口普查数据》，经计算整理得到。

综合以上数据可以发现以下几点：一是中国东部地区承接了大量的跨省迁移人口，而中西部地区的流动人口则较多来源于省内流动；二是流动人口的人力资本水平主要以低技术为主，但是通过数据计算得出，在全国所有高学历的流动人口中，近 80%的高学历流动人口迁移至东部地区；三是各地区流动人口多数从事于商业服务业与生产运输设备操作等低技术的行业。实际上，以上三点都表现出了中国存在明显的地区间劳动力流动的区域间失衡，劳动力要素更多地流向了发达地区。

劳动力流动的以上几个特性最终会导致中国城镇化发展的区域不平衡问题(表 4.5)。依据城镇化的“S”型曲线,城镇化率在 30%—70%之间是城镇化的快速增长阶段,而超过 70%时是城镇化的稳定发展阶段,此时已经基本完成了城镇化过程。依据 2017 年中国各省份的城镇化率数据来看,城镇化率较高的省份集中于四大直辖市、东部各省和东北地区。按当前的数据来看,北京、天津、上海已经基本完成了城市化进程,东南沿海、长三角地区以及各省份的省会城市城镇化率也相对较高,西部省份还偏低,刚刚处在城镇化快速增长的阶段,西藏才开始进入城镇化过程。表 4.5 的数据发现中国存在十分明显的城镇化失衡问题,同时也反映出发达地区流动人口流入规模较大,有可能存在过度流入的问题。流动人口过度涌入发达城市会导致拥挤效应等负外部效应,如城市内交通与环境不堪重负、城市人口拥挤、房价与房租飙升,这不利于生产活动的开展,是降低劳动生产率的重要因素之一。引导劳动力在地区间有序流动是改善区域间收入差距极度不平衡的重要手段。

表 4.5　　2017 年中国各省份城镇化率　　(%)

地区	城镇化率	地区	城镇化率	地区	城镇化率
上海	87.70	黑龙江	59.40	安徽	53.49
北京	86.50	湖北	59.30	青海	53.07
天津	82.93	全国	58.52	四川	50.79
广东	69.85	海南	58.04	河南	50.16
江苏	68.76	宁夏	57.98	新疆	49.38
浙江	68.00	山西	57.34	广西	49.21
辽宁	67.49	陕西	56.79	云南	46.69
福建	64.80	吉林	56.65	甘肃	46.39
重庆	64.08	河北	55.01	贵州	46.02
内蒙古	62.02	湖南	54.62	西藏	30.89
山东	60.58	江西	54.60	—	—

数据来源:2018 年《中国统计年鉴》。

本章其余部分的结构如下:第二节是运用实证研究方法检验公共服务对不同技术结构的劳动力就业总量、就业结构以及流动劳动力结构的效应的实证分析。实证分析主要是使用地区基本公共服务预算内支出结构与基本公共服务存量结构两组数据分别对异质性的地区就业人口与迁移人口进行回归,以验证是否存在基本公共服务对高技术人口迁入与低技术人口迁入具有差异化效应的事实；除此之外，本书还验证了公共服务不仅直接对人口城市化产生影响，还会通过技能劳动力外溢效应使城市化呈现乘数效应增长。第三节是小结。

第二节　公共服务与劳动力技术结构的实证分析

一、计量模型与数据说明

本书使用方程方程(4.1)研究地区公共服务水平对城镇化与劳动力就业结构的影响，这一部分的分析首先反映公共支出结构对地区劳动力总就业规模与结构的效应。工资与地方公共服务支出水平会出现在劳动力的效用函数中，根据劳动力的供给理论可设定如下计量模型：

$$L = c + \eta_1 Z + \eta_2 w + \eta_3 k + \eta_4 A + X + u \tag{4.1}$$

其中 L 为被解释变量，主要为城镇化率($urban$)、低技术就业人口占比($llabr$)、高技术就业人口占比($hlabr$)。Z 为本书核心解释变量，为基本公共服务变量集合。w 为地区平均工资水平，本书使用在岗职工平均工资的自然对数值表示；k 为地区固定资产投资水平，本书使用内资企业固定资产投资占 GDP 的比重表示；A 为地区技术水平，具体用研发支出($R\&D$)占 GDP 比重表示；u 为残差项。X 是其余控制变量集合，这里主要包括住房价格(hp)与市场开放程度($open$)。住房价格直接影响国计民生，住房价格越高，越不利于劳动力的迁移，因为住房价格体现了劳动力迁移的成本，如中国一线城市居高不下的住房价格降低了劳动力迁移的吸引力。市场开放程度也是影响人口流动的因素，市场开放程度越高，越有利于吸引外资，增加地区的就业机会，增加劳动力迁移的吸引力。

除研究公共服务对劳动力总体存量和就业结构的效应外，本书进一步分析了基本公共服务支出结构对迁移人口人力资本的影响，本书使用 2010 年《第六次全国人口普查数据》中各类教育程度的迁移人口数据计算出的高学历迁入人口与低学历迁入人口($hflabr$，$lflabr$)作为因变量。由于各类教育程度的流动人口数据只能在十年一次的全国人口普查数据中获得，因此选择 2010 年截面数据进行检验。

在基本公共服务的变量的选取方面，本书从两个角度进行实证检验。第一,从投入的角度考察公共服务支出的结构对劳动力技术结构的影响。本章选用了7类指标,分别为:(1)财政安全性支出(*secu*),数据为财政公共安全支出与国防支出的加总;(2)财政教育事业费支出(*edu*);(3)财政科技与文化支出(*te_cu*),数据为财政科技费用支出与文化娱乐事业费支出之和;(4)财政社会保障支出(*soc_en*);(5)财政环境保护支出(*envir*);(6)财政医疗卫生支出(*medi*)与(7)财政交通运输事业费支出(*commu*)。

第二,为了能够更加清晰地证明地区公共服务供给的规模与结构对人口流动的技术结构的效应,本章进一步从产出的角度衡量了基本公共服务,选择的五项指标分别为:(1)每万人口医院床位数(*medi_nb*),用以衡量医疗公共服务,数据来自中国知网的中国经济与社会发展统计数据库,具体为医院床位数除以人口数量,人口数量单位为万人;(2)每平方千米保障性住房竣工套数(*secu_hou*),用以衡量保障性住房公共服务,数据来自相应年份《中国房地产统计年鉴》与中国经济与社会发展统计数据库,具体计算方式为相应年份的经济适用房竣工套数除以土地面积(平方千米);(3)二氧化硫排放量(*pollution*),用以体现政府对空气治理的情况,具体计算方式为二氧化硫排放量(万吨)的自然对数值,数据来源为中国知网中国经济与社会发展统计数据库;(4)公路密度(*road_den*),用以衡量交通基础设施发展情况,计算方式为公路里程(万千米)除以土地面积(平方千米),数据来源为中国知网中国经济与社会发展统计数据库;(5)生均基础教育固定资产净值实际值(*edu_fa*),用以衡量基础教育公共服务情况,具体计算方法是固定资产净值除以在校生数,并以2004年为基期通过固定资产投资指数去除价格因素,数据来源为相应年份《中国教育经费统计年鉴》《中国教育统计年鉴》以及《中国统计年鉴》。其中基础教育变量为小学、初中与高中的加总值。其中 *edu_fa* 变量数据年度为2007—2012年;经济适用房数据只统计到2010年,因此数据时间跨度为2007—2010年;其余变量数据时间跨度均为2007—2013年。

2007年前后国家统计局统计的财政支出口径差距较大,因此本书选用2007年至2013年的面板数据进行回归。以上变量数据来自相应年份的《中国统计年鉴》《中国劳动统计年鉴》《中国科技统计年鉴》《中国人口与就业统计年鉴》与《第六次全国人口普查数据》。

本节余下部分按照方程(4.1)进行回归,本书首先分别使用当地的城镇化率(*urban*)、高学历与低学历就业人口占总人口的比重(*hlabr*, *llabr*)作为因变量,检验地区财政公共服务支出结构对当地城镇化程度与就业人口结构的影响，用以反映公共服务对人口集聚的规模和结构的效应。其次本书继续针对公共服务对劳动力流动技术结构的效应进行回归，因变量分别为高技术流动劳动力（$flabr_h$）与低技术流动劳动力（$flabr_l$）。本书将高中学历水平及以下称为低学历人口或低技术人口，因此低学历就业人口的计算方式为将文盲、小学、初中与高中学历的就业人口加总，低学历流动人口计算方式同理；高学历或高技术就业人口计算方式为将大专、本科、研究生学历的就业人口加总，高学历流动人口计算方式同理。变量具体的含义及统计特性见表 4.6。

表 4.6　变量的描述性统计特征

变量	观察值	平均值	标准差	最小值	最大值	变量含义
urban	210	0.518	0.139	0.282	0.896	城镇化率
llabr	210	0.491	0.083	0.249	0.645	低学历就业人口占总人口的比重
hlabr	210	0.067	0.044	0.018	0.287	高学历就业人口占总人口的比重
$flabr_l$	30	0.056	0.076	0.004	0.304	低学历流入人口占总人口的比重
$flabr_h$	30	0.009	0.016	0.001	0.078	高学历流入人口占总人口的比重
$\ln(w)$	210	10.100	0.278	9.636	11.000	在岗职工平均工资的自然对数值
hp	210	8.181	0.482	7.426	9.651	地区商品房平均销售价格
R&D	210	0.012	0.010	0.000	0.061	研发支出占 GDP 比重
inv	210	0.599	0.191	0.191	1.108	内资企业投资占 GDP 的比重
open	210	0.334	0.400	0.036	1.722	进出口总和占 GDP 的比重
secu	210	0.013	0.005	0.006	0.027	财政安全性支出占 GDP 的比重
edu	210	0.035	0.014	0.018	0.091	财政教育经费支出占 GDP 的比重
te_cu	210	0.008	0.003	0.003	0.020	财政科技与文化支出占 GDP 的比重
soc_en	210	0.028	0.016	0.006	0.140	财政社会保障支出占 GDP 的比重
medi	210	0.014	0.006	0.004	0.033	财政医疗卫生支出占 GDP 的比重

续 表

变量	观察值	平均值	标准差	最小值	最大值	变 量 含 义
envir	210	0.007	0.005	0.001	0.032	财政环境保护支出占 GDP 的比重
commu	210	0.013	0.012	0.001	0.094	财政交通运输支出占 GDP 的比重
medi_nb	210	28.15	7.795	14.48	47.66	每万人口的医院床位数
secu_hou	120	0.210	0.650	0.000	5.101	经济适用房竣工套数与土地面积之比
pollution	210	4.050	0.863	0.788	5.209	二氧化硫排放量对数值
road_den	210	0.813	0.461	0.073 0	1.992	公路密度
edu_fa	180	0.545	0.346	0.154	1.954	基础教育生均固定资产净值实际值

二、实证结果分析

(一) 公共服务对城镇化的存量效应

首先,本书对基本公共服务支出引致的城镇化率的增长效应进行检验。表 4.7 的回归(1)是不加入控制变量的面板固定效应的基准回归,回归结果显示教育、科技文化、医疗卫生、交通运输支出与城镇化率呈现显著的正相关,回归结果均通过了显著性检验,这说明政府在教育、医疗、科技文化与交通运输上增加投入,会扩大政府城镇化的规模,推进城镇化的进程。但是社会保障和环境保护支出却与城镇化没有呈现显著的相关性。社会保障支出往往与当地户籍人口制度挂钩,而城镇化率的增加不仅仅包含户籍人口,人口城镇化更多的是农业人口、城市外来人口向城市的转移,因此地区社会保障支出的增加并不一定带来城镇化的增长;实证显示,政府在环境保护支出的增加与城镇化率有着明显的负相关关系,生态环境往往与城镇化的质量相关。城镇化率较高的城市往往是经济发展程度较高的城市,大都市群环境污染相对严重,政府加大对环境的治理一方面可以吸引部分人才流入,但同时也暗示着城市环境的污染程度已经相对较高,这会导致部分流动人口不满足于当前居住城市的自然环境,产生人口回流。加入控制变量的回归后[回归(2)],教育支出占比、科技文化占比与交通运输支出占比均不显著,可发现工资与城镇化率具有十分显著的正相关关系,地区平均工资水平越高,地区城镇化率就越高;地区固定资产投资占 GDP 的比重也与城镇化率有着明显的正相关关系，地区固定资产投入越多，越容易带动产业发展，吸引人口集聚。

表 4.7　　基本公共服务支出对城镇化的影响

因变量	基准回归(FE)	加入控制变量(FE)	滞后效应(FE)	滞后效应(WLS)
urban	(1)	(2)	(3)	(4)
edu	1.085**	0.124	0.161	0.128
	(2.066)	(0.426)	(0.602)	(0.518)
te_cu	2.917*	−0.078	−0.717	−1.188
	(1.946)	(−0.055)	(−0.540)	(−1.406)
soc_en	0.148	0.465**	0.329	0.277
	(0.406)	(2.523)	(1.608)	(1.559)
medi	6.174***	1.254**	1.222*	1.528**
	(6.999)	(2.065)	(1.986)	(2.430)
envir	−2.395**	−1.849*	−1.552*	−1.505*
	(−2.335)	(−1.932)	(−1.713)	(−1.915)
commu	0.338**	0.147	0.070	0.017
	(2.211)	(1.102)	(0.749)	(0.102)
secu	−5.142***	−3.661***	−2.657***	−2.597***
	(−2.780)	(−3.198)	(−3.267)	(−2.954)
ln(*w*)		0.098***	0.116***	0.122***
		(5.084)	(5.086)	(6.795)
hp		0.017	0.020	0.018
		(1.613)	(1.598)	(1.647)
private		−0.034	−0.029	−0.039**
		(−1.504)	(−0.841)	(−2.205)
open		0.004	0.007	0.012
		(0.162)	(0.291)	(0.943)
R&D		0.530	0.277	0.158
		(1.676)	(0.904)	(0.783)
inv		0.051**	0.029*	0.036***
		(2.752)	(1.917)	(2.901)
地区固定效应	YES	YES	YES	YES
截距项	0.447***	−0.600***	−0.809***	−0.924***
	(25.104)	(−3.681)	(−4.604)	(−6.406)
R^2	0.741	0.895	0.875	0.997
N	210	210	180	180

注：***、**、*分别表示在1%、5%、10%的统计水平上显著；括号内为 t 值，回归(1)—(3)使用稳健标准差。

然而，基本公共服务支出占比的调整往往存在政策的滞后效应，因而本书还选取了各类公共服务的滞后一期变量作为因变量进行回归，以验证公共服务对城镇化作用的滞后效应，回归依然使用面板数据的固定效应模型，为了去除异方差，回归(3)使用稳健标准差，为了进行对比分析，回归(4)使用有效去除异方差的加权最小二乘法(WLS)并控制了地区固定效应进行回归。对比回归(3)与(4)，医疗卫生支出占比的增加对城镇化率的提高具有滞后效应；地区社会保障支出占比的提高与环境保护支出占比的提高不利于城镇化率的提高，并且存在滞后效应。社会保障支出由于与本地户籍人口高度相关，实际上是存在流动人口的公共服务壁垒效应，人口流入本地却因为没有户籍而不能享受本地社会保障服务，因此对于城镇化的提高并没有持久的促进作用。环境保护支出占比的提高同样对于城镇化率提高没有持久性的促进作用，环境保护支出与医疗、科技文化支出增加的性质不同，环境保护支出增加与环境污染的严重程度相关联，环境保护支出的增加有可能暗示着环境污染的程度相对较高，而城镇化率又是一个存量指标，环境治理虽然一方面会吸引部分人口流入，但是环境治理程度较高的地方也同时是环境污染程度较高的地区，环境保护支出增加也同样会成为人才流出的一个信号，另外环境保护支出占比的增加还有可能会挤占其他类别民生性支出的增加，所以实证回归中显示出环境保护支出占 GDP 规模的提高并不会带来城镇化的持续性增长。

（二）公共服务支出与地区劳动力就业结构

表 4.8 与表 4.9 分别为基本公共服务支出结构对低学历就业人口占比与高学历就业人口占比的当期效应的实证检验结果。在实证模型的选择上，分别对以低学历就业人口占比为因变量的回归模型和以高学历的就业人口占比的因变量回归模型进行面板数据固定效应模型与随机效应模型的豪斯曼(Hausman)检验。实证结果显示，在以低学历人口占比为因变量的豪斯曼检验中，P 值显示拒绝了原假设，因此使用固定效应(FE)模型。在公共服务支出结构对高学历就业人口占比进行的豪斯曼检验中发现 P 值为 0，强烈拒绝使用随机效应模型的原假设，因此应使用面板数据固定效应模型。面板数据与截面数据最易出现异方差问题，因此回归需要使用稳健标准差。

表 4.8　　　　公共服务支出对低学历就业人口的影响(FE)

因变量 *llabr*	(1)	(2)	(3)	(4)	(5)	(6)	(7)
ln(*w*)	0.136***	0.126**	0.127**	0.126**	0.138**	0.124**	0.123**
	(2.871)	(2.408)	(2.586)	(2.532)	(2.256)	(2.537)	(2.518)
hp	−0.120***	−0.112**	−0.110**	−0.115**	−0.111***	−0.113***	−0.108**
	(−3.148)	(−2.739)	(−2.691)	(−2.722)	(−2.819)	(−2.846)	(−2.708)
R&D	−1.098**	−1.199**	−1.212**	−1.205**	−1.339***	−1.207**	−1.235**
	(−2.299)	(−2.453)	(−2.574)	(−2.492)	(−2.796)	(−2.453)	(−2.564)
inv	−0.052	−0.035	−0.034	−0.035	−0.023	−0.038	−0.023
	(−1.417)	(−0.946)	(−0.868)	(−0.908)	(−0.678)	(−0.941)	(−0.597)
open	0.065*	0.061	0.055	0.061	0.067	0.065	0.062
	(1.701)	(1.518)	(1.359)	(1.527)	(1.647)	(1.598)	(1.537)
secu	4.020**						
	(2.096)						
edu		−0.139					
		(−0.250)					
te_cu			−1.799				
			(−0.642)				
soc_en				−0.160			
				(−0.637)			
medi					−1.587		
					(−0.743)		
envir						1.214	
						(0.486)	
commu							−0.381
							(−1.392)
截距项	0.073	0.157	0.143	0.173	0.031	0.177	0.146
	(0.213)	(0.421)	(0.448)	(0.523)	(0.072)	(0.520)	(0.441)
R^2	0.136***	0.126**	0.127**	0.126**	0.138**	0.124**	0.123**
N	210	210	210	210	210	210	210

注：***、**、*分别表示在1%、5%、10%的水平上显著，括号内为 *t* 值，回归中使用稳健标准差。

使用地区就业人口占比作为因变量,更多地体现出不同技术结构的劳动力的就业规模。表 4.8 的实证结果表明,公共服务支出中只有公共安全支出通过了显著性检验,其系数为正;除了环境保护支出的回归系数为正以外,其余支出类回归系数均为负,如基础教育支出、社会保障支出、医疗卫生支出、交通运输支出与低技术就业人口占比均呈现负相关关系,但并没有通过显著性检验。这说明现阶段地区基本公共服务支出对低技术劳动力的就业规模增长作用并不明显,也即没有明显的吸引低技术劳动力集聚的现象。回归结果还发现工资与房价分别与低技能就业人口成正比与反比,说明工资越高,低技能劳动力的供给规模越大,侧面体现工资是低技术劳动力集聚的重要原因之一;地区房价越高,使得低技能劳动力供给规模越小,因为低技能劳动力在购房能力上相对较弱,这两项指标均通过了显著性检验。虽然环境保护支出回归系数为正,但仍未通过显著性检验。上述当期效应回归说明基本公共服务对低技术劳动力供给的影响并不明显,反而工资是导致低技术劳动力集聚的原因。

在对高技术就业人口的检验(表 4.9)中可发现,地区公共安全类支出与交通运输支出通过了显著性检验。地区公共安全性支出系数为负,安全性支出越多,越不利于高技术人才的集聚,其原因有可能在于公共环境类支出越多说明政府对该地区的环境治理力度更大,有可能意味着地区治安相对较差,从而不利于人才集聚;相反,交通运输事业费的系数为正,说明政府对交通基础设施的投资越高,地区交通基础设施存在改善,即公共交通与轨道交通线路更加合理便捷,通勤较为便捷,越有利于高技术劳动力规模的提高。工资水平是影响高技术就业人口规模扩张的显著因素,表 4.9 中的模型(1)—(7)中实际工资($ln(w)$)的系数均通过了 1%的显著性检验,工资越高,地区高技术就业人口的规模就越高。对比表 4.8 与表 4.9 的实际工资的回归结果可以发现,地区工资水平的提高既会带来高技术就业人口比例的上涨,也会提高低技术人口的集聚程度,背后可能的原因一方面来自本地户籍劳动力供给的扩张,如工资越高的地区,越吸引大学生来本地就业落户,成为本地户籍劳动力,而这又会带来地区商业服务业的扩张,带来更多的低端服务的岗位需求,从而提高了整体劳动力市场水平,另一方面还有可能来自跨省流入劳动力的扩张。那么关于究竟工资与公共服务是否能够带来跨省流入人口的增长,下文会进一步进行检验。

表 4.9 公共服务支出对高学历就业人口的影响(FE)

因变量 *hlabr*	(1)	(2)	(3)	(4)	(5)	(6)	(7)
ln(*w*)	0.082*** (3.635)	0.084*** (3.656)	0.085*** (3.932)	0.087*** (3.821)	0.092*** (3.705)	0.086*** (3.833)	0.087*** (3.992)
hp	−0.006 (−0.308)	−0.008 (−0.445)	−0.008 (−0.426)	−0.009 (−0.447)	−0.007 (−0.362)	−0.008 (−0.409)	−0.012 (−0.612)
R&D	1.360*** (5.209)	1.384*** (5.400)	1.391*** (5.577)	1.388*** (5.427)	1.329*** (4.996)	1.391*** (5.470)	1.414*** (5.514)
inv	0.017 (1.525)	0.011 (1.181)	0.012 (1.150)	0.013 (1.278)	0.018 (1.694)	0.013 (1.239)	0.002 (0.259)
open	−0.028** (−2.178)	−0.027** (−2.173)	−0.026* (−1.898)	−0.027** (−2.116)	−0.024* (−1.840)	−0.029** (−2.254)	−0.028** (−2.178)
secu	−1.125** (−2.140)						
edu		0.151 (0.938)					
te_cu			0.304 (0.324)				
soc_en				−0.066 (−0.746)			
medi					−0.703 (−1.138)		
envir						−0.520 (−0.854)	
commu							0.294*** (3.716)
截距项	−0.715*** (−6.776)	−0.722*** (−6.749)	−0.739*** (−7.549)	−0.746*** (−7.338)	−0.809*** (−5.912)	−0.744*** (−7.210)	−0.720*** (−7.477)
R^2	0.771	0.769	0.768	0.768	0.770	0.769	0.775
N	210	210	210	210	210	210	210

注：***、**、*分别表示在0.1%、1%、5%的水平上显著，括号内为 *t* 值，回归中使用稳健标准差。

此外，表 4.9 显示研发支出($R\&D$)的回归系数为正，且通过了 0.1%的显著性检验，地区科技研发的投入越高，越需要高技术劳动力从事科学研究工作。地区开放程度(*open*)的系数显著为负，这说明地区贸易开放度的增加会为地区创造不同的机会，但是这些就业机会可能大多数是适合中低技术的劳动力，增加了低技术劳动力的集聚。虽然 *open* 系数不显著，但是可以发现系数为正，低技术劳动力的集聚稀释了高技术就业人口占比，因此开放度的增加降低了高技术劳动力的占比。

综合表 4.8 与表 4.9 的实证结果发现，各项基本公共服务对地区低技术劳动力供给的增长效应并不显著；对于高学历就业人口这部分人群，交通基础设施的发展对高技术就业人口的增长效应是十分显著的，这是因为高技术人口不仅仅关注工资带来的效用，还有可能对出行的要求更高，高技术人才购买力更强，往往是有车一族，交通基础设施的发展与完善会节约时间成本，提高劳动生产率。

当然，公共服务支出政策往往存在滞后效应，仅仅考虑其当期的经济效应不能准确地反映各项公共服务支出对低学历就业人口与高学历就业人口影响的全貌。本书在以下部分继续考察公共服务支出结构对低技术与高技术就业人口规模的滞后效应，回归结果为表 4.10 与表 4.11。

表 4.10 为公共服务支出结构对低技术就业人口的滞后效应回归结果，表 4.11 为公共服务支出结构对高技术就业人口的滞后效应的回归结果。本书取了上述七类公共服务支出的滞后一期作为核心解释变量，控制变量不变。回归结果显示，各项公共服务类支出均对低技术劳动力规模的扩张没有任何影响，回归结果均不显著(表 4.10)。而与此相对的是对于高技术劳动力，社会保障支出虽然没有当期效应，但却具有滞后效应，回归结果通过了 1%的显著性检验，回归系数显著为正(表 4.11)。比较高技术流动人口当期效应与滞后效应的回归(表 4.10 与表 4.11)发现，交通运输支出仅仅存在当期效应，而不存在滞后效应，这体现出教育、交通运输公共支出规模的扩张的时效性更强，更容易引起高技术人口的集聚，而社会保障类支出时滞性较强，往往是在下一期才对高技术劳动力的集聚产生积极作用。此外，环境保护支出不存在当期效应，但是却存在滞后效应，说明扩大环境保护支出，在未来能够吸引高技术劳动力的集聚规模的扩张。

表 4.10　　公共服务支出对低学历就业人口的滞后效应(FE)

因变量 *llabr*	(1)	(2)	(3)	(4)	(5)	(6)	(7)
ln(*w*)	0.097* (1.976)	0.090* (1.793)	0.085 (1.683)	0.081 (1.622)	0.099* (1.824)	0.089* (1.703)	0.085* (1.753)
hp	−0.086** (−2.448)	−0.079** (−2.106)	−0.080** (−2.144)	−0.080** (−2.137)	−0.072** (−2.261)	−0.079** (−2.127)	−0.074** (−2.112)
R&D	−1.489*** (−3.042)	−1.450*** (−2.921)	−1.542*** (−3.157)	−1.359** (−2.655)	−1.340** (−2.327)	−1.601*** (−3.121)	−1.370** (−2.658)
inv	−0.046 (−1.590)	−0.036 (−1.036)	−0.041 (−1.271)	−0.029 (−0.870)	−0.016 (−0.510)	−0.045 (−1.386)	−0.026 (−0.887)
open	0.095** (2.590)	0.092** (2.454)	0.096** (2.624)	0.091** (2.487)	0.100** (2.617)	0.097** (2.489)	0.094** (2.607)
Lsecu	2.421 (1.016)						
Ledu		−0.199 (−0.351)					
Lte_cu			1.255 (0.541)				
Lsoc_en				−0.405 (−1.492)			
Lmedi					−2.311 (−0.906)		
Lenvir						1.785 (1.287)	
Lcommu							−0.443 (−1.097)
截距项	0.205 (0.657)	0.244 (0.778)	0.283 (0.905)	0.345 (1.076)	0.106 (0.276)	0.245 (0.754)	0.241 (0.777)
R^2	0.156	0.149	0.150	0.153	0.161	0.153	0.155
N	180	180	180	180	180	180	180

注：***、**、*分别表示在1%、5%、10%的水平上显著，括号内为 *t* 值，回归使用稳健标准差。

表 4.11　公共服务支出对高学历就业人口的滞后效应(FE)

因变量 hlabr	(1)	(2)	(3)	(4)	(5)	(6)	(7)
ln(w)	0.120***	0.118***	0.121***	0.127***	0.118***	0.119***	0.119***
	(4.474)	(4.165)	(4.396)	(4.768)	(4.115)	(4.305)	(4.363)
hp	−0.011	−0.010	−0.010	−0.010	−0.010	−0.009	−0.011
	(−0.581)	(−0.511)	(−0.541)	(−0.518)	(−0.507)	(−0.472)	(−0.569)
R&D	1.065***	1.062***	1.143***	0.949***	1.068***	0.977***	1.047***
	(4.442)	(4.414)	(5.322)	(4.077)	(4.171)	(4.273)	(4.355)
inv	−0.004	−0.004	−0.002	−0.015	−0.003	−0.006	−0.006
	(−0.327)	(−0.323)	(−0.157)	(−1.097)	(−0.256)	(−0.437)	(−0.480)
open	−0.029*	−0.030*	−0.034**	−0.029*	−0.030*	−0.026*	−0.031*
	(−1.878)	(−1.916)	(−2.296)	(−1.856)	(−1.999)	(−1.816)	(−1.962)
L.secu	0.568						
	(1.061)						
L.edu		0.083					
		(0.327)					
L.te_cu			−1.271				
			(−1.322)				
L.soc_en				0.442***			
				(4.204)			
Lmedi					0.025		
					(0.046)		
Lenvir						1.261**	
						(2.404)	
Lcommu							0.101
							(0.748)
截距项	−1.059***	−1.037***	−1.064***	−1.133***	−1.043***	−1.058***	−1.040***
	(−6.607)	(−5.945)	(−6.276)	(−6.900)	(−5.534)	(−6.330)	(−6.198)
R^2	0.772	0.771	0.774	0.783	0.771	0.776	0.772
N	180	180	180	180	180	180	180

注：***、**、*分别表示在1%、5%、10%的水平上显著，括号内为 t 值，回归使用稳健标准差。

(三) 公共服务存量结构对劳动力就业结构的影响

首先表 4.12 与表 4.13 为公共服务存量结构对地方高技术劳动力供给与低技术劳动力供给的影响。从表 4.12 的结果来看，除经济适用房指标与二氧化硫排放量指标外，各类公共服务存量水平对本地低技术劳动力就业规模均不存在影响，回归结果均不显著。

表 4.12　　公共服务存量结构对低技术就业人口规模的影响

因变量：*llabr*	(1)	(2)	(3)	(4)	(5)
ln(*w*)	0.118*	0.160**	0.145***	0.141**	0.152**
	(1.795)	(2.196)	(2.938)	(2.712)	(2.491)
hp	−0.114**	−0.117	−0.113***	−0.116***	−0.117**
	(−2.718)	(−1.533)	(−2.895)	(−2.886)	(−2.307)
R&D	−1.225**	−0.126	−1.032**	−0.894	−0.789
	(−2.368)	(−0.185)	(−2.098)	(−1.668)	(−1.382)
inv	−0.040	−0.035	−0.052	−0.032	−0.044
	(−1.268)	(−1.108)	(−1.498)	(−0.866)	(−1.098)
open	0.058	0.033	0.052	0.044	0.030
	(1.478)	(0.940)	(1.330)	(1.135)	(0.647)
medi_nb	0.000				
	(0.202)				
secu_hou		−0.027**			
		(−2.559)			
pollution			0.055**		
			(2.191)		
road_den				−0.073	
				(−1.235)	
edu_fa					−0.048
					(−0.714)
常数项	0.238	−0.143	−0.246	0.092	−0.023
	(0.438)	(−0.311)	(−0.753)	(0.272)	(−0.074)
R^2	0.124	0.149	0.161	0.147	0.148
N	210	120	210	210	180

注：***、**、*分别表示在1%、5%、10%的水平上显著，括号内为 *t* 值，回归使用稳健标准差。

对于高技术就业人口的回归结果却有所不同(表 4.13)。地区二氧化硫排放量越高地区高技术就业人口与低技术就业人口就越多，尤其是低技术劳动力，但是与其他直接衡量公共服务存量的指标不同，这一指标其实并不能够反映环境保护公共服务的规模，因为空气质量越高，公共环境保护支出有可能就占比越大，这本身就存在内生关系。此外，空气质量也与人口规模存在互为因果的内生性，但本章并没有更加合适的衡量环境保护的公共服务变量。

表 4.13　　公共服务存量结构对高技术就业人口规模的影响

因变量：*hlabr*	(1)	(2)	(3)	(4)	(5)
ln(*w*)	0.076***	0.062***	0.090***	0.086***	0.077***
	(3.023)	(3.428)	(3.968)	(3.799)	(3.351)
hp	−0.009	−0.040	−0.008	−0.008	−0.005
	(−0.501)	(−1.567)	(−0.424)	(−0.419)	(−0.254)
R&D	1.354***	1.116***	1.427***	1.401***	1.192***
	(4.983)	(4.526)	(6.065)	(5.366)	(5.140)
inv	0.006	0.025***	0.009	0.012	0.013
	(0.779)	(3.754)	(0.928)	(1.278)	(1.614)
open	−0.032**	−0.055***	−0.029**	−0.028**	−0.009
	(−2.284)	(−3.121)	(−2.271)	(−2.128)	(−0.818)
medi_nb	0.001				
	(1.094)				
secu_hou		−0.010**			
		(−2.650)			
pollution			0.012*		
			(1.887)		
road_den				−0.003	
				(−0.393)	
edu_fa					0.027*
					(1.985)
常数项	−0.649***	−0.251***	−0.837***	−0.748***	−0.691***
	(−4.168)	(−3.258)	(−7.140)	(−7.350)	(−7.665)
R^2	0.771	0.572	0.772	0.768	0.738
N	210	120	210	210	180

注：***、**、*分别表示在1%、5%、10%的水平上显著，括号内为 t 值，回归使用稳健标准差。

表4.13显示地区高技术劳动力集聚规模还受到基础教育存量水平的效

应的影响，虽然本书前半部分回归显示高技术劳动力集聚程度没有受到公共教育支出的影响，但是公共教育支出指标衡量的是当年的流量，而基础教育固定资产净值这一指标衡量的是存量指标，说明高技术劳动力集聚程度受到集聚地基础教育的规模和水平的强烈影响。对于经济适用房指标，表 4.12 与表 4.13 显示回归系数均显著为负，说明经济适用房供给量越高，地区人口集聚度越差。经济适用房变量回归结果可能的成因是：经济适用房政策面向的是低收入本地户籍人口，而外来人口并不会享受经济适用房的政策，政府对经济适用房投入越多，越具有本地保护效应，不利于劳动力的集聚。

在控制变量层面，研发支出越高的地区，越容易引起高技术人才在地区的集聚。$R\&D$ 变量的系数均通过了显著性检验，高技术的劳动力从事的行业技术水平越高，$R\&D$ 支出越高，说明研发岗位的就业机会越多，越容易实现劳动力和就业岗位的匹配（表 4.13）。在高技术劳动力回归结果中，*open* 的系数显著为负，说明对外开放度越高，高技术劳动力占比反而越低，其中可能的原因在于中国的出口贸易仍然以低端工业制成品加工出口为主。对外开放度越高的地区进出口越发达，加工制造业类劳动密集型制造业就越发达，而这些产业吸纳的低端劳动力较多，*open* 系数在表 4.12 中对低技术劳动力的回归系数为正，但是未通过显著性检验。

上述公共服务支出结构、公共服务存量结构对高技术劳动力与低技术劳动力就业规模的回归结果表明，基本公共服务对低技术与高技术劳动力规模的影响存在显著的结构性差异。本章上述回归结果中只有公共安全支出对低技术就业人口集聚规模存在当期增长效应，说明与工资因素相比，基本公共服务对低技术劳动力集聚的扩张效应十分有限。与此相对的是部分公共服务支出与公共服务存量对高技术劳动力集聚规模有着十分显著的促进效应，如交通运输支出存在当期促进效应，社会保障支出与环境保护支出存在滞后促进效应，基础教育存量也同样存在着当期促进效应①，这说明公共服务在一定程度上会影响高技术劳动力集聚程度的扩张。

但仅仅观察就业人口的规模并不能体现出迁移的意愿，只能体现出基本公共服务是否影响了低技术与高技术就业人口的集聚程度，因此下文使用 2010 年截面数据进行公共服务支出对迁移人口影响的检验。

---

① 公共服务支出往往体现出当年对公共服务的投入水平，体现出公共服务政策的投入力度的大小，是一种增量指标。

(四) 公共服务支出结构对劳动力流动的效应

本书进一步地从劳动力流动的角度检验了地方基本公共服务支出对低技术劳动力流入与高技术劳动力流入的作用,从而判断不同技术结构劳动力流动的影响因素的差异。回归结果见表 4.14—表 4.17。表 4.14 中回归(1)—(7)显示,教育支出占比与公共安全类支出占比并未通过当期回归的显著性检验,说明教育支出占比的增加与科技文化支出占比的增加对低技能劳动力并没有吸引力,反而回归中的工资系数为正,且在 1%的统计水平下显著,这说明了对于低技术迁移劳动者,地区收入水平的差距是决定劳动力迁移的主要力量。当地区实际平均工资水平的对数值提高 1%时,低学历人口的迁入会增加 0.2%,显然对于低学历劳动力来说,这是迁移的重要激励因素。

考察公共服务支出占比对低技术流动人口的当期效应,发现财政科技文化支出占比、财政社会保障支出占比、财政医疗卫生支出占比、财政环境保护支出占比与财政交通运输占比均与低技术劳动力流动占比呈现显著的正相关。然而公共安全支出占比与财政基础教育支出占比与低技术人口流入的规模的相关性没有通过显著性检验。然而只考虑当期的相关性,容易产生双向因果关系引起的内生性问题。由于流动人口的数据可得性较差,人口普查数据每十年更新一次,鉴于此,笔者使用核心解释变量的滞后一期进行回归,一方面可以相对弱化内生性问题,另一方面也可以检验公共服务支出的滞后效应,回归结果为表 4.15 的(1)—(7)。从回归结果看,财政教育支出存在显著的滞后性,将表 4.15 中的回归结果与表 4.14 中的回归结果对比发现,财政教育支出占比的提高在当期并不会产生明显的低技术人口拉力作用,但却会在下一期对低技术人口的流入存在明显的拉力作用。财政科技文化支出、医疗卫生支出与交通运输支出占比的提高,不仅当期对低技术劳动力的迁入具备引力作用,还存在滞后效应,也即还会带来下一期低技术劳动力流入占比的增长;但是财政环境保护支出占比的增加不具备滞后效应,仅存在当期效应,也即财政环境保护支出的增长并不能吸引未来更多的低技术劳动力的流入。

表 4.14　　公共服务支出对低学历流动人口的当期影响

$flabr_l$	(1)	(2)	(3)	(4)	(5)	(6)	(7)
ln(*w*)	0.218***	0.217***	0.200***	0.216***	0.219***	0.204***	0.216***
	(4.245)	(4.248)	(3.830)	(4.203)	(4.565)	(3.897)	(4.473)
hp	0.009	0.011	0.011	0.012	0.013	0.018	0.014
	(0.301)	(0.360)	(0.356)	(0.415)	(0.435)	(0.583)	(0.499)
R&D	−1.799***	−1.868***	−2.010***	−1.979***	−1.933***	−1.850***	−1.984***
	(−4.128)	(−4.432)	(−4.515)	(−4.223)	(−4.593)	(−4.295)	(−4.651)
inv	−0.098*	−0.100*	−0.117**	−0.099*	−0.106**	−0.101*	−0.092*
	(−1.926)	(−1.959)	(−2.228)	(−1.977)	(−2.118)	(−2.001)	(−1.876)
open	0.051	0.052	0.040	0.053	0.051	0.052	0.055
	(1.039)	(1.059)	(0.826)	(1.078)	(1.059)	(1.095)	(1.167)
secu	0.924						
	(1.328)						
edu		0.427					
		(1.557)					
te_cu			2.800**				
			(2.075)				
soc_en				0.197*			
				(1.785)			
medi					1.111*		
					(1.854)		
envir						1.364**	
						(2.103)	
commu							1.141**
							(2.400)
截距项	−2.164***	−2.173***	−1.987***	−2.157***	−2.205***	−2.098***	−2.198***
	(−4.012)	(−4.059)	(−3.979)	(−3.990)	(−4.386)	(−4.065)	(−4.308)
N	30	30	30	30	30	30	30
R^2	0.941	0.942	0.946	0.940	0.943	0.943	0.944

注：***、**、*分别表示在1%、5%、10%的统计水平上显著；括号内为 t 值，回归使用稳健标准差。

表 4.15　　公共服务支出对低学历流动人口的滞后效应

$flabr_t$	(1)	(2)	(3)	(4)	(5)	(6)	(7)
ln(*w*)	0.220***	0.221***	0.193***	0.220***	0.226***	0.212***	0.216***
	(4.341)	(4.434)	(3.530)	(4.368)	(4.794)	(4.050)	(4.465)
hp	0.008	0.011	0.015	0.010	0.012	0.013	0.011
	(0.295)	(0.387)	(0.454)	(0.333)	(0.395)	(0.427)	(0.382)
R&D	−1.826***	−1.890***	−1.888***	−1.934***	−1.977***	−1.898***	−1.903***
	(−4.241)	(−4.570)	(−4.485)	(−4.229)	(−4.629)	(−4.368)	(−4.524)
inv	−0.101*	−0.100*	−0.105*	−0.105**	−0.110**	−0.100*	−0.097*
	(−2.012)	(−1.966)	(−2.060)	(−2.140)	(−2.190)	(−1.952)	(−1.958)
open	0.050	0.052	0.045	0.052	0.049	0.055	0.055
	(1.020)	(1.057)	(0.941)	(1.043)	(1.014)	(1.112)	(1.168)
L.secu	0.989						
	(1.321)						
L.edu		0.488*					
		(1.765)					
L.te_cu			2.230**				
			(2.109)				
L.soc_en				0.297			
				(1.147)			
L.medi					1.179*		
					(2.046)		
L.envir						1.102	
						(1.660)	
L.commu							0.842**
							(2.294)
截距项	−2.177***	−2.213***	−1.956***	−2.183***	−2.262***	−2.135***	−2.162***
	(−4.054)	(−4.221)	(−3.768)	(−4.105)	(−4.532)	(−4.052)	(−4.208)
N	30	30	30	30	30	30	30
R^2	0.941	0.943	0.946	0.940	0.944	0.941	0.943

注：***、**、*分别表示在1%、5%、10%的统计水平上显著；括号内为 *t* 值，回归使用稳健标准差。

本书进一步考察了工资水平及公共服务支出对高技术劳动力流入的影响

(表 4.16 与表 4.17)。从当期效应来看,工资水平对高学历流动人口的回归系数虽然为正,但没有通过显著性检验,这似乎意味着高学历人口考虑迁移并不是特别关注工资之间的绝对差距。从长远的角度来看,高学历人口更在意未来的职业发展和享受到的高质量的公共服务。

表 4.16　公共服务支出结构对高学历流动人口的当期影响

$flabr_h$	(1)	(2)	(3)	(4)	(5)	(6)	(7)
ln(*w*)	0.009	0.009	−0.001	0.009	0.011	0.004	0.010
	(0.546)	(0.547)	(−0.048)	(0.482)	(0.701)	(0.197)	(0.562)
hp	0.005	0.007	0.007	0.007	0.008	0.010	0.008
	(1.108)	(1.203)	(1.414)	(0.930)	(1.234)	(1.319)	(1.004)
R&D	0.856***	0.783***	0.682***	0.700**	0.729***	0.762**	0.695**
	(3.599)	(3.306)	(3.739)	(2.394)	(3.255)	(2.792)	(2.681)
inv	0.012	0.011	0.001	0.012	0.007	0.011	0.015
	(1.328)	(1.048)	(0.066)	(1.056)	(0.682)	(1.001)	(1.386)
open	0.012	0.013	0.006	0.013	0.012	0.013	0.014
	(1.077)	(1.125)	(0.513)	(1.030)	(1.051)	(0.968)	(1.128)
secu	0.766***						
	(3.982)						
edu		0.305***					
		(3.877)					
te_cu			1.649***				
			(4.584)				
soc_en				0.113**			
				(2.096)			
medi					0.683***		
					(3.661)		
envir						0.684***	
						(2.820)	
commu							0.540**
							(2.791)
截距项	−0.160	−0.170	−0.062	−0.163	−0.191	−0.136	−0.186
	(−0.978)	(−1.017)	(−0.474)	(−0.905)	(−1.252)	(−0.759)	(−1.074)
N	30	30	30	30	30	30	30
R^2	0.901	0.897	0.917	0.868	0.899	0.879	0.879

注: ***、**、*分别表示在1%、5%、10%的统计水平上显著;括号内为 *t* 值,回归使用稳健标准差。

表4.16显示,各项公共支出对高学历迁移人口的回归系数均为正,并且都通过了显著性检验。首先,公共安全支出增加,其中的原因可能在于人口迁入地区加大了安保力度,致力于改善地区不安全环境;教育经费支出增加1%,流动人口占比会增加0.3%,这说明迁移人口选择迁移的另一个因素是子女的教育问题。经济发展快的大城市可以提供更完善的基础教育,开阔子女的视野,因此地区教育水平越高,越容易吸引高技术人才的流入。地区科技文化事业费支出的增加也是吸引人才流入的重要因素,并且系数最大,这说明首先科学技术越发达的地区,越容易创造出不同层次技术水平的就业机会,这可为高技术人才带来不同的就业机遇,并且通过迁移可以进一步提高自身人力资本水平。此外,高技术人才一般有着较高的收入,更在意精神文化的提升,在文化娱乐产业较发达的地区,高技术人才可以有更多的机会享受休闲娱乐的服务,比如更多的国内外音乐会、话剧表演、演唱会等在大城市进行演出,但在小城市举办的机会比较少,这些可以丰富高技术劳动力的精神生活。财政医疗卫生支出直接关系到个人的身体健康,是重要的民生支出。政府在医疗卫生方面的支出越多,地方基础医疗服务也更加健全,越能够吸引高技术人才的流动。近年来关于环境的问题也愈发得到了人们的重视,当高技术劳动力不需要为基本生存问题而牵绊时,决定是否迁移时要考虑到环境的因素,因此政府越加大对环境治理的投入,越容易吸引高技术人才的迁移。公共交通是直接影响迁移成本的重要因素,地区交通基础设施越发展,迁移成本越低,高技术劳动力越容易做出迁移的决策。政府社会保障支出回归系数同样通过了显著性检验,与低技术劳动力相比,高技术劳动力更有可能获得技术层次较高且具备社会保障的工作。因此,虽然地区之间存在工资的差异,但是较高的物价可以抵偿这种由工资和社保带来的效用差异,而公共福利才是高技术人才更加关注的迁移要素。

考察公共服务对人才吸引的滞后效应发现,各项公共服务支出对高技术劳动力的引力效应均通过了1%的显著性检验(表4.17)。一方面,公共服务占比的提高,不仅对同期技能劳动力占比的提高存在显著的促进作用,同时,城市公共服务占比的提高还存在滞后效应,会在下一期同时对高技术劳动力存在引力的作用,对城市内技能劳动力流入占比的提高具有乘数效应;另一方面,笔者认为,滞后效应的检验同时也证明了回归的稳健性以及公共服务的正外部性,由于公共服务支出的正外部性,使更多的人才集聚,有利于城市内技术密集型产业的提高。

表 4.17　　公共服务支出结构对高学历流动人口的滞后效应

$flabr_h$	(8)	(9)	(10)	(11)	(12)	(13)	(14)
ln(w)	0.010	0.012	−0.004	0.011	0.015	0.006	0.010
	(0.624)	(0.698)	(−0.341)	(0.689)	(0.976)	(0.362)	(0.547)
hp	0.005	0.007	0.008*	0.006	0.007	0.008	0.006
	(0.998)	(1.104)	(1.806)	(1.237)	(1.122)	(1.303)	(0.767)
$R\&D$	0.831***	0.755***	0.753***	0.744***	0.701***	0.755***	0.733**
	(3.450)	(3.107)	(3.733)	(2.947)	(3.146)	(2.966)	(2.727)
inv	0.010	0.011	0.008	0.006	0.006	0.011	0.013
	(1.062)	(1.064)	(0.703)	(0.587)	(0.529)	(1.087)	(1.119)
$open$	0.011	0.013	0.009	0.013	0.011	0.015	0.014
	(0.959)	(1.057)	(0.899)	(1.152)	(0.966)	(1.177)	(1.108)
$L.secu$	0.807***						
	(3.757)						
$L.edu$		0.296***					
		(3.394)					
$L.te\_cu$			1.298***				
			(3.364)				
$L.soc\_en$				0.246***			
				(2.980)			
$L.medi$					0.677***		
					(3.719)		
$L.envir$						0.721***	
						(3.164)	
$L.commu$							0.395***
							(3.031)
截距项	−0.171	−0.196	−0.045	−0.176	−0.223	−0.146	−0.169
	(−1.024)	(−1.167)	(−0.371)	(−1.136)	(−1.460)	(−0.890)	(−0.954)
N	30	30	30	30	30	30	30
R^2	0.897	0.893	0.914	0.894	0.899	0.887	0.876

注：***、**、*分别表示在1%、5%、10%的统计水平上显著；括号内为 t 值，回归使用稳健标准差。

中国目前经济转型正处于互联网、大数据、人工智能与实体经济深度融合的探索时期,这意味着中国产业结构的新业态和新模式整合技术创新需要更多的高端人才,而城市公共服务水平的提高正是为中国的产业结构转型提供要素集聚的环境支持。当前中国的财政分配体制还尚未实现基本公共服务均等化,经济越发达地区公共福利水平就越高。综合表 4.14—表 4.17 的结论可以发现,经济发达省份或大城市对于人才的吸引的决定性因素已经不再是以往的地区工资水平的差异,而是高水平的公共福利,财政民生性支出越高,说明地区民生性公共服务存在改善,越能够吸引高技术人才的流入,提高地区人力资本水平。

(五) 公共服务存量结构对劳动力流动的效应

从公共服务支出的角度考察公共服务对劳动力流动的技术结构的影响主要是从流量的角度考察公共服务对人口流动结构的影响,公共服务支出越多的地区,并不一定表示该地区基础设施与基本公共服务越发达,因此本节以下部分从存量的角度就各类基本公共服务规模对不同技术结构的迁移劳动力差别性的影响进行实证检验,以全面地考察公共服务结构对劳动力市场结构变动的效应。

表 4.18 与表 4.19 为地区公共服务的结构对流动人口结构①的效应,表 4.18 为对低技术迁移劳动力的影响。从表 4.18 的实证结果可以得到,低技术劳动力迁移主要考虑的因素为地区工资的差异,地区工资越高,低技术劳动力越容易迁移,地区迁入的低技术劳动力就越多;而公共服务中,保障性住房与迁移人口呈现显著的负相关,这是由于经济适用房的政策一般面向本地户籍人口,迁移人口几乎没有机会获得当地的经济适用房购买的机会。地区公路密度对低技术迁入人口的规模显著为负,可能的原因在于,公路密度越大的地区,工商业用地的密度越少,用地费用越高,成本就越高。公路密度越大的地区一般来说是属于经济发达地区,图 4.2 为 2010 年中国各省的公路密度与 GDP 的 OLS 回归散点图,回归通过了 0.1%的显著性检验,这说明地区 GDP 规模越高,公路密度越大。由于经济发达省份生产成本的增长,低附加值劳动密集型行业在发达地区逐渐被淘汰,部分制造业企业已经迁往中西部省份,还有一些制造业工厂迁往成本更低的东南亚地区,东部发达省份甚至出现"用工荒"的现象。当前中国制造业正经历结构转型,不再是以往以低技术"劳动密

① 由于流动劳动力数据可得性较差,本书使用城市非本地户籍人口作为流动劳动力的代理变量,数据来源于《第六次全国人口普查数据》中的迁移人口,经计算获得。

集型”为主的低附加值行业模式。因此，地区公路密度越大的地区，由于存在较高的工商业用地成本，会对低技术的劳动力在就业上形成一种阻碍，限制了低技术劳动力的迁入。

表 4.18　　公共服务存量结构对低技术流动人口的当期影响

因变量 $flabr_l$	(1)	(2)	(3)	(4)	(5)	(6)
ln(*w*)	0.237***	0.253***	0.224***	0.224***	0.208***	0.214***
	(4.716)	(5.946)	(5.274)	(5.137)	(4.568)	(3.932)
hp	0.022	0.028	0.017	0.023	0.014	0.021
	(0.946)	(1.209)	(0.568)	(0.998)	(0.532)	(0.842)
R&D	−1.800***	−1.928***	−2.018***	−1.822***	−2.328***	−2.147***
	(−4.060)	(−4.885)	(−4.401)	(−5.234)	(−4.541)	(−3.794)
inv	−0.107**	−0.105**	−0.115**	−0.121**	−0.101*	−0.112**
	(−2.181)	(−2.072)	(−2.306)	(−2.115)	(−1.851)	(−2.076)
open	0.027	0.016	0.036	0.034	0.036	0.036
	(0.516)	(0.319)	(0.699)	(0.673)	(0.706)	(0.705)
medi_nb	−0.001					
	(−0.973)					
secu_hou		−0.009***				
		(−2.865)				
pollution			−0.002			
			(−0.385)			
road_den				−0.016*		
				(−1.840)		
edu_fa					0.000	
					(1.306)	
pbus						0.001
						(0.297)
常数项	−2.394***	−2.617***	−2.220***	−2.271***	−2.077***	−2.164***
	(−4.037)	(−5.067)	(−4.132)	(−4.552)	(−3.746)	(−3.473)
R^2	0.946	0.952	0.944	0.950	0.947	0.944
N	30	30	30	30	30	30

注：***、**、*分别表示在1%、5%、10%的统计水平上显著；括号内为 *t* 值，回归使用稳健标准差。

当然仅以地区公路密度代表交通基础设施是较为片面的，劳动力是否做出迁移决策更关心公共交通设施，如公共交通拥有的数量及便捷程度。因此本节又选取每万人口拥有的公交车数量（*pbus*）进行回归，结果见表 4.18 的回归（6），实证结果发现工资依然是低技术迁移人口迁入的主要"拉力"因素，*pbus* 系数虽然为正但是并不显著。除此之外，*medi_nb* 与 *edu_fa* 两项系数都为正，但均不显著，这表明公共服务对低技术迁移劳动力的"拉力"较弱，低技术劳动力的迁移决策主要取决于地区工资的优势。

表 4.19 为公共服务结构对高技术迁入人口规模的影响。首先可发现实证结果从回归结果（1）—（6）中，$\ln(w)$ 的系数均未通过显著性检验，这与投入角度的实证检验得出的结果一致，工资对高技术劳动力迁移的"拉力"作用较弱，高技术劳动力更关注地区公共福利。首先，*pollution* 的回归系数显著为负，说明空气质量越差的地区，高技术劳动力迁入的越少，高技术劳动力在意地区空气的质量以及政府对地区空气的治理。*edu_fa* 的系数为正且在 5%的统计水平上显著为正，高技术人口在做出迁移决策时要考虑地区基础教育的发展情况，基础教育水平越高，越容易吸引高技术人才流入。现阶段，越来越多的人才的迁移不仅关注自身的职业发展和生活的幸福指数，还更加关心子女的受教育问题，基础教育的生均固定资产净值每增加 1%，高技术人口的迁入就会增加 0.02%，基础教育公共服务的发展无疑对高技术流动人口形成了一种隐性的福利。*medi_nb* 系数为正但不显著，可能的原因是，近年来政府在地区间医疗支出的投入差距越来越小（图 4.1），也即地方政府逐渐重视地区医疗服务的建设，对欠发达地区的投入与发达地区的投入差距逐渐缩小，使得欠发达地区的医疗公共服务大为改善。由于地区医疗公共服务的优势不再明显，因此这对高技术人口做出迁移的决策的"吸引力"与其他公共服务相比较小。保障性住房的回归系数与表 4.18 的回归结果基本一致，回归系数显著为负，这是由于当时的经济适用房政策主要面向地区户籍人口，而流动人口并不在受到保障的范围内。公路密度对高技术迁移人口规模的影响也并不显著，但是在回归（6）中可发现，*pbus* 的回归系数为正，并在 5%的统计水平上显著为正，每万人拥有的公交车数量每增加 1%，高技术人口的迁入就增加 0.004%，这更加体现了高技术人口决定是否迁移时更关心地区公共交通的便捷程度和发达程度。

表 4.19　　公共服务存量结构对高技术流动人口的当期效应

因变量 $flabr_h$	(1)	(2)	(3)	(4)	(5)	(6)
ln(*w*)	0.011	0.022	0.017	0.013	0.001	−0.011
	(0.478)	(1.116)	(1.049)	(0.674)	(0.069)	(−0.529)
hp	0.003	0.006	−0.007	0.004	−0.002	0.004
	(0.278)	(0.488)	(−1.080)	(0.410)	(−0.213)	(0.487)
R&D	0.664*	0.732**	0.766***	0.768**	0.460*	0.401*
	(1.871)	(2.344)	(3.095)	(2.399)	(1.782)	(1.799)
inv	0.011	0.014	0.001	0.009	0.020*	0.010
	(0.997)	(1.024)	(0.128)	(0.769)	(1.714)	(0.861)
open	0.015	0.008	0.014	0.013	0.014	0.014
	(0.962)	(0.508)	(1.222)	(0.890)	(1.238)	(1.200)
medi_nb	0.000					
	(0.353)					
secu_hou		−0.003**				
		(−2.248)				
pollution			−0.005***			
			(−3.265)			
road_den				−0.005		
				(−1.551)		
edu_fa					0.000**	
					(2.559)	
pbus						0.004**
						(2.682)
常数项	−0.144	−0.276	−0.102	−0.173	−0.025	0.066
	(−0.708)	(−1.516)	(−0.603)	(−0.931)	(−0.158)	(0.331)
R^2	0.843	0.858	0.890	0.857	0.884	0.881
N	30	30	30	30	30	30

注：***、**、*分别表示在1%、5%、10%的统计水平上显著；括号内为 *t* 值，回归使用稳健标准差。

从公共服务存量结构去考察公共服务结构对流动劳动力规模的效应，可得到与公共服务支出结构对流动劳动力规模的效应不完全一致的结果，但可以确定的是，低技术流动劳动力的迁移决策中，地区工资差异是最主要的“拉力”，低技术的劳动力在迁移时对地区公共福利更加关注增量效应，而不是存量效应；而高技术劳动力迁移的决定因素恰恰相反，工资不是高技术劳动力迁移的主要原因，高技术劳动力不仅关注地区公共服务水平差异，同时也关注公共服务增量。笔者认为，公共服务存量与增加结构对于高技术外来劳动力的吸引力更强，作用更大。

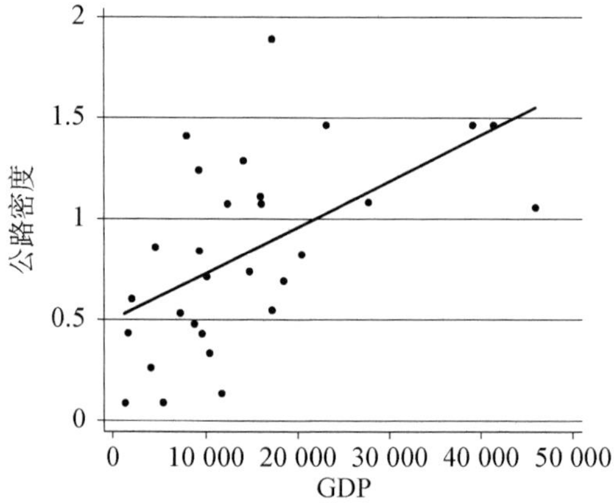

$\alpha = 2.29 \times 10^{-5} \quad t = 3.56$

图 4.2　2010 年各省 GDP 与公路密度的相关关系的回归散点图

综合第三小节的实证分析可以得出结论：地区公共支出与地区公共服务的结构对本地就业人口的影响并不大，但是对迁移劳动力的规模起着决定性的作用，并且不同人力资本结构的迁移劳动力的影响因素不尽相同。高中学历水平及以下的低技术人口在做出跨省迁移的决策时，主要考虑的是地区工资差异因素，地区工资优势越大，地区低技术的流入人口的规模就越大。低技术迁移劳动力并不十分在意地区公共福利的差距以及政府对地区民生性投入的力度，迁移的目的往往更多的与基本生存的问题相关。与低技术劳动力相反，地区工资的优势并不影响高技术劳动力的迁移。具有大专及以上学历的高技术劳动力在迁移时考虑更多的是地区公共福利的差异，这主要体现在地区的公共环境、地区基础教育规模以及地区公共交通的发展程度，公共福利越高的城市，越容易吸引高技术人口的流入。此外，政府对地区民生性财政支出的投入力度对地区高技术人口流入的规模的影响也十分明显，这主要体现在七个方面，分别为财政公共安全支出、社会保障支出、环境保护支出、教育事业费支出、医疗卫生支出、文化科技事业费支出以及交通运输支出。地方财政对这七项民生性支出投入力度越大，越容易吸引高学历的人才流入。公共支出对人口迁移的影响不仅会直接作用于地区城镇化水平，公共服务的地区差别化在引起高技术人口流入的同时还会产生辐射作用，间接地提高地区的城镇化水平。

三、基本公共服务对劳动力增长的乘数效应

公共服务供给水平对非技能劳动力流入影响的机理，更主要是通过吸引高技术人口流入，增加地区人力资本水平，产生辐射效应从而吸引非技能劳动力[①]流入。这种辐射效应主要表现在高人力资本的劳动力购买力较强，其占比的增加会扩大地区的商业服务业的需求，从而吸引更多的外来务工人员。根据2010年人口普查数据，中国各地区跨省流入劳动力有绝对高于其他行业的比例从事了商业服务业[②]职位，且中国跨省流动的劳动力有70%以上为低技术劳动力也即作非技能劳动力，经验数据显示地区商业服务业岗位与低技术跨省人口流入是匹配的，所以技能劳动力带来的商业服务业需求的增长，会吸引更多的非技能劳动力寻求工作机遇，从而对于地区就业规模的创造起到乘数效应。陈斌开等(2016)将高技术的劳动力带来的这种效应称之为高技术人口的"外溢效应"，而笔者认为这更多的是由于高技术劳动力对商业服务业增长的辐射效应而产生的结果，因此笔者将其命名为技能劳动力的"辐射效应"，同时也便于与技能劳动力的"技术外溢"这一概念区分开来。此外，高技术劳动力不仅可以利用自身的人力资本促进该地区生产水平的提高，还可以通过人际交往传播前沿技术，促进知识的转移和传递，加深了人口流入地的经济发展(Hornung, 2014)。在中国，经济发达地区往往具备较发达的公共服务系统，如东部沿海省份，这会进一步吸引技能劳动力的流入，发挥辐射效应，增加非技能劳动力外来务工，因而公共服务发达的地区往往伴随着较高的城镇化水平。然而，非技能劳动力的扩张不可持续，过度流入的非技能劳动力会对地区公共服务产生拥挤效应，产生负外部性，如在教育、社会治安、环境治理与城市交通等方面都会产生压力，这会使基本公共服务为技能劳动力带来的效用降低，因而减缓技能劳动力的流入及辐射作用的效果。

为了初步判断公共服务对地区劳动力就业的乘数效应，笔者使用截面数据进行了基本的OLS回归。图4.3是使用各省(自治区、直辖市)技能劳动力占比与非技能劳动力流入占比的回归散点图。图4.3(a)与图4.3(b)分别使

---

① 本书将低学历人口作为低技术劳动力与非技能劳动力的代理指标。学历划分参见上一章。

② 商业服务业从业人员一般是指从事商业、餐饮、旅游娱乐、运输、医疗辅助服务人员和居民生活服务类人员。具体包括购销人员，仓储人员，餐饮服务人员，饭店，旅游及健身娱乐场所服务人员，运输服务人员，医疗卫生辅助服务人员，社会服务和居民生活服务人员及其他商业服务业人员。

用2010年与2000年的截面数据。图4.3(a)可以发现,2010年地区高学历就业人口占总人口的比例与地区迁入的低学历流动人口高度正相关,数据拟合结果显示,地区高技术就业人口占比增加1%,地区迁入的低技术人口会增加1.79%,回归结果显著,t 值为6.48。由于截面数据只能彰显一年的技能劳动力的辐射效应,为了避免2010年为特例,图4.3(b)将2000年的高技术就业人口占比与低技术流动人口占比进行拟合,发现结果同样呈现高度正相关,2000年高技术就业人口占比增加1%,低技术人口的迁入会增加1.04%,拟合结果在1%的条件下显著,t 值为4.65。图4.3说明地区技能劳动力存量的增加对非技能劳动力流入的辐射效应是显著存在的。由公共服务地区差距引起的劳动力在技术结构上的非均衡转移,不仅会改变区域间的人力资本水平,同时也印证了人力资本的辐射效应使劳动力流入的水平出现乘数增长,基本公共服务水平的地区间的两极分化可能强化了劳动力资源分布的严重失衡,因此,由公共服务地区差异影响的地区城镇化的差异会通过技能劳动力人力资本的辐射作用而增强。

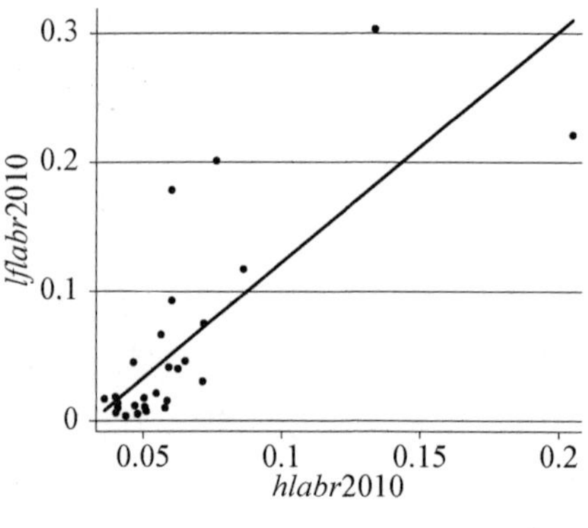

(a) 2010年高学历就业人口的外溢效应

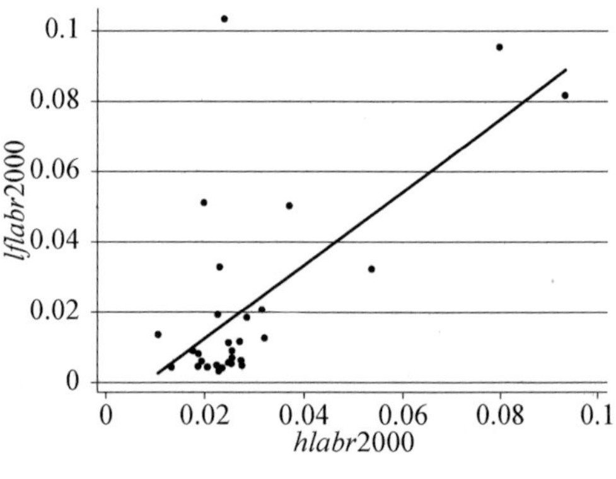

(b) 2000年高学历就业人口的外溢效应

图4.3 2010与2000年高学历就业人口的辐射效应

注:数据来源于《第六次全国人口普查数据》与《第五次全国人口普查数据》,其中横轴 *hlabr* 为高技术人口占地区常住人口的比重,纵轴 *lflabr* 为低技术流动人口占总人口的比重。

第三节 小结

本章采用实证分析的方法检验了公共服务支出与存量的规模和结构对地

区城镇化水平、劳动力就业规模以及劳动力流动的技术结构的引力效应。在具体的分析中，本书将劳动力技术结构区分为高技术劳动力与低技术劳动力两类，同时采用衡量流量的公共支出和衡量存量的公共服务水平两个维度进行检验。本章的研究得出以下结论：

第一，中国各省财政民生性支出依然存在差距。地区间不同类型的公共服务支出差距程度不一致，地区医疗卫生支出差距存在显著缩小的趋势，而财政教育支出、社会保障支出、科技文化支出与公共安全支出的地区差距略有缩小，财政交通运输支出与环境保护支出地区差距先缩小后扩大。

第二，相对于工资水平的提高，公共服务支出扩张对城镇化率的提高非常有限，回归表明仅有医疗卫生支出的增加会提高城镇化率，并且这一效果存在显著的滞后效应。这一结果反映出，公共服务支出政策对于促进农业剩余人口向城市转移的作用较小，农业剩余人口转移到城市更关注城镇中的工资的提高与医疗公共服务支出的提高。

第三，将就业市场结构细分为高技术与低技术两类后，本章上述回归结果中只有公共安全支出对低技术就业人口集聚规模存在当期增长效应，说明与工资因素相比，基本公共服务对低技术劳动力集聚的扩张效应十分有限；与此相对的是部分公共服务支出与公共服务存量对高技术劳动力集聚规模有着十分显著的促进效应，如交通运输支出存在当期促进效应，社会保障支出与环境保护支出存在滞后促进效应，基础教育存量也同样存在着当期促进效应，这说明公共服务在一定程度上会影响高技术劳动力集聚程度的扩张。

第四，将流入劳动力区分为高技术流动劳动力与低技术流动劳动力进行回归发现，工资对于低技术劳动力的流入具有十分显著的“引力”作用。相比之下部分公共服务支出会对低技术劳动力流动产生“引力”作用。如财政教育支出占比的提高对低技术劳动力存在滞后的拉力作用，而财政科技文化支出、医疗卫生支出与交通运输支出占比的提高，对低技术劳动力的迁入既存在当期的拉力作用，也具备滞后的拉力作用，但是财政环境保护支出占比的增加仅存在当期拉力效应，也即财政环境保护支出的增长并不能吸引未来更多的低技术劳动力的流入。与低技术流动劳动力的回归结果相反的是，高技术劳动力是否迁移并不取决于地区工资水平，反而取决于地区公共服务支出的水平，七类公共服务支出对于高技术流动劳动力既存在当期拉力效应，也存在滞后拉力效应，这说明地区基本公共服务支出规模的扩张能够持续性地吸引外地高技术劳动力流向本地。

第五，进一步考察公共服务存量规模发现，地区公共服务存量水平对低技术外来劳动力不存在"引力"效应，而基础教育与公共交通对高技术劳动力的流入存在明显的"引力"作用，说明高技术劳动力的迁移不仅关注公共服务支出增量政策，还关注地区公共服务的存量水平，而低技术劳动力迁移更多地考虑工资水平的差异。

第六，公共服务支出与公共服务存量吸引高技术劳动力流入并扩大高技术劳动力的集聚规模，会进一步地带动地区商业服务业的发展，促进更多的低技术外来务工人员的就业，从而间接推动城镇化水平的提高，也即公共服务支出与存量规模的扩张，对地区城镇化增长具有乘数效应。

本章的研究意味着，在保证市场机制发挥主体作用的前提下，政府可以通过提高欠发达地区基本公共服务、交通环境等基础设施的质量，适当提高欠发达地区财政公共服务支出占 GDP 的比重，可能会比财政支出直接用于生产建设更能带动当地 GDP 的增长。这是由于欠发达地区公共服务与基础设施质量与数量的提高，会减少人才流出、吸引人才流入或回流，人才的回流带动当地制造业产业的技术创新，还会通过辐射效应吸引低技术劳动力流入，促进地区商业服务业发展，缓解发达地区低技术流动人口过多的城市压力。同时，人才占比的提高会提升城市人力资本水平，在下文的研究中可以发现，城市平均人力资本水平的提高，也会促进地区制造业的发展。结合前两章的研究，本章的研究得出，欠发达地区提高公共服务支出占比、提高公共服务质量是促进劳动力要素有效分布，平衡地区制造业产业发展不合理不充分的较为有效的政策。

第五章　劳动力流动与制造业省际收敛

第一节　制造业省际收敛的动因分析

一、经济收敛的理论动因

Barro and Sala-I-Martin(1995)将经济的收敛区分为 β 收敛与 σ 收敛。如果贫穷的经济体增长比富裕经济体增长的速度要快，则贫穷的经济体会在人均收入或产量水平上追赶上富裕经济体，这就是 β 收敛；若地区之间收入或产量的离差随时间而衰减，则地区之间存在 σ 收敛。新古典增长理论提出具有相同技术水平、不同经济发展水平的地区的长期经济增长会逐渐趋同，低收入地区增长较快，高收入地区增长较慢，地区之间经济增长差距呈现收敛状态，这种收敛被称为绝对收敛。当然，各地区发展都有一个均衡水平，这种均衡水平依赖地区之间的文化、制度与政策以及其他地区异质性因素，经济发展越慢的地区均衡水平可能本身也更低。条件收敛是指在考虑上述地区特性的差异后，离本地区均衡水平差距越大的地区发展越快。绝对 β 收敛一般认为更容易在同样经济体制下的不同经济体之间出现，如欧盟各国之间或一国的各省之间。由此可见，验证地区收入差距往往使用经济收敛理论，本章的研究首先验证制造业的条件 β 收敛与绝对 β 收敛特征，其次主要从劳动力跨省流动的角度解释制造业的条件 β 收敛。

资本、技术和劳动力的跨区域流动这种区域间经济互动关系会加速趋同(Lucas, 1988)。Saches and Warner(1997)也指出开放程度高的国家人均收入向稳态水平趋近的速度是开放程度低的国家这一速度的一倍以上。因此，劳动力流动一般被认为对区域经济收敛产生作用。新古典经济理论认为，移民会导致一国资本与劳动力要素之比发生变化，从而带来地区经济增长速度的变化。劳动力迁出地区劳动力数量会降低，导致资本与劳动力之比提高，从而使经济增长速度更快，反之迁入地由于劳动力数量较多，导致资本与劳动力之比降低，从而增长速度降低，这一过程形成国家之间的经济收敛。与新古典经济理论相对的是新经济地理理论。新经济地理理论认为，人口向地区集聚会带来地区经济集聚效应，导致产业在地区内形成规模经济，从而加大与其他地区经济差距，地区之间经济收敛效应往往不存在。

二、中国的现实分析

改革开放以来，中国的东部省份由于地理、商业传统以及政策倾斜等优势逐步成为制造业的集聚地，随之而来的经济极化效应吸引中西部地区的劳动力大规模向东部省份流动，但由于二元经济体制，中国大规模的劳动力流动并没有促进新古典意义上的区域均衡发展（沈坤荣和唐文健，2006）。第三章中图 3.5(b)显示中国工业地区差距呈现倒“U”型特征，说明中国工业劳动生产率地区差距呈现先扩大、后缩小的趋势。结合近年来中国制造业发展的经济现象，发现这一趋势与经济发展初期的东部与中西部地区产业分布严重失衡以及最近几年出现的制造业“雁阵模式”迁移现象相吻合。中国改革开放初期的经济政策导向驱使优质资源向东部地区集聚，这使得中西部欠发达地区无法发挥其比较优势，造成地区之间产业结构严重失衡，地区间经济增长差距十分明显。不过近年来，由于东部发达地区要素成本显著上涨，东部地区的制造业出现“雁阵模式”转移的现象，即东部地区低端制造业由于不再具备成本优势从而内迁至中西部地区，并且东部沿海省份还一度出现“用工荒”的现象，东部省份逐渐淘汰落后产业、保留优质产业从而形成经济增长的新的动力（曲玥等，2013）。

中国的劳动力转移主要以低技术结构劳动力为主，中西部地区劳动力转移的构成主要为省内转移，迁移至中西部地区的劳动密集型低端制造业可以在该地区吸收大量的低技术劳动力。中西部省份土地要素成本低于东部省份，中西部地区的基础设施近年来也有很大程度的改善，这可以大大提高迁移至此的低端制造业的利润，从而带动劳动生产率的提高。同时上述过程还会带动迁入地就业的增长，促进经济发展。基于以上地区之间产业结构变动的事实，会进一步地提出以下问题，近年来地区产业结构的调整是否带来东部地区制造业增长的放缓以及中西部地区制造业增加加速？地区间是否呈现出地区间制造业劳动生产率收敛的现象？

关于中国地区间经济发展的这种收敛特征，之前的研究往往强调户籍制度带来的城乡二元经济分割，东部地区通过对中低端劳动力流动设置入户障碍，同时努力吸引高技术劳动力流入，从而能够获得大量低成本的劳动力资源，推动经济快速增长（蔡昉，2005）。

中国地区间经济禀赋存在着巨大差异，之前的关于中国地区间经济增长收敛特征的研究得出的结论并不一致，但多数研究的一个基本共识是：由于对外开放和东部与中西部地区差别化的地区经济发展优惠政策等共同作用，20 世纪 80 年代以后中国沿海和内陆地区的经济差距不断拉大（魏后凯，1997；蔡昉和都阳，2000）；90 年代中期之后，中国地区经济不存在全域性的收敛现象，但存在显著的条件收敛或东、中、西三大地区的俱乐部收敛特征（沈坤荣和马俊，2002；周业安和章泉，2008；潘文卿，2010）。

地区经济收敛特征研究早期一般采用实际人均 GDP 指标，但最近的一些研究也在通过比较地区间劳动生产率考察经济收敛趋势，因为地区经济发展差异必然也会折射为不同的地区劳动生产率。早期的研究主要是关于地区间劳动生产率水平的差距，如郭庆旺等（2005）计算了 1978—2003 年间四个不同年份各省的相对劳动生产率，发现 20 世纪 90 年代以来中国地区间劳动生产率差距在逐步扩大；黄先海（2005）的测算也有类似的发现，其利用数据包络分析法（DEA）的分解，认为技术效率、资本深化是省际劳动生产率差距扩大的主要原因。而经济收敛理论主要关注的是地区间劳动生产率增长率的收敛的特征，地区劳动生产率差距扩大，并不一定就表明增长率不收敛，如高帆和石磊（2009）的研究就发现地区间劳动生产率增长率表现为有限收敛，劳动生产率绝对值却依然是相对发散，并且这种格局在 1993 年之后有相对增强态势，他们也认为地区劳动生产率的这种收敛格局主要是因为东部省份在资本深化上具有更大的优势。

仅仅讨论地区总体经济的差距，而忽视产业间的发展水平的收敛性，很容易导致误导性的区域发展政策。Bernard and Jones（1996）、Rodrik（2013）等针对跨国数据的研究都发现，不同行业之间在地区收敛方面有很大的差异。关于中国地区间制造业劳动生产率的研究也在不断涌现。袁鹏（2008）的研究认为中国地区间制造业劳动生产率的差异在 1997 年前后截然相反，1997 年以前，地区间制造业劳动生产率差异不断扩大，而 1998 年以后，中西部地区的制造业劳动生产率增长更为强劲。孙巍和李菁（2010）检验了 29 个省市 1993—2007 年间制造业收敛的情况，得出了近年来中国对原材料依赖较强且运输成

本较高的行业具有 β 条件收敛趋势。戴觅和茅锐(2015)采用了 1998—2007 年的规模以上工业企业数据库数据，对中国制造业行业劳动生产率的省际收敛性进行实证检验，研究发现尽管工业部门的劳动生产率是收敛的，但工业部门劳动生产率收敛并未带来人均 GDP 增长的收敛。

关于劳动力流动与制造业发展的现有文献主要侧重于将劳动力流动作为中间传导机制，研究地区产业集聚的经济效应，鲜有从流入劳动力区域间流动的角度解释制造业劳动生产率地区间的收敛与发散特征。本章在现有研究的基础上，进一步使用改进的收敛模型检验省际制造业劳动生产率的 β 收敛性以及收敛系数，并试图从劳动力大规模流动的角度去解释出现条件 β 的成因。本章的贡献首先在于从劳动力大规模流动的角度去解释地区制造业的空间分布的演化规律，进而揭示其与制造业劳动生产率收敛性的关系；二是本章的研究对引导劳动力的空间合理流动、优化产业空间分布有着重要的理论与现实意义。

本章余下部分如下：第二节为检验制造业省际劳动生产率收敛的实证设计与数据说明；第三节为实证检验的结果，此处分为两部分，首先是对 1992—2001 年以及 2001—2011 年的两组截面数据进行分析，以考察是否如图 3.5 显示的制造业也从 2001 年开始出现收敛的拐点，在此之后本书以 1990—2010 年的面板数据进一步验证制造业劳动生产率的省际收敛特征；除此之外在上述实证中还加入劳动力流入变量进一步检验其对制造业劳动生产率收敛的作用。

第二节　收敛模型设计及数据说明

一、收敛实证模型设计

随着劳动力的持续性跨省迁移，如果人口大规模净流入的东部地区劳动力供给量快速增加，边际递减规律暗示着随着人口流入的持续增加，工业企业的劳动生产率增长会持续放缓；而经济欠发达的中西部地区，人口总体为净流出，加之中央政府在基础设施建设上的倾斜政策，使得制造业劳动生产率增长速度相对更快①。如果落后经济体增长比富裕经济体增长的速度要快，则贫穷

① Lucas(1988)也指出资本、技术和劳动力的跨区域流动会造成区域间经济发展水平加速趋同。

的经济体会在人均收入或产量水平上追赶富裕的经济体，出现经济的 β 收敛现象。

本章使用实证分析检验制造业劳动生产率是否存在 β 收敛特征。检验收敛特征的前提是需要计算实际劳动生产率指标，由于无法获得中国不同省份制造业的分行业价格指数，并且仅仅使用各省的通货膨胀率对分行业名义数据进行平减的做法显然不准确，因此本书沿袭 Rodrik(2013)的方法，假设实际劳动生产率的增长是地区固定效应与收敛效应的函数，并假定各行业各地区制造业产品价格等于该行业全国层面的统一价格加上该行业地区异质性随机误差，以此解决行业价格指数缺失导致的测算偏误问题。具体过程如下：

$$\hat{y}_{ijt}=\beta(\ln v_{it}^{*}-\ln v_{ijt})+D_j \tag{5.1}$$

$$\hat{y}_{ijt}=\hat{v}_{ijt}-\pi_{ijt} \tag{5.2}$$

$$\pi_{ijt}=\pi_{it}+\varepsilon_{ijt} \tag{5.3}$$

其中 β 为收敛系数，$\hat{y}_{ijt}$ 为 j 地区 i 行业 t 时间段[①]的地区实际劳动生产率的增长率，$\ln v_{it}^{*}$ 为稳态条件下的制造业 i 行业 t 时间段的劳动生产率的对数值，$\ln v_{ijt}$ 为 j 地区 i 行业 t 时间的初始制造业劳动生产率的对数值，$\hat{v}_{ijt}$ 为 i 行业 j 地区 t 时间的名义劳动生产率的增长率，D_j 为地区哑变量，主要表示地区的异质性因素，π_{ijt} 为 j 地区 i 行业 t 时间的通货膨胀率，等于各行业在全国通货膨胀率 π_{it} 加上地区异质性随机误差项 ε_{ijt}[②]。将式(5.1)、式(5.3)代入式(5.2)，可以得到：

$$\hat{v}_{ijt}=-\beta\ln v_{ijt}+(\beta\ln v_{it}^{*}+\pi_{it})+D_j+\varepsilon_{ijt} \tag{5.4}$$

其中 $\beta\ln v_{it}^{*}+\pi_{it}$ 为常数，可直接用 D_{it} 表示，则：

$$\hat{v}_{ijt}=-\beta\ln v_{ijt}+D_{it}+D_j+\varepsilon_{ijt} \tag{5.5}$$

由方程(5.5)构建如下两个计量扩展模型，以检验劳动力流入对制造业收敛的影响。

$$\widehat{prdc}_{ijt}=-\beta\ln(prdc)_{ijt}+D_{it}+D_j+\varepsilon_{ijt} \tag{5.6}$$

---

① 此处 t 为时间段，而不是年，t 时间段包括初期和末期。

② 按照 Rodrik(2013)的解释，这一假设是合理的，因为制造业是可贸易的，因此制造业产品的价格是各地区的统一价格加上一个地区之间的随机误差因素。

$$\hat{prdc}_{ijt} = -\beta \ln(prdc)_{ijt} + \gamma flabr_{jt} + D_{it} + D_j + \varepsilon_{ijt} \qquad (5.7)$$

其中，$\ln(prdc)_{ijt}$ 为 t 年 j 地区制造业 i 行业的名义劳动生产率的自然对数值[①]；p̂rdcijt 为 t 年 j 地区制造业 i 行业的名义劳动生产率的增长率[②]；D_{it} 表示为时间乘以行业哑变量，D_j 为地区哑变量，u_{ijt} 与 ε_{ijt} 是残差项。β 为收敛系数，若不控制地区哑变量，$-\beta$ 显著为负，则为绝对 β 收敛；若控制地区哑变量，回归系数 $-\beta$ 显著为负，则地区制造业劳动生产率存在条件 β 收敛。

二、实证数据说明

方程(5.6)回归中不加入劳动力流入变量($flabr_{jt}$)，目的是首先验证近年来制造业绝对 β 收敛与条件 β 收敛的存在性。其次，在方程(5.7)中加入劳动力流入变量($flabr_{jt}$)，用以检验人口跨省流入是否促进了制造业地区间的收敛。收敛的检验数据时间不应较短。在对截面数据进行回归时，数据类型为1990—2001 与 2001—2011 年的两个截面数据，2011 年以前部分年份缺失严重，因此只能选择 1990 年作为起始时间。以 2001 年划分的原因在于第三章图 3.5 的工业地区差距在 2001 年开始地区差距迅速减小，因此 2001 年是制造业地区差距变化的拐点。1997 年前四川省的数据是包括重庆市在内的数据，但前后数据统计口径偏差较大，为了避免回归出现较大误差，本章在进行区分要素密集型制造业行业的分析中不包括四川、重庆与西藏。本章回归数据的截面为除西藏、四川与重庆之外的 28 个省(自治区、直辖市)。

为了证明制造业收敛的显著性，笔者还尽可能地对数据进行分类处理，使

---

① 不同制造业行业面对的技术偏好、产业关联性质与市场规模往往不同，地区间的生产要素禀赋也存在差异，因此，制造业劳动生产率收敛不仅存在地区差异，还会表现出行业间差别，因而，检验地区间制造业行业劳动生产率的收敛特征需要考察不同制造业行业的差别。

② 实证回归选取的 20 个两位数制造业行业分别为农副食品加工业、食品制造业、饮料制造业、烟草加工业、纺织制造业、造纸及纸制品制造业、石油加工及炼焦制造业、化学原料及化学制品制造业、化学纤维制造业、非金属矿物制品制造业、黑色金属冶炼及压延加工业、有色金属冶炼及压延加工业与、金属制品业、通用机械制造业、专用设备制造业、交通运输设备制造业、电气机械和器材制造业、计算机通信和其他电子设备制造业、仪器仪表制造业与医药制造业，数据来源于《中国工业经济统计年鉴》。因为 2000 年前后的《中国工业经济统计年鉴》中两位数行业划分口径不一致，农副食品制造业与有色金属制造业行业数据缺失，本书将 2000 年前后的两位数行业统一化，删去了农副食品加工业与有色金属制造业，并将 2000 年以前的石油制造业和炼焦制造业整合为石油与炼焦制造业、2000 年以后的通用设备制造业和专用机械制造业合并为机械制造业，将 2000 年以后的 20 个两位数制造业行业调整为 17 个两位数制造业行业。统一行业数据口径后的行业具体为食品制造业、饮料制造业、烟草制造业、纺织业、造纸及纸制品业、石油加工及炼焦制造业、化学工业制造业、医药制造业、化学纤维制造业、非金属矿物制品制造业、黑色金属冶炼及加工延压业、金属制品业、通用机械与专用设备制造业、交通运输设备制造业、电器机械和器材制造业，计算机电子及通信设备制造业与仪器仪表制造业。

用了 1992—2011 年中四期时间段的面板数据进行制造业条件收敛的稳健性检验。除此之外，本章还继续区分了要素密集度的行业结构，进行收敛性质的回归。在数据处理上，由于 2000 年以前制造业两位数行业数据缺失年份较多，劳动力流动数据的时间与制造业两位数行业数据的年份不能一一匹配，所以劳动力流动变量的时间选择 1990—1995 年、1995—2000 年、2000—2005 年与 2005—2010 年四期；为尽可能保证五年一期的面板数据，除了劳动力流动变量（$flabr_{jt}$）外，其余变量时间跨度为 1992—1997 年、1997—2002 年、2002—2007 年、2007—2011[①] 年共四期。笔者认为，劳动力变量的时间段的选取相对其余变量时间段相对滞后可以在一定程度上规避内生性，另一方面还可以考察劳动力的流入对制造业增长是否存在滞后效应。

表 5.1 为具体的变量的描述性统计分析。这里需要注意的是，流动人口观测值数量与制造业劳动生产率的增长率及水平值的观测值差距较大，这是因为面板数据的结构如下：截面是 28 个省×17 个行业，时间为年份，而流动人口数据在中国的统计还不是十分全面，使用宏观的人口普查数据只存在分省份迁移人口数据，因此在 28 个省×17 个行业的面板中，每个行业的流动人口数量均为省份的流动人口数量。当然，在数据的限制下，这样的处理并不理想，但是区分制造业行业结构十分重要，不同行业间的地区差距较大，行业性质、产业关联性的差异也较大，在数据的处理上应该尽可能地控制行业固定效应。

表 5.1 中还给出各个回归变量的具体含义。因变量与自变量 $\ln(prdc)_{ijt}$ 数据来源为《中国工业经济统计年鉴》。全员劳动生产率的计算方式一般应为增加值除以行业从业人口，但由于制造业分行业增加值数据在 2007 年以后缺失较多、年份不连续，对实证检验的限制较大，因此本章使用各制造业行业的总产值除以该行业就业人口作为劳动生产率的代理变量。

自变量 $flabr_{jt}$ 以人口流入指标作为劳动力流入的代理变量，具体数据来源为《第五次全国人口普查数据》《第六次全国人口普查数据》《1995 年全国 1%人口抽样调查数据》《2005 年全国 1%人口抽样调查数据》中的“全国按现住地和五年前常住地分的人口”的这一指标，并经过统一口径处理[②]。劳动力

---

① 2007—2011 年仅为四年，是由于《中国工业经济统计年鉴》在 2013 年进行改编，2012 年以后不再统计工业总产值，统计工业销售产值，二者存在统计口径的差别，因此最后一期仅采用四年期进行替代。

② 全国人口普查的长表数据抽样比例为 10%，与全国人口 1%抽样调查数据的抽样比例不同，本书将前者乘以 10、后者乘以 100 估算所使用的人口数据的全国水平。

流入占比($flabr_{jt}$)的具体计算方法为流入劳动力总数除以地区年末总人口①。

表 5.1　　变量的描述性统计特征

变量	观测值	平均值	标准差	最小值	最大值	变量定义
			1992—2011 年截面数据			
$flabr_{jt}$	1 904	0.034	0.049	0.003	0.225	各省劳动力流入占总人口的比重
$\ln(prdc)_{ijt}$	1 888	11.791	1.255	8.171	17.707	制造业 17 个两位数行业名义劳动生产率自然对数值
	1 872	0.188	0.119	−0.479	1.525	制造业 17 个两位数行业名义劳动生产率年平均增长率
			1990—2001 年截面数据			
$flabr_{jt}$	476	0.041	0.048	0.005	0.196	各省劳动力流入占总人口的比重
$\ln(prdc)_{ijt}$	475	10.544	0.699	8.897	13.173	制造业 17 个两位数行业名义劳动生产率自然对数值
	472	0.175	0.074	−0.103	0.801	制造业 17 个两位数行业名义劳动生产率年平均增长率
			2001—2011 年截面数据			
$flabr_{jt}$	476	0.027	0.034	0.005	0.137	各省劳动力流入占总人口的比重
$\ln(prdc)_{ijt}$	472	11.991	0.854	8.112	14.988	制造业 17 个两位数行业名义劳动生产率自然对数值
	467	0.213	0.113	−0.051	0.768	制造业 17 个两位数行业名义劳动生产率年平均增长率

第三节　劳动力流动影响制造业收敛的实证结果

一直以来,国内的研究较多地关注地区经济差距,而较少地关注地区间各产业的收敛情况。在城镇化的经济背景下,随着人口不断地流入,发达地区制

① 地区年末总人口数据来源于《中国统计年鉴》,2010 年数据为当年人口普查数据推算数,其余年份数据为年度人口抽样调查推算数据。2005 年起,各地区为常住人口口径。

造业劳动生产率的增长率有可能随着产业结构的变动而降低；欠发达地区作为人口净流出地区，剩余劳动力数量降低，其制造业劳动生产率的增长率有可能相对更快，即劳动力跨区流动有可能加速了地区间制造业劳动生产率的收敛。首先使用面板数据考察1992—2011年中国的制造业是否出现省际绝对β收敛与条件β收敛的情况（见表5.2）。根据Rodrik（2013）修正的制造业收敛模型的设定得知，控制地区固定效应反应的是条件β收敛，不控制地区固定效应则为绝对β收敛。表5.2中回归（1）与回归（2）分别为制造业全样本的绝对β收敛与条件β收敛检验。由回归结果发现，初期$\ln(prdc)_{ijt}$的回归系数均为负，这说明1992—2011年间的面板数据模型显示，制造业既表现出绝对β收敛，也表现出了条件β收敛，这与戴觅和茅锐（2015）的研究结论一致。

表5.2　1992—2011年制造业劳动生产率收敛特征的面板数据回归（混合OLS）

因变量	全样本		劳动密集型		资本密集型		技术密集型	
	(1)	(2)	(3)	(4)	(5)	(6)	(7)	(8)
$\ln(prdc)_{ijt}$	−0.071***	−0.108***	−0.066***	−0.095***	−0.082***	−0.140***	−0.056***	−0.088***
	(−7.317)	(−7.800)	(−6.517)	(−6.822)	(−4.647)	(−5.553)	(−4.840)	(−5.415)
地区固定效应	NO	YES	NO	YES	NO	YES	NO	YES
行业*年度固定效应	YES	YES	YES	YES	YES	YES	YES	YES
常数项	0.876***	1.287***	0.821***	1.148***	1.021***	1.614***	0.747***	1.113***
	(8.342)	(8.629)	(7.521)	(7.572)	(5.654)	(6.302)	(5.889)	(6.250)
R^2	0.265	0.316	0.218	0.274	0.276	0.370	0.247	0.298
N	1 872	1 872	442	442	769	769	661	661

注：***、**、*分别表示在1%、5%、10%的统计水平上显著；括号内为t值，回归使用稳健标准差。

在进行制造业全样本回归分析后，本章接下来将两位数制造业行业按照要素密集度分为劳动密集型、资本密集型与技术密集型三类行业。不同要素密集度行业性质差距很大，不同要素密集度的行业收敛的原因也不尽相同。对于资本密集型和技术密集型产业的划分，鲁桐与党印（2014）使用固定资产比重与研发投资比重来区分。具体而言，固定资产比重＝固定资产净值/总资产，表示固定资产在该产业中的重要性，比重越大说明该要素越重要，属于资本密集型产业；研发支出比重＝研发支出/应付职工薪酬，研发支出比重越大，说明技术要素越重要，该产业为技术密集型。本书参考鲁桐等(2014)的做法，并结合制造业行业特征将农副食品加工业、食品制造业、饮料制造业、烟草加工业与纺织业划分为劳动密集型行业；将造纸及纸制品制造业、石油加工及炼焦制造业、化学原料及化学制品制造业、化学纤维制造业、非金属矿物制品制造业、黑色金属冶炼及压延加工业、有色金属冶炼及压延加工业与金属制品业划分为资本密集型行业；最后，技术密集型制造业包括通用机械制造业、专用设备制造业、交通运输设备制造业、电气机械和器材制造业、计算机、通信和其他电子设备制造业、仪器仪表制造业与医药制造业①。

表5.2中回归(3)与回归(4)为劳动密集型制造业的收敛特征检验，回归结果发现，回归系数均为负，且都通过了1%水平下的显著性检验，这说明劳动密集型制造业既存在条件β收敛，同时也存在绝对β收敛；回归(5)与回归(6)为资本密集型制造业的收敛特征检验，与劳动密集型制造业的回归结果一致，期初$\ln(prdc)_{ijt}$的回归系数在两个回归中均显著为负，表明资本密集型制造业既存在条件β收敛，也存在绝对β收敛；回归(7)与回归(8)是技术密集型制造业的收敛特征检验，回归结果同样表明技术密集型制造业既存在条件β收敛，也存在绝对β收敛，回归均通过了1%水平下的显著性检验。比较回归(3)、(5)、(7)发现，在绝对收敛的检验上，收敛系数β的大小排序为资本密集型大于劳动密集型大于技术密集型。β值越大，收敛性越强，这说明在上述1992—2011年之间的四期面板回归表明资本密集型制造业劳动生产率的收敛速度最大，其次为劳动密集型，收敛速度最小的是技术密集型，反映出在这段时间内中国低附加值制造业呈现出更快速的地区收敛的趋势。这一结果背后的原因在于，劳动密集型行业对工资、房价、税收等生产成本的增加更加敏感，当东部地区逐渐崛起时，由经济增长带来的物价水平与工资的提高最先使劳动密集型行业利润受损，产业内迁至欠发达地区，带动欠发达地区制造业的增长，使地区间劳动密集型制造业分布较早实现相对均衡，缩小地区间劳动密集型制造业劳动生产率的差距。

新古典经济理论认为劳动力流动改变了流入地与流出地劳动力与资本要素比，从而产生地区之间经济收敛。除此之外，劳动力流入本地劳动力市场还会带来工作经验、工作态度的补充，即与本地劳动力市场存在互补效应。集聚经济理论表明，劳动力的集聚使产业集群能够分享劳动力储备、形成较高的劳

---

① 后文所有按要素密集度划分的制造业行业全部按照此方法划分。

动力技术匹配率，从而产生规模经济，提高劳动生产率。不过，随着制造业劳动生产率不断增长，资源和环境压力也会随之提高，工资和土地价格等生产要素价格也会快速上升，这又会对制造业劳动生产率产生抑制效应，即劳动力流入会引起技术外溢和生产成本递增效应，这两种相反的效应与经济发展水平、劳动力流入的不同阶段和规模有关。因此，考察地区间制造业劳动生产率的收敛的成因，首先要关注劳动力区域间流动的作用。不同要素密集度的制造业行业，劳动力流动对其产生的作用可能存在差异，因此在检验劳动力流动对制造业收敛的作用时，还应该区分制造业要素密集度结构，以考察劳动生产率收敛特征是否存在要素密集度结构的差别。考察劳动力流动对制造业收敛的影响的实证模型设计是在本章计量方程(5.7)中加入了各地区人口流入变量，从而判断劳动力跨区域流动在省际制造业收敛过程中所起到的作用。

表5.3在表5.2回归的基础上控制了地区劳动力流入变量($flabr$)。表5.3中回归(1)与回归(2)为制造业全样本回归，初期制造业劳动生产率水平值的回归系数依然显著为负，均通过了1%水平下的显著性检验，绝对β收敛与条件β收敛成立。劳动力流入变量的回归系数在回归(1)中为负，但是未通过显著性检验，说明劳动力流入变量对于1992—2001年之间的绝对β收敛的作用并不明显。劳动力流入变量在回归(2)中系数同样为负，并且通过了1%水平下的显著性检验。这意味着劳动力流入更多的地区，制造业劳动生产率的增速下降，而劳动力净流出的地区，流入劳动力较少，制造业劳动生产率的增速就上升。劳动力流入系数为负说明随着人口的流入与流出，最终会导致人口流出地与人口流入地制造业劳动生产率的条件β收敛。回归(3)与回归(4)为劳动密集型制造业的回归结果，与样本回归一致的是$\ln(prdc)_{ijt}$的回归系数均显著为负，说明劳动密集型制造业在上述面板样本中既表现出了条件β收敛，同时还存在绝对β收敛。回归(3)中劳动力流入变量的回归系数未通过显著性检验，回归(4)中劳动力流入变量的回归系数为负，并通过了1%水平下的显著性检验，与全样本回归结果一致，劳动力跨省流动带动了制造业条件β收敛。回归(5)与回归(6)为资本密集型制造业的回归结果，资本密集型同样既存在绝对β收敛，也存在条件β收敛。回归(5)绝对收敛检验中劳动力流动的回归系数在资本密集型中为正，有促进制造业省际发散的趋势，但是回归未通过显著性检验；回归(6)资本密集型条件收敛检验中发现，流动人口的回归系数显著为负，说明劳动力流动可以促进资本密集型制造业

的条件 β 收敛。回归(7)与回归(8)的回归结果表明，技术密集型制造业同样既存在条件 β 收敛，同时也存在绝对 β 收敛，与劳动密集型和资本密集型制造业回归结果不同的是，技术密集型回归中劳动力流动变量的回归系数无论是在绝对 β 收敛的检验中还是在条件 β 收敛的检验中，均显著为负，说明劳动力区域间流动能促进技术密集型行业的条件 β 收敛，还能促进绝对 β 收敛。

上述基准回归仅仅是每五年一期共四期面板数据。根据第三章图 3.5(b)的工业劳动生产率基尼系数的倒“U”型特征发现，1997 年之前工业地区差距持续扩大，1997—2001 年之间扩大速度降低，但是基尼系数仍然波动上涨。这说明制造业在 1992—1997 年之间地区差距有可能是扩大趋势，劳动生产率水平值地区差距的扩大既可能是由于制造业发散，也可能来自制造业收敛的前期，因此把 1992—1997 年这一期单独进行回归，将后三期作为面板模型回归，来进一步观察制造业收敛是否随着时间的不同而有所差别，回归结果为表 5.4。

表 5.4 中的回归(1)—(4)为 1992—1997 年制造业收敛的截面回归，期初为 1992 年。回归(1)与回归(2)为 1992—1997 年之间制造业是否出现绝对 β 收敛的检验，回归结果显示期初劳动生产率水平值回归系数未通过显著性检验，说明在这一时间段并未出现制造业劳动生产率的绝对 β 收敛；回归(2)中显示劳动力流入指标的回归系数显著为正，并且通过了 10%的显著性检验，这意味着劳动力区域间的流动是具有扩大地区收入差距，带动省际制造业劳动生产率发散的趋势的。这是由于劳动力流入指标与年平均增长率呈现显著的正相关，在不考虑任何地区异质性差异的情况下，劳动力流入越多的地区，制造业增长越快，而劳动力流入减少或者劳动力净流出的地区，制造业增长越慢，带来较大幅度的地区差距。回归(3)与回归(4)是 1992—1997 年制造业条件收敛的检验，回归结果表明这一阶段存在条件 β 收敛，因为期初制造业劳动生产率水平值的回归系数显著为负。虽然这一阶段条件 β 收敛成立，但是回归(4)中劳动力流入指标这一变量回归系数仍然显著为正，不仅通过了 5%的显著性检验，并且系数还扩大至 7.2，而绝对收敛检验中，劳动力流入变量的回归系数仅为 0.9，这说明在考虑了地区的要素禀赋、制度、民族等地区异质性因素的差异后，劳动力跨区域流动仍然对地区间制造业劳动生产率发散有着较大的效应，也即虽然制造业劳动生产率在各省之间最终会收敛于不同的稳态，但是由于劳动力跨省流动，其扩大地区间制造业增长率差距的作用削弱了条

件 β 收敛的速度。笔者认为出现这一现象的原因可能来自劳动力跨省流动的初期，集聚经济所产生的劳动生产率的提高对经济增长做出了主要的贡献，这一阶段人口流入地产业集聚由于规模经济、知识外溢、共享中间投入品等机制带动制造业快速增长，而人口净流出地产业集聚效应较弱，并且，中国人口净流入地区主要为东部沿海省份，这中间还存在经济政策向东部地区的倾斜，导致在一段时间地区差距迅速扩大。

表 5.4 回归(5)—(8)为去除 1992—1997 年这一期样本的面板回归，回归结果显示这一阶段既存在绝对 β 收敛，也存在条件 β 收敛，期初制造业劳动生产率的水平值的回归系数均在 1%的统计水平下显著为负。比较回归(6)与回归(8)发现，劳动力流入变量的系数均为负，但回归(6)中劳动力流入变量的系数未通过显著性检验，说明在不考虑地区异质性特征的前提下，这一阶段虽然劳动力跨省流动有带动地区制造业绝对 β 收敛的趋势，但是这一趋势并不是很明显；回归(8)中劳动力流入变量系数为负且通过了 1%的显著性检验，说明在 1997—2001 年之间，劳动力流动是地区制造业条件 β 收敛的主要原因之一，能够有效地拉动地区间制造业条件 β 收敛。笔者认为可能的原因来自劳动力的持续流入会带来地区工资、房价的增长，提高了人口集聚地的生产生活成本，甚至导致部分低端制造业转移，形成制造业先发展地区被迫进入产业转型期，增长率有所下降；同时人口过度流入还会带来公共服务、基础设施等的拥挤，增加资源环境的压力，同样不利于制造业先发展地区增长率的提高。与此相反，制造业后发展地区由于存在较大的本地劳动力存量，且后发地区政府在经济发展的政策上向先发地区具有模仿效应，因此可以较好地承接转移产业，这会带动地区就业，形成规模经济和知识外溢，从而劳动生产率增长速度加快。

第三章中图 3.5(b)中显示工业劳动生产率呈现倒“U”型的地区差距特征，在 1997—2001 年之间基尼系数增长开始放缓，且出现波动，最终在 2001 年出现明显的分化，基尼系数开始下降。为了检验制造业是否在 2001 年前后发生了不同的变化，本书首先进一步地扩展时间跨度，以 1990—2001 年和 2001—2011 年两个时间段进行制造业劳动生产率的绝对 β 收敛和条件 β 收敛特征进行检验。在此之后本书还进一步加入劳动力流动变量来刻画劳动力流动在 2001 年前后对制造业劳动生产率增长率的作用，实证结果为表 5.5。

表 5.3　劳动力流入与制造业收敛特征的面板数据回归(混合 OLS)①

因变量 $\widehat{prdc}_{ijt}$	全样本 (1)	全样本 (2)	劳动密集型 (3)	劳动密集型 (4)	资本密集型 (5)	资本密集型 (6)	技术密集型 (7)	技术密集型 (8)
$\ln(prdc)_{ijt}$	−0.070***	−0.107***	−0.063***	−0.094***	−0.085***	−0.139***	−0.050***	−0.088***
	(−6.095)	(−7.802)	(−5.191)	(−6.763)	(−4.148)	(−5.526)	(−3.691)	(−5.563)
$flabr_{jt}$	−0.034	−0.890***	−0.052	−0.812***	0.076	−0.661***	−0.179**	−1.173***
	(−0.536)	(−10.357)	(−0.591)	(−5.180)	(0.648)	(−4.903)	(−2.316)	(−7.923)
地区固定效应	NO	YES	NO	YES	NO	YES	NO	YES
行业＊年度固定效应	YES	YES	YES	YES	YES	YES	YES	YES
常数项	0.864***	1.268***	0.796***	1.128***	1.044***	1.593***	0.679***	1.104***
	(7.030)	(8.570)	(6.081)	(7.458)	(5.047)	(6.245)	(4.640)	(6.327)
R^2	0.265	0.340	0.218	0.305	0.277	0.380	0.252	0.348
N	1 872	1 872	442	442	769	769	661	661

注：＊＊＊、＊＊、＊分别表示在1%、5%、10%的统计水平上显著；括号内为 t 值，回归使用稳健标准差。

表 5.4　分时间样本的劳动力流动与制造业收敛的检验

因变量 $\widehat{prdc}_{ijt}$	1992—1997 年截面回归 (1)	(2)	(3)	(4)	1997—2011 年三期面板回归 (5)	(6)	(7)	(8)
$\ln(prdc)_{ijt}$	−0.018	−0.031	−0.132***	−0.132***	−0.080***	−0.079***	−0.099***	−0.099***
	(−0.684)	(−0.971)	(−2.955)	(−2.955)	(−7.791)	(−6.458)	(−6.980)	(−7.036)
$flabr_{jt}$		0.910*		7.197**		−0.022		−0.927***
		(1.756)		(2.472)		(−0.336)		(−5.604)
地区固定效应	NO	NO	YES	YES	NO	NO	YES	YES
行业＊年度固定效应	YES	YES	YES	YES	YES	YES	YES	YES
常数项	0.314	0.440	1.572***	1.554***	1.078***	1.069***	1.302***	1.307***
	(1.092)	(1.299)	(3.308)	(3.300)	(9.226)	(7.797)	(8.024)	(8.080)
R^2	0.209	0.218	0.471	0.471	0.292	0.292	0.328	0.338
N	472	472	472	472	1 400	1 400	1 400	1 400

注：＊＊＊、＊＊、＊分别表示在1%、5%、10%的统计水平上显著；括号内为 t 值，回归使用稳健标准差。

① 表 5.3 与表 5.2 的模型(1)和(2)的收敛系数 β 的数值不同，主要是因为两个表的数据结构不同。表 5.2 是十年为一期，期初的名义劳动生产率为十年前数据；而表 5.3 由于流动人口数据的限制，每五年为一期，期初名义劳动生产率为五年前的数据。

表 5.5　分时间段劳动力流入与制造业行业收敛特征的截面回归(OLS)

因变量	1990—2001 年截面数据				2001—2011 年截面数据			
	(1)	(2)	(3)	(4)	(5)	(6)	(7)	(8)
ln(*prdc*)	0.014	−0.039***	0.004	−0.039***	−0.081***	−0.080***	−0.076***	−0.080***
	(1.345)	(−2.628)	(0.303)	(−2.628)	(−11.831)	(−9.118)	(−9.896)	(−9.118)
flabr			0.207***	0.459***			−0.234***	−0.634**
			(3.045)	(5.387)			(−2.752)	(−2.119)
地区固定效应	NO	YES	NO	YES	NO	YES	NO	YES
行业固定效应	YES	YES	YES	YES	YES	YES	YES	YES
常数项	−0.004	0.559***	0.095	0.552***	1.137***	1.152***	1.090***	1.155***
	(−0.041)	(3.504)	(0.736)	(3.473)	(13.963)	(11.089)	(12.015)	(11.170)
R^2	0.292	0.517	0.307	0.517	0.766	0.803	0.771	0.803
N	472	472	472	472	467	467	467	467

注：***、**、* 分别表示在 1%、5%、10%的统计水平上显著；括号内为 *t* 值，回归使用稳健标准差。

表 5.5 中的全样本基准回归结果显示，中国各地区制造业的绝对 β 收敛现象在 2001 年前后出现显著的差异。2001 年以前，中国制造业劳动生产率并未出现绝对 β 收敛，回归(1)中发现回归系数并不显著，但当控制了包含地区资源禀赋、制度差异、环境条件、经济基准水平等在内的地区固定效应后，可发现回归(2)中显示制造业出现显著的条件 β 收敛特征，这意味着，在控制了地区经济增长政策及资源禀赋等条件下，中国制造业劳动生产率在稳态条件下会收敛于不同的稳态值，但这一稳态值意味着地区制造业差距会一直存在；2001 年以后，回归(5)与回归(6)显示中国不仅存在条件 β 收敛，还存在绝对 β 收敛，其中，绝对收敛系数 3.59[回归(5)]，考虑了地区固定效应后的条件收敛系数 3.74[回归(6)]，并且均在 0.1%的统计条件下显著。比较回归(1)与回归(5)可发现，这与第三章中的图 3.5(b)的工业劳动生产率地区差距的倒“U”型特征相呼应。工业劳动生产率的地区差距近年来逐渐缩小，而工业增加值中的 80%左右是由制造业所贡献，与此同时，研究表明制造业确实出现了地区间 β 收敛的现象，这说明制造业地区间收敛导致了工业部门地区差距的缩小。同时上述研究意味着，中西部地区制造业劳动生产率的增长已经快于东部地区制造业劳动生产率的增长，中西部地区的制造业正在扭转原本产业衰落、与

东部地区产业发展极度不平衡的现状;另一方面也表明,中西部地区正在发挥其要素价格的比较优势,若政府政策合理且适度地干预,中西部地区在获得更多优质资源的情况下,将会有可能进一步地提高制造业劳动生产率的水平。

加入劳动力流动变量后,比较表5.5中的回归(3)与回归(7)可发现2001年前后,劳动力流入对地区制造业增长的作用具有显著的差异。2001年以前,流动劳动力回归系数不仅为正,还通过了1%的显著性检验,劳动力流入对地区制造业劳动生产率增长率具有明显的促进作用,即劳动力向经济发达地区流入,地区制造业劳动生产率的增长率增加,而人口流出地区流动人口占比降低,制造业劳动生产率增长缓慢,人口向东部地区的流入带来东部地区与中西部地区的极化效应,这对应了第三章中图3.5(b)中的工业劳动生产率地区差距倒"U"型的左半部分。2001年以后,劳动力流动回归系数显著为负,说明人口的持续流入对地区制造业劳动生产率增长率具有十分显著的抑制作用,即随着发达地区人口流入比重的增加,制造业劳动生产率增长率会降低,人口持续向东部地区流入产生了劳动生产率增长的负效应,从而使得发达地区制造业增长放缓,而欠发达地区由于流动人口占比的降低导致制造业增速比发达地区快,从而地区之间会产生收敛现象,这对应了第三章中图3.5(b)中的工业劳动生产率地区差距倒"U"型的右半部分。比较回归(4)与(8)可以发现,2001年以前,在出现条件β收敛时,人口流入对制造业劳动生产率的增长率依然呈现显著的正相关,可以证明,在2001年之前,人口向发达地区流入扩大了发达地区与欠发达地区制造业劳动生产率的差距,回归结果通过1%的显著性检验;在2001年以后的截面回归结果显示人口流入与制造业劳动生产率的增长率呈现负相关,但并未通过显著性检验,但依然可以判断,在不同的稳态水平的前提下,劳动力的持续流入不再能够产生制造业劳动生产率的地区极化效应。

上述结果已经表明,在2001—2011年之间地区制造业劳动生产率存在绝对β收敛和条件β收敛,且$flabr_{jt}$的回归系数显著为负,这意味着人口流入对地区制造业年平均劳动生产率增长存在着负向作用:人口流入越多的地区,制造业劳动生产率的增长率越低;而人口流出的地区,制造业劳动生产率的增长率反而较快。这反映出劳动力不断从欠发达地区向发达地区流动时,虽然期初会由于集聚效应、技术外溢效应拉大地区的经济增长差距,但长期来看,在生产的边际回报递减规律作用下,人口的持续性流入也会带来土地、交通、工资等生产成本快速提高,在公共服务、基础设施、资源环境等方面产生拥挤效应，从而引起经济率先发展地区制造业的劳动生产率增长速度放慢，经济落后地区制造业劳动生产率增长速度快于发达地区，即地区之间制造业劳动生产率会逐渐走向趋同。上述实证结果验证了本章前期的设想，即劳动力跨省流动在不同时间段表现的作用不同，但最终随着劳动力不断流动会加速省际制造业劳动生产率的收敛速度。无论从全样本回归还是区分要素密集度的回归中，均可看到劳动力流入对制造业行业劳动生产率地区间收敛的催化作用，这说明宏观经济的发展对当前制造业的区域间分布已经起着较大程度的影响，是研究区域经济协调发展的不可忽视的因素。

第四节　小结

改革开放后中国经济的快速增长得益于制造业的发展，在经济发展初期由于东部地区的经济集聚优势扩大了地区间产业分布的失衡，曾一度使地区间收入差距极度不均衡。近年来，东部地区劳动密集型制造业出现产业内迁现象，东部地区也出现“用工荒”现象，伴随而来的还有东部地区不断增长的要素价格，主要表现在用工成本与土地成本的螺旋式上涨。本章首先检验了近年来两位数制造业行业的省际劳动生产率收敛特性，并进一步验证了劳动力流动在其中的影响。具体得出以下结论：

第一，中国制造业劳动生产率在 2001 年之前不存在绝对 β 收敛，仅存在条件 β 收敛；在 2001 年以后省际制造业既存在绝对 β 收敛也存在条件 β 收敛。

第二，透过大规模人口流动向东部地区制造业行业集聚的宏观经济现象，本章对劳动力跨省流动对制造业劳动生产率区际收敛性的影响进行了理论基础梳理与实证检验分析，本书发现劳动力流动在不同时期对制造业收敛的作用不同。2001 年以前，劳动力流动对地区制造业有促进发散的效应；2001 年以后，劳动力大规模的转移具有促进制造业条件 β 收敛的作用。

第三，在区分要素密集度的行业性质后的实证分析结果显示，劳动密集型、资本密集型存在条件 β 收敛，技术密集型既存在条件 β 收敛也存在绝对 β 收敛。技术密集型行业的收敛速度与劳动密集型和资本密集型制造业相比较慢。

第四，而从经济发展的较长时期内，劳动力流入对三类不同的要素密集度行业的条件 β 收敛特性都起到了显著的正向促进作用，说明劳动力的跨区流动是促进不同要素密集度行业条件 β 收敛的原因。劳动力流动对劳动密集型与资本密集型行业仅存在促进条件 β 收敛的作用，对技术密集型行业既存在促进条件 β 收敛的作用，还存在促进绝对 β 收敛的作用。

在经济高质量发展阶段，“稳增长、调结构”成为当前的主要经济目标，而以上的结论为我们未来优化产业结构的政策制定指引了方向。经济发展初期由于政策向东部倾斜，使得经济发展落后地区无法吸引优质要素流入，只能有限地非彻底地发挥其比较优势，导致产业在地区间分布极度失衡。然而在本章上述研究的结果中可以发现，政府可通过经济与民生政策根据各地区的侧重性引导不同技术结构的劳动力合理流动，从而与当前制造业的结构升级形成较好对接，缩小地区间制造业增长差距，有利于中国的经济增长早日跨越由地区收入差距形成的增长瓶颈，实现经济的长足发展。当然，要真正厘清中国地区间制造业经济增长的收敛特征、制造业劳动生产率收敛的机制，需要进一步探究劳动力流动结构、制造业生产成本变化与制造业劳动力生产率的演进关系。

第六章　技术外溢、成本上升与制造业省际收敛

上一章的研究指出中国制造业劳动生产率在2001年以后出现显著的省际绝对与条件β收敛现象，也即现阶段制造业劳动生产率的地区差距正在缩小，这与第三章图3.5(b)中省际工业劳动生产率的基尼系数与泰尔指数走势相呼应。深刻剖析制造业劳动生产率在1990—2014年省际基尼系数与泰尔指数呈现倒“U”型趋势原因，本书认为，这不仅与行业特征相关，还与制造业是最初承接大量农村剩余劳动力的行业相关。在经济发展初期，经济不断向经济发达地区集聚，这使大量劳动力流入东部发达地区，低附加值劳动密集型制造业获得了大力的发展。在规模经济与网络效应的作用下，集聚经济拉大了地区之间的经济差距，产业的空间分布也严重失衡。随着经济的发展，劳动力源源不断地向经济发达地区流入所产生的负外部性逐渐暴露，与此同时，东部制造业“用工荒”与产业向内陆或东南亚国家迁移现象相继出现。因此，上述过程可以初步判断东部发达地区制造业劳动生产率增长与人口流入有着非线性的关系。

上一章的实证研究表明劳动力跨省流动促进了地区制造业的β收敛，但劳动力流动具体通过何种方式使制造业劳动生产率出现省际β收敛？其具体的机制是什么？不同技术结构的劳动力的流入对制造业劳动生产率省际收敛的影响是否一致？这些问题在本书前几章的研究中依然没有解决。本书基于以上考虑，首先通过实证检验来判断劳动力的跨省流入与地区内制造业劳动生产率是否呈现非线性的关系，即验证劳动力流入对经济发达地区制造业劳动生产率的负效应是否已经凸显，在此之后进一步揭示劳动力影响制造业地区收敛的内在机制，从而为改善区域制造业发展的不平衡不充分的产业政策提供有价值的意见。

第一节 劳动力流动的技术外溢与成本上升效应的相关机理

改革开放初期，为了促进中国经济快速发展以实现中国崛起，中国实行效率优先、东部地区优先发展从而带动中西部地区发展并最终实现共同富裕的区域倾斜性经济发展政策。由于具有良好的经济基础、地理优势和外部条件，东部沿海省份相比其他地区更加有利于吸引外资与优质生产要素流入，促进区域内竞争，提高经济效率。为了率先实行东部地区的对外开放，政府在财税、信贷、投资等方面都予以优惠，目的是使东部地区快速崛起，然后将一部分力量用于发展内陆经济①。中国东部沿海省份仅利用十年的时间就建立起现代化城市群，实现了区域经济快速增长，但在推动内陆经济发展上的作用却并未十分显著，城市辐射效应范围小，东部地区与中西部地区的经济发展差距极大，若具体到部门经济来看，工业部门地区差距尤为显著。

对比第三章中的图 3.5(c)与图 3.5(b)可以发现工业部门地区差距的缩小先于人均 GDP 地区差距的缩小。近年来，工业增加值中的 80%来自制造业②。这意味着中国的制造业部门的劳动生产率自 20 世纪 90 年代中期以来先于总体经济出现收敛趋势。针对上述经济现象，戴觅和茅锐(2015)的解读是在落后省份中工业部门的就业份额非常低下，即便落后经济体工业增长率高于发达经济体，也不能有足够的能力拉动总体经济增长。区域经济理论已经证明资本、劳动力的跨地区流动一般是地区经济差距协调发展的关键因素，因此，笔者认为关于中国地区间制造业劳动生产率差距的倒“U”型演化的内在机制，可以通过跨地区劳动力流动的知识外溢和生产成本递增效应在不同时期体现出不同主导作用的角度得到一个逻辑一致的解释框架。

中国地区间劳动力流动与工业部门劳动生产率关系，Démurger 等(2002)指出现行体制通过对劳动力和资本要素流动的限制，阻碍了省际收入差距的收敛过程。沈坤荣和唐文健(2006)认为经济收敛的性质取决于迁移劳动力的数量，若劳动力转移规模较大会使经济收敛性质呈现先发散后收敛的动态变化，1998 年之后各大区域工资产值比的缓慢上升，意味着经济增长在由发散转

---

① 《于今：全面推进区域协同发展》，http://news.youth.cn/gn/201702/t20170224_9169956.htm

② 根据相关年份《中国统计年鉴》估算得出。

向收敛。孙浦阳等(2013)使用中国2000—2008年间287个地级以上城市数据,验证了就业密度对工业劳动生产率具有长期正向促进作用,但对服务业的劳动生产率影响不显著。梁婧等(2015)的研究发现,在城市人口规模扩张的初期,劳动力的集聚与人力资本的外溢作用形成产业规模报酬递增,劳动生产率增加,达到最优值后,城市规模的继续扩张会带来拥挤效应,从而劳动生产率降低,即城市人口与劳动生产率呈现倒"U"型的关系。此外,根据城市经济理论,城市中劳动力的个人效用函数为倒"U"型,这是因为在经济发展初期,集聚经济带来的城市劳动生产率的提高能够提高工资水平,提高劳动力的效用,但随着劳动力向城市集聚程度越来越高,城市规模越来越大,会产生较高的通勤成本,这一通勤成本不仅包括居住地距离就业中心区远而导致的金钱成本,还包括时间成本,从而降低劳动力的个人效用;在集聚经济初期,集聚经济效应占据主要地位,效用函数为倒"U"型的左侧,但随着劳动力集聚规模的扩大,通勤成本与拥挤效应带来的负外部性凸显,且会随着人口规模的扩张而越来越大,最终降低了劳动力的效用,这时效用函数为倒"U"型的右半部分(奥沙利文,中译本,2015)。城市中劳动力效用的倒"U"型理论表明,城市劳动生产率随着人口规模的增加有先增加后降低的趋势。当然,本书在这一章下文所要进行的检验不是重复以往的城市规模的扩张对地区劳动生产率是否存在非线性相关关系,而是要判断流动劳动力的增加是否对地区劳动生产率有着上述倒"U"型的关系,并且不同技术结构的劳动力迁移对迁移地的具体效应也存在异质性,因此需要实证检验进行甄别。

劳动力流动会改变流入流出地的劳动力市场结构,形成迁移人口与本地劳动力市场的替代与互补效应。一般情况下,来自高技术劳动力流动的技术外溢相对更高,因此,考察劳动力流动的技术外溢特征需要结合流动劳动力的人力资本结构来判断。Hornung(2014)使用1700年流入普鲁士的具备高级纺织技术的移民数据实证检验了其对1802年普鲁士纺织产业劳动生产率的增长的作用,证明了高技术移民通过人际交往的传播或代际之间的传播而产生的技术扩散效应。赵伟与李芬(2007)指出高技术劳动力在人与人之间近距离的交流中产生了知识外溢效应,若该地区高技术人才占比较多,技术外溢的效应越强,越容易引起劳动生产率的提高。

但随着经济发达地区的劳动力不断集聚,教育、社会治安和公共交通等准公共品将出现拥挤(付文林,2012),土地、环境资源压力和商品房价格上升可能会带动劳动工资上升,而高工资就业岗位的增加会进一步吸引劳动力流入,出现人口流入、生活成本和工资的螺旋上升，因而东部沿海省份的生产成本快速增加(陈斌开和张川川，2016)，这些当然会抵消劳动力集群的技术溢出效应。正是因为东部经济发达省份的高技术劳动力流入的技能溢价日益凸显，不仅引起低技术劳动密集型制造业在逐步向内地转移，也导致地区间对高技术人群的吸引力出现长期性的差距(董直庆等，2014)，因而劳动力流入与地区制造业劳动生产率可能呈现倒"U"型关系，即开始劳动力流入会拉大地区间制造业劳动生产率差距，而当流入劳动力积累到一定水平，工资和房价等成本递增带来的技能溢出效应会逐步缩小地区间经济发展差距。Baily 等(2014)从产品和服务需求角度，也论证了在制造业发展的较为成熟时期，人们对工业制成品的消费需求降低，更多地转向服务业的消费，此时劳动力向制造业部门的集聚势必会减慢制造业增长的步伐，从而使得优先实现高度工业化的地区制造业增速降低，因而地区间制造业劳动生产率出现收敛。

本章希望能够通过考察劳动力流动的技术外溢、成本递增对制造业劳动生产率的影响，来解释工业地区差距倒"U"型特征的内在机理，为中国地区间经济发展差距、产业结构升级提供一个逻辑一致的分析框架，同时，为改善区域经济发展的不平衡、不充分的态势制定出一些更有针对性的政策设计策略。

第二节　实证模型的设计与数据说明

一、劳动力流动与省内制造业劳动生产率的非线性模型

在前文的分析中，笔者初步判断劳动力流入某一省内，由于存在初期的规模报酬递增与后期负外部性的双重影响，流动人口数量与该省内的制造业劳动生产率可能呈现先递增后递减的非线性关系。为了更为准确地设计实证检验模型以判断加入人口流动两次项的合理性，本章首先将劳动力流入数量与20 个两位数制造业行业加总的劳动生产率的相关关系通过图 6.1 予以展示。在图 6.1 中，横轴为劳动力流入占地区年末总人口的比重($flabr$)，纵轴为地区实际制造业劳动生产率的自然对数值[$\ln(productivity)$]。为了尽可能去除内生关系，本章选择的流动人口变量用 1995—2000 年、2000—2005 年以及2005—2010 年间全国各省跨省流入非本地户籍人口占人口流入地年末总人口的比重表示，制造业劳动生产率变量为 2001 年、2006 年以及 2011 年制造业

20个两位数行业加总的劳动生产率自然对数值①。从图6.1可以看出中国各地区的劳动力流入与地区制造业劳动生产率呈现较为明显的倒"U"型关系，随着劳动力流入某一地区的不断增多，地区制造业实际劳动生产率逐渐上升，但增长率在逐渐降低②，当达到某一峰值后，制造业实际劳动生产率开始递减。

下文在考察劳动力流动对区域间制造业劳动生产率收敛的影响机制之前，首先应揭示劳动力流入后对一省(自治区、直辖市)内部制造业劳动生产率的影响。在这一问题的计量方程的建立上本章应充分考虑到二者之间如图6.1所示的这一倒"U"型相关关系，在回归方程的设计上应加入劳动力流入指标的二次项。

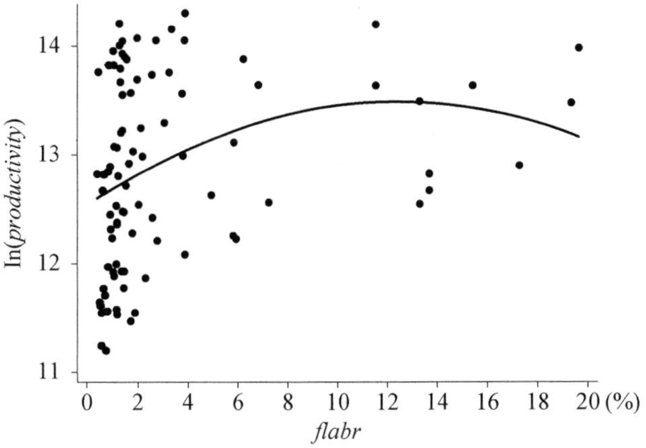

图6.1　中国各省流入人口占比与制造业劳动生产率的散点图③

数据来源：流动人口来源于《第五次全国人口普查数据》《第六次全国人口普查数据》《2005年全国人口1%抽样调查数据》，并通过统一口径处理，处理方法与本书前文一致；制造业劳动生产率数据来源于相应年份《中国工业经济统计年鉴》。

为检验劳动力流动与制造业流动生产率的倒"U"型非线性关系是否成立，设置如下计量方程：

$$\ln(rprdc)_{ijt} = a_1 + \eta_1 flabr_{jt} + \eta_2 flabr_{jt}^2 + \eta_3 X_{ijt} + u_{ijt} \qquad (6.1)$$

① 流动人口数据来源与前文一致。

② 通过斜率得出。

③ 实际值以2000年为基期经过CPI调整价格后得到，使用CPI调整是为了与此前计算的第三产业劳动生产率基尼系数与人均GDP基尼系数的价格调整方式一致。

其中 i 为行业，j 为地区，t 为年份。$\ln(rprdc)_{ijt}$ 为 t 年 j 地区制造业 i 行业的实际劳动生产率的自然对数值[①]，$flabr_{jt}$ 为 j 地区 t 年流入劳动力的数量，X_{ijt} 为其他与地区制造业劳动生产率相关的控制变量集合，具体包括：(1)资本投入[$\ln(k)_{ijt}$]为各省市制造业 20 个两位数行业的劳均固定资产净值的自然对数值[②]，以 2000 年为基期使用 CPI 消除了价格因素；(2)对外开放度(fdi_{jt})为各省的外商直接投资实际使用金额占地区生产总值的比重；(3)交通基础设施条件以公路密度(inf_{jt})衡量，具体为各地区的当年公路里程数(万公里)与土地面积(平方公里)之比；(4)地区人力资本水平(hc_{jt})，具体以该省份(自治区、直辖市)的平均受教育年限表示；(5)u_{ijt} 是残差项。若回归中 η_2 的系数为负且显著，则可以认为劳动力流入与流入地区制造业劳动生产率确实存在倒“U”型的相关关系。此处使用行业×省份面板数据模型，数据期数为按照 1995—2000 年、2000—2005 年、2005—2010 年此种方式划分的每五年为一期共三期。

二、技能劳动力流动的技术外溢效应模型

外来劳动力流入与本地劳动力存在替代与互补效应，通常高技术劳动力流入的互补效应更高，因为高技术流入劳动力通过代际内、代际间的技能传播，产生更大的技术扩散效应(Hornung，2014)。因此，考察劳动力流动的技术外溢特征需要结合流动人口的受教育程度等人力资本结构性因素。Hornung(2014)使用普鲁士高技术移民的历史数据通过实证检验的方式验证了高技术移民技术外溢效应的存在，高技术移民通过人际交往实现技术转移，促进了后期普鲁士纺织制造业的大力发展。沿袭 Hornung(2014)研究的思路，本章使用高技术流入的历史数据实证检验其是否通过技术外溢促进了当地制造业的发展。考虑到劳动力流入数据的可得性问题，本书使用与制造业劳动生产率指标相比滞后十年的高技术流入人口数据构建如下计量方程，以考察劳动力流入的技术扩散效应：

$$\ln(rprdc)_{ijt} = a_2 + \chi_1 flabr_{hjt-T} + \chi_2 X_{ijt} + \tau_{ijt} \tag{6.2}$$

① 与上一章相同，由于制造业两位数行业的增加值在 2007 年以后缺失较多，劳动生产率的计算方式使用工业总产值与从业人员之比进行替代，本书中所选取的 20 个两位数制造业行业数据与第五章一致。

② 此处为分行业增加值数据，不是 20 个行业的加总值。

其中，i 为行业，j 为地区，t 为年份，$\ln(rprdc)_{ijt}$ 为 t 年 j 地区制造业 i 行业的实际劳动生产率[①]的自然对数值，劳动生产率的数据为历年《中国工业经济统计年鉴》中的制造业 20 个两位数行业的工业总产值与该行业全部从业人口的比重，实际值以 2000 年为基期的 CPI 调整后取对数计算得出；$flabr_{hjt-T}$ 为 j 地区距离 t 期 T 年前的高技术人口流入数据[②]。X_{ijt} 为控制变量集，具体包括：(1)资本投入[$\ln(k)_{ijt}$]为各省市制造业 20 个两位数行业的劳均固定资产净值的自然对数值，数据来源于历年《中国工业经济统计年鉴》，同样用 2000 年为基期的 CPI 进行了平减；(2)对外开放度(fdi_{jt})以各省的外商直接投资实际使用金额占地区生产总值的比重来表示；(3)交通基础设施条件以公路密度(inf_{jt})衡量，具体为各地区的当年公路里程数(万千米)与土地面积(平方千米)之比；(4)市场化水平($private_{jt}$)的计算方式为：市场化水平＝1－国有企业固定资产投资/内资企业固定资产投资；(5)公共支出(pe_{jt})是各地区一般公共预算支出占地区生产总值的比重。τ_{ijt} 为残差项。在变量的选择上，一般来说技术外溢是由于高技术劳动力通过面对面的人际交往产生技术正外部性，从而低技术行业争相效仿而产生的，本书以大专以上学历的流动人员数量作为高技术流入人员的代理指标[③]。此处因变量与其他控制变量使用 2010 年截面数据，为了验证技术扩散效应的存在，核心解释变量($flabr_{hjt-T}$)使用 2000 年高技术流入人口占当年总人口的比重这一指标。

三、技能劳动力流动的成本上升效应模型

目前大部分跨省流动人口都是由中西部省份向东部地区转移，劳动力流入促进了东部地区经济更快发展，但人口扩张也会带来教育、公共交通等准公共品出现拥挤，工资和商品房价格的螺旋上涨，造成制造业生产成本快速增

① 不同制造业行业面对的技术偏好、产业关联性质与市场规模往往不同，地区间的生产要素禀赋也存在差异，因此，制造业劳动生产率收敛不仅存在地区差异，还会表现为行业间差别，因而，检验地区间制造业行业劳动生产率的收敛特征需要考察不同制造业行业的差别。

② 本书中的低学历流动人口是指受教育程度为初中及以下的迁移人口；中等学历流动人口是受教育程度为高中文化的迁移人口；高学历流动人口是指受教育程度为大专及以上的迁移人口。全国人口普查的长表数据与全国人口 1%抽样调查数据的抽样比例不同，本书进行了统一口径处理；本书在检验技术外溢时使用滞后十年的劳动力流动数据，因此，$T=10$。

③ 能够区分受教育程度的迁移人口数据只有在十年一次的全国人口普查数据中获得，并且只有《第五次全国人口普查数据》与《第六次全国人口普查数据》中统计的较为全面，因此此处无法使用面板数据进行分析。下文中联立方程模型同样使用 2010 年截面数据，原因同此。

加，从而使优先工业化的地区制造业增速降低，地区间制造业劳动生产率出现收敛。为了解释高技术劳动力流入、用工成本与劳动生产率之间的相互影响，并尽可能地去除核心变量之间的内生性问题，本书接下来采用工资与房价的两组联立方程模型组，第一组联立方程组包含三个方程：制造业劳动生产率方程、技能溢价方程[①]、技能劳动力流动方程，联立方程组将制造业劳动生产率[$\ln(rprdc)$]、技能人口流入($flabr_h$)和用工成本[$\ln(w)$]作为内生变量。

$$\ln(rprdc)_{ijt} = c_1 + \alpha_1 \ln(W)_{jt} + \alpha_2 C_{ijt} + \xi_{ijt} \tag{6.3}$$

$$\ln(W)_{jt} = c_2 + \varphi_1 flabr_{hjt} + \varphi_2 Z_{jt} + \mu_{jt} \tag{6.4}$$

$$flabr_{hjt} = c_3 + \lambda_1 \ln(rprdc)_{ijt} + \lambda_2 Y_{ijt} + e_{ijt} \tag{6.5}$$

方程(6.3)研究地区成本增长对制造业劳动生产率的作用，因变量 $\ln(rprdc)_{ijt}$ 为制造业 20 个两位数行业的劳动生产率的自然对数值；用工成本 $\ln(W)_{jt}$ 分别使用地区在岗职工平均工资水平的对数。C_{ijt} 为控制变量集合，包括制造业 20 个两位数行业固定资产净值[$\ln(k)_{ijt}$]以表示资本的投入；外商直接投资实际使用额(fdi)；地区基础教育生均固定资产净值实际值用以衡量地区教育水平(fa)；每万人口医院床位数衡量医疗水平($medi$)。ξ_{ijt} 为残差项。

方程(6.4)考察高技术劳动力流入对地区平均工资水平的影响，核心解释变量($flabr_h$)为大专以上学历流入人口占地区年末总人口[②]的比重。控制变量集合 Z_{jt} 包含市场开放程度(fdi)、非国有经济固定资产总值占内资企业固定资产总值的比重以衡量地区市场化程度($private$)、政府财政支出占 GDP 比例(pe)、非就业人口的比重($nlabr$)以及高等院校数量($hedunm$)。μ_{jt} 为残差项。

方程(6.5)是地区制造业劳动生产率与技能人口流入的相关性分析。影响高技术劳动力迁移的因素较多，地区公共服务是重要的"拉力"，因此方程

---

① 根据劳动力市场的供给与需求原理，劳动力供给越多，劳动力价格（工资）就越低，但技能劳动力供给越多工资水平却越高，这种现象被称为技能溢价。技能溢价应使用技能劳动力的工资水平表示，但本书的实证中技能劳动力工资较难获取，因此选择地区平均工资水平代替。本书此处技能溢价方程的含义是若地区技能劳动力供给越多，地区平均工资水平越高，这说明存在技能溢价现象。

② 地区年末总人口数据来源于《中国统计年鉴》，2010 年数据为当年人口普查数据推算数，其余年份数据为年度人口抽样调查推算数据。2005 年起，各地区为常住人口口径。

(6.5)的控制变量集合 Y_{ijt} 包含政府财政支出占 GDP 比例(pe)、第三产业增加值占 GDP 比重($thrav$),每万人口医院床位数衡量医疗水平($medi$)。e_{ijt} 为残差项。

动力流动、房价增长与制造业劳动生产率的方程组也同样包含三个方程:制造业劳动生产率方程;房价方程;技能劳动力流动方程,联立方程组将制造业劳动生产率、技能人口流入和房价作为内生变量。

$$\ln(rprdc)_{ijt}=b_1+\gamma\ln(hp)_{jt}+\gamma_2 E_{ijt}+\delta_{ijt} \tag{6.6}$$

$$\ln(hp)_{jt}=b_2+\kappa_1 flabr_{hjt}+\kappa_2 F_{jt}+\upsilon_{jt} \tag{6.7}$$

$$flabr_{hjt}=b_3+\varphi_1\ln(rprdc)_{ijt}+\varphi_2 G_{ijt}+\zeta_{ijt} \tag{6.8}$$

方程(6.6)研究地区房价上涨对制造业劳动生产率的作用,因变量 $\ln(rprdc)_{ijt}$ 为制造业 20 个两位数行业的劳动生产率的自然对数值,用地区商品房平均销售价格的对数衡量制造业生产成本的增长[$\ln(hp)_{jt}$]。E_{ijt} 为控制变量集合,包括制造业 20 个两位数行业固定资产净值[$\ln(k)_{ijt}$]以表示资本的投入;外商直接投资实际使用额(fdi);地区基础教育生均固定资产净值实际值用以衡量地区教育水平(fa);每万人口医院床位数衡量医疗水平($medi$)。δ_{ijt} 为残差项。

方程(6.7)考察技能劳动力流入对地区平均房价水平的影响。被解释变量 $\ln(hp)_{jt}$ 为地区房价水平,解释变量 $flabr_{hjt}$ 为大专以上学历流入人口占地区年末总人口的比重。控制变量集合 F_{jt} 包括地区高等院校数量($hedunm$)、地区人力资本水平(hc)、非就业人口的比重($nlabr$)、地区市场化程度($private$)以及交通基础设施条件(inf)。υ_{jt} 为残差项。

方程(6.8)是地区制造业劳动生产率与技能人口流入的相关性分析。方程(6.8)的控制变量集合 G_{ijt} 中包括政府财政支出占 GDP 比例(pe)、第三产业增加值占 GDP 比重($thrav$)、每万人口医院床位数衡量医疗水平($medi$)。ζ_{ijt} 为残差项。以上两组联立方程组模型均使用 2010 年截面数据,即 $t=2\,010$。

以上方程中,i 表示行业,t 表示年份,j 表示省份。本章的实证数据分别来自《第五次全国人口普查数据》《第六次全国人口普查数据》《2005 年全国 1%人口抽样调查数据》,以及历年《中国统计年鉴》《中国人口与就业统计年鉴》《中国工业经济统计年鉴》《中国城市统计年鉴》《中国房地产统计年鉴》。回归模型中各变量的描述性统计特征及定义见表 6.1。

表 6.1　　变量的描述性统计特征

变量	观测值	平均值	标准差	最小值	最大值	变量定义
$\ln(rprdc)$	1 786	12.46	1.18	7.76	17.87	当期各省制造业两位数行业实际劳动生产率的自然对数值
$\ln(rprdc)_1$	1 785	12.63	1.19	8.00	17.75	下一期各省制造业两位数行业实际劳动生产率的自然对数值
$flabr$	90	0.03	0.04	0.00	0.20	各省劳动力流入占总人口的比重
$flabr^2$	90	0.00	0.01	2×10^{-5}	0.04	各省劳动力流入占总人口的比重的平方项
ymr	90	0.17	0.11	0.04	0.56	各省迁移率
ymr^2	90	0.04	0.06	0.00	0.31	各省迁移率
$flabr_h$	30	0.01	0.02	0.00	0.08	2010 年高学历流入劳动力
$flabr_h2000$	30	0.00	0.01	0.00	0.03	2000 年高学历流入劳动力
$\ln(k)$	1 773	11.63	0.79	6.97	15.35	各省制造业 20 个行业劳均固定资产净值自然对数值
fdi	90	0.03	0.03	0.00	0.13	各省外商直接投资实际使用额占 GDP 比重
hc	90	7.79	1.03	5.44	11.01	各省平均受教育年限
inf	90	0.01	0.07	2.59×10^{-6}	0.69	各省公路密度
$\ln(hp)$	30	8.24	0.49	7.69	9.65	各省商品房平均销售价格的自然对数值
$thrav$	30	0.39	0.085	0.29	0.75	第三产业增加值占 GDP 比重
$private$	30	0.61	0.11	0.37	0.84	各省非国有经济固定资产投资占内资企业固定资产投资比重
$hedunm$	30	78.40	36.16	9.00	150.00	各省高等院校数量
pe	30	0.22	0.09	0.10	0.55	各省政府支出占 GDP 比重
$nlabr$	30	0.44	0.07	0.32	0.60	各省非就业人口占总人口的比重
$\ln(w)$	30	10.12	0.23	9.91	10.87	各省在岗职工平均工资的自然对数值
fa	30	0.68	0.41	0.27	2.07	基础教育生均固定资产净值实际值

注：由于表格宽度有限，此处所有变量省略了时间、行业与省份角标，下表同此。

第三节　劳动力流动对省际制造业收敛的影响机制的实证结果

一、劳动力流动与制造业劳动生产率的非线性关系的实证结果

在剖析劳动力流动对制造业收敛产生影响的内在机制之前，要先验证劳动力流入对制造业劳动生产率的非线性倒"U"型关系是否成立，实证分析采用面板数据混合回归(OLS)估计，为了矫正异方差问题，本书使用稳健标准误回归，具体基准回归实证结果见表 6.2。表 6.2 的回归均为全样本回归，且因变量与自变量均为当期变量。回归(1)仅仅针对流入人口与制造业劳动生产率，回归控制了行业固定效应，回归结果显示人口流入变量($flabr$)与制造业劳动生产率[ln($rprdc$)]呈现十分显著的线型正相关关系。进一步的，回归(2)加入流入人口的二次项($flabr^2$)且控制了行业固定效应，回归显示 $flabr^2$ 的回归系数显著为负，一次项的系数($flabr$)显著为正，并且都通过了 1%水平下的显著性检验。这说明基准回归中劳动力流入与地区制造业劳动生产率的水平值呈现明显的倒"U"型相关关系，即随着人口流入的增加，人口流入地的制造业劳动生产率水平值先快速增长；随后增长放缓；当达到最大值后，若人口继续流入，制造业劳动生产率的水平值会随之下降。回归(3)加入了控制变量，回归显示 $flabr^2$ 的回归系数仍然显著为负，同时 $flabr$ 的系数也一样显著为正，并且依然通过了 1%水平下的显著性检验，说明在加入控制变量后，上述关系仍然成立。

考虑到地区人力资本累积水平越高越容易产生技术外溢，回归(4)加入了人力资本流入人口交互项，用以检验人口流入随着人力资本水平的变化会对制造业劳动生产率产生怎样的改变。实证结果显示 $hc \times flabr$ 的回归系数显著为负，$flabr$ 的回归系数显著为正，且均通过了 1%水平下的显著性检验，这说明一方面人口流入对制造业劳动生产率有着扩大的效应，但另一方面，随着人力资本水平的提高，这种促进制造业劳动生产率增长的效应会降低。因此回归(4)表明，人力资本水平越高的地区，人口持续流入对地区制造业劳动生产率的增长效应就越小。这也意味着，高技术劳动力越多的地区，人口流入的集聚效应就越弱。笔者认为，这是因为人力资本水平越高的地区，高技术劳动

力对商业服务业需求越大，在其他条件一定时，这会吸引更多的劳动力在服务行业就业。人力资本越高的地区，人口流入比重增加，弱化了其对制造业劳动生产率影响。

表 6.2　　劳动力流动与制造业劳动生产率相关关系

因变量 ln(*rprdc*)	全样本 (1)	全样本 (2)	全样本 (3)	全样本 (4)	全样本 (5)	全样本 (6)
flabr	5.634*** (16.698)	14.699*** (10.559)	8.753*** (6.709)	21.852*** (11.737)	8.576*** (6.332)	20.703*** (10.882)
$flabr^2$		−54.206*** (−7.096)	−47.480*** (−6.659)		−47.746*** (−6.638)	
ln(*k*)			0.669*** (14.497)	0.662*** (14.918)	0.673*** (14.559)	0.662*** (14.749)
hc			0.317*** (15.948)	0.404*** (17.262)	0.299*** (14.740)	0.394*** (15.980)
fdi			−1.779** (−2.486)	−1.846*** (−2.816)	−3.347*** (−4.165)	−2.913*** (−3.850)
inf			0.401*** (4.085)	0.407*** (4.174)	0.416*** (4.244)	0.393*** (4.020)
hc×*flabr*				−2.342*** (−11.407)		−2.253*** (−10.828)
截距项	12.611*** (172.651)	12.471*** (161.745)	2.561*** (5.906)	2.049*** (5.008)	2.800*** (6.442)	2.242*** (5.455)
地区固定效应	NO	NO	NO	NO	YES	YES
行业固定效应	YES	YES	YES	YES	YES	YES
R^2	0.525	0.534	0.771	0.778	0.773	0.779
N	1 786	1 786	1 770	1 770	1 770	1 770

注：***、**、*分别表示在1%、5%、10%的统计水平上显著；括号内为 *t* 值，回归使用稳健标准差。

回归(5)是在回归(3)的基础上又控制了中、东、西部省份的地区固定效应，回归结果显示 $flabr$ 的回归系数为正，$flabr^2$ 的回归系数显著为负，且二者均通过了1%水平下的显著性检验。这说明在控制了地区固定效应之后，人口流入与省份内制造业劳动生产率的倒"U"型关系依然稳健。与回归(3)相比，控制了三大地区固定效应后，人口流入的一次项与二次项回归系数的绝对值差距不大，这同样表明劳动力流入的水平与地区制造业劳动生产率的倒"U"关系稳健。回归(6)是在回归(4)的基础上控制了中、东、西部省份的地区固定效应，用以判断劳动力流入与人力资本的交互效应。回归(6)的结果与回归(4)基本保持一致，$flabr$ 的回归系数显著为正，$hc \times flabr$ 的回归系数显著为负，且同样均通过了1%的显著性检验。这说明在控制了行业与地区双重固定效应后，人口流入随着人力资本水平提高对制造业劳动生产率增长的促进作用在减弱的结果是稳健的。

在控制变量层面上，资本[ln(k)]的回归系数、公路密度(inf)、人力资本(hc)的回归系数均显著为正，说明资本投入、基础设施和人力资本水平对地区制造业劳动生产率具有扩张效应；外商投资(fdi)与地区制造业劳动生产率呈现显著的负向因果关系，这似乎有违常理，但当前中国已不是经济发展初期的状态，外资的增加不再仅仅是带动地区经济的增长，过度的外资流入反而会与当地争夺更多的优质资源，尤其是争夺优质劳动力，这会让本土制造业在高技术劳动力层面有所损失，从而降低生产竞争力，不利于本土制造业的发展；地区公路密度与制造业劳动生产率存在显著的正向因果关系，这说明地区基础设施越发达越容易实现地区规模经济，促进地区制造业劳动生产率快速的增加。

要素密集度不同的行业，劳动力流动对其的作用有所差异。本书参考鲁桐等(2014)的方法并根据现实情况将20个两位数制造业行业按照要素密集度分为劳动密集型、资本密集型与技术密集型三类行业①，并分别对这三种行业类型进行回归。表6.3为分制造业行业的回归结果，回归方法依然使用混合OLS回归，回归中使用稳健标准差以去除异方差带来的回归偏

① 具体而言，本研究将农副食品加工业、食品制造业、饮料制造业、烟草加工业与纺织业划分为劳动密集型；将造纸及纸制品制造业、石油加工及炼焦制造业、化学原料及化学制品制造业、化学纤维制造业、非金属矿物制品制造业、黑色金属冶炼及压延加工业、有色金属冶炼及压延加工业与金属制品业划分为资本密集型行业；最后，技术密集型制造业包括通用机械制造业、专用设备制造业、交通运输设备制造业、电气机械和器材制造业、计算机、通信和其他电子设备制造业、仪器仪表制造业与医药制造业。

误，回归中控制三大地区固定效应与行业固定效应。总体上，关于制造业不同技术构成的回归分析结构不存在明显的差别，即劳动力流入会造成制造业部门的劳动生产率提高。因此本书在上述回归的基础上，将制造业区分为劳动密集型、资本密集型与技术密集型三类，考察劳动力流动与这三类制造业行业是否均存在倒"U"型相关关系。回归(1)—回归(3)为劳动密集型制造业回归结果，回归(1)为不加入控制变量的基准回归，回归结果显示 $flabr$ 的回归系数为正，$flabr^2$ 的回归系数显著为负，且二者均通过了1%水平下的显著性检验，劳动力流入与地区制造业劳动生产率的倒"U"型关系成立。回归(2)为加入控制变量的回归，回归结果依然显著地表现出劳动力流入与地区劳动生产率的倒"U"型相关关系。回归(3)为检验劳动密集型行业是否存在劳动力流入与人力资本的交互效应，回归结果显示在劳动密集型行业，依然存在随着人力资本水平上升，劳动力流入对制造业劳动生产率的增长效应下降的现象。同理，回归(4)—回归(6)的结果中，资本密集型行业中也存在劳动力流入与劳动生产率的倒"U"型关系，随着人力资本水平的增加，劳动力流入促进劳动生产率的作用会下降。在回归(7)—回归(9)技术密集型制造业行业中，其回归结果与劳动密集型、资本密集型的回归结果基本保持一致。

比较回归(2)、回归(5)与回归(8)的结果，可以发现，当外省户籍迁入人口占地区总人口的7.69%时，劳动密集型制造业劳动生产率达到最大值；迁入人口占比为9.25%时，资本密集型制造业行业劳动生产率达到最大值；当迁入人口占比为9.03%时，技术密集型行业劳动生产率达到最大值。这反映地区间制造业企业的梯度转移会首先发生在劳动密集型行业，该结果与通常的经济学直观一致。

比较回归(3)、回归(6)与回归(9)，发现 $hc \times flabr$ 的回归系数的绝对值在资本密集型行业中最大，其次是劳动密集型，最后是技术密集型，这表明劳动流入随人力资本水平增加而减弱劳动生产率的幅度在资本密集型行业中最大，其次是劳动密集型，最后是技术密集型。这一回归结果似乎意味着随着人力资本水平的提高，劳动力流动对制造业劳动生产率带来的负向作用程度在低端制造业中更大。

表 6.3　劳动力流动与不同行业性质的制造业劳动生产率相关关系

因变量 ln(*rprdc*)	劳动密集型			资本密集型			技术密集型		
	(1)	(2)	(3)	(4)	(5)	(6)	(7)	(8)	(9)
flabr	10.235***	6.257**	21.986***	14.922***	11.009***	23.803***	6.947**	7.407***	16.337***
	(3.520)	(2.380)	(6.505)	(5.809)	(5.229)	(7.459)	(2.504)	(3.252)	(5.617)
$flabr^2$	−40.688***	−37.423***		−66.337***	−59.522***		−22.055	−40.995***	
	(−2.833)	(−2.787)		(−5.116)	(−5.261)		(−1.532)	(−3.397)	
ln(*k*)		0.682***	0.647***		0.642***	0.634***		0.756***	0.749***
		(9.713)	(9.817)		(9.723)	(9.850)		(10.524)	(10.552)
hc		0.277***	0.390***		0.311***	0.417***		0.280***	0.354***
		(8.857)	(10.900)		(10.211)	(10.869)		(7.785)	(8.205)
fdi		−4.751***	−4.753***		−3.390***	−2.725**		−2.375*	−1.915
		(−2.798)	(−2.957)		(−2.734)	(−2.309)		(−1.817)	(−1.590)
inf		0.559***	0.541***		0.384*	0.353*		0.322***	0.303***
		(3.531)	(3.432)		(1.901)	(1.744)		(2.794)	(2.668)
$hc \times flabr$			−2.447***			−2.554***			−1.772***
			(−6.900)			(−7.313)			(−5.501)
截距项	12.750***	2.955***	2.508***	12.232***	2.216***	1.573***	12.635***	1.625**	1.192*
	(100.667)	(3.981)	(3.516)	(107.555)	(3.468)	(2.666)	(114.695)	(2.424)	(1.782)
地区固定效应	YES	YES	YES	YES	YES	YES	YES	YES	YES
行业固定效应	YES	YES	YES	YES	YES	YES	YES	YES	YES
R^2	0.534	0.721	0.734	0.435	0.719	0.727	0.600	0.803	0.805
N	446	446	446	701	701	701	627	623	623

注：***、**、*分别表示在 1%、5%、10%的统计水平上显著；括号内为 *t* 值，回归使用稳健标准差。

上述回归中（表 6.2、表 6.3），劳动力流入与制造业劳动生产率有可能存在互为因果关系，因为制造业劳动生产率提高所带来的工资和就业机会增加，会进一步吸引劳动力流入。虽然本书在回归中已经通过行业固定效应来控制与行业性质相关因素对劳动生产率的影响，但依然可能遗漏一些与地区以及行业相关的特征变量，因此，笔者选择下一期制造业劳动生产率的数据作为因变量①，以避免由双向因果关系造成的回归偏误（表 6.4）。

① 因自变量劳动力流动变量（*flabr*）数据期数受限，无法采用自变量的滞后一期来尽可能地避免内生性，所以采用因变量的下一期。

表 6.4　　劳动力流动与制造业劳动生产率相关关系的滞后效应

因变量	全样本		劳动密集型		资本密集型		技术密集型	
$\ln(rprdc)_1$	(1)	(2)	(3)	(4)	(5)	(6)	(7)	(8)
flabr	9.495***	22.912***	6.230**	22.807***	12.461***	27.954***	8.114***	17.074***
	(6.593)	(11.333)	(2.169)	(6.257)	(5.394)	(8.044)	(3.531)	(5.819)
$flabr^2$	−54.402***		−39.484***		−70.238***		−45.220***	
	(−7.033)		(−2.656)		(−5.639)		(−3.614)	
$\ln(k)$	0.621***	0.609***	0.681***	0.644***	0.598***	0.587***	0.654***	0.647***
	(12.662)	(12.812)	(8.810)	(8.818)	(8.888)	(9.048)	(6.856)	(6.846)
hc	0.333***	0.439***	0.299***	0.418***	0.367***	0.494***	0.306***	0.382***
	(15.111)	(16.364)	(9.099)	(10.756)	(10.807)	(11.668)	(7.286)	(7.641)
fdi	−3.245***	−2.727***	−5.065***	−5.067***	−3.592***	−2.827**	−1.541	−0.987
	(−3.735)	(−3.348)	(−2.954)	(−3.192)	(−2.620)	(−2.150)	(−1.056)	(−0.737)
inf	0.462***	0.435***	0.717***	0.698***	0.337*	0.300	0.408***	0.386***
	(4.734)	(4.473)	(5.444)	(5.389)	(1.730)	(1.533)	(3.008)	(2.881)
$hc\times flabr$		−2.524***		−2.579***		−3.057***		−1.857***
		(−11.357)		(−6.611)		(−8.006)		(−5.671)
截距项	3.233***	2.606***	2.951***	2.479***	2.425***	1.653***	2.627***	2.174**
	(7.165)	(6.140)	(3.664)	(3.229)	(3.866)	(2.879)	(3.042)	(2.562)
行业固定效应	YES	YES	YES	YES	YES	YES	YES	YES
地区固定效应	YES	YES	YES	YES	YES	YES	YES	YES
R^2	0.746	0.753	0.706	0.720	0.692	0.703	0.772	0.775
N	1 769	1 769	446	446	700	700	623	623

注：***、**、*分别表示在1%、5%、10%的统计水平上显著；括号内为 t 值，回归使用稳健标准差。

表 6.4 为全样本与不同要素密集度行业结构的回归，回归使用混合OLS估计，并同时控制行业与三大区域固定效应，回归使用稳健标准差。回归(1)、回归(2)为全样本回归。回归(1)显示在使用下一期制造业劳动生产率作为因变量时，劳动力流入依然与其呈现明显的倒"U"型相关关系，这说明劳动力流入对地区制造业劳动生产率的先扩大后缩小的效应不仅具有当期效应，还存在滞后效应，说明劳动力流动对制造业劳动生产率的影响具有持续性特征。回归(2)全样本回归表明，劳动力流入促进制造业劳动生产率

增长的影响存在滞后效应，但同样也是随着地区人力资本水平的增加而减弱的，并且这一效应也存在滞后性。比较回归(3)、回归(5)、回归(7)可发现，无论是劳动密集型、资本密集型还是技术密集型，均存在劳动力流动与制造业劳动生产率倒"U"型关系的滞后效应，且回归结果均通过了显著性检验。回归(3)、回归(5)、回归(7)均控制了物质资本投入、地区人力资本水平、地区FDI实际使用量占比与公路密度对制造业劳动生产率的影响以避免因为遗漏重要变量而造成的回归结果偏差，控制变量的回归系数与表6.2以及表6.3基本一致。

表6.2—6.4利用人口普查的截面数据的回归结果揭示了不同技术水平劳动力的劳动生产率增长效应存在差别，但普查数据之间的时间跨度较长，统计口径难免存在误差。为了进一步考察人口流动的长期效应，笔者使用迁移率(ymr)代替原本的人口流入变量($flabr$)来考察回归结果的稳健性。根据国家统计局统计的全国人口变动抽样调查样本数据中的户籍人口占总人口的百分比作为户籍人口比重，度量中国地区间迁移人口的规模。具体的，先利用住本乡、镇、街道，户口在本乡、镇、街道的人口数计算出户籍人口数，再得到迁移率=1－户籍人口/抽样总人口①。回归结果见表6.5。

表6.5的实证结果表明，无论是在全样本还是在不同要素密集度的行业内，迁移率一次项(ymr)的回归系数与因变量显著为正、迁移率平方项(ymr^2)的回归系数显著为负，劳动力迁移与制造业劳动生产率的倒"U"型关系成立[回归(1)、回归(3)、回归(5)、回归(7)]。比较回归(2)、回归(4)、回归(6)与回归(8)，人力资本与劳动力迁移率的交互项($hc \times ymr$)的系数均为负，且回归结果均通过了1%水平下的显著性检验，这与上述回归结果一致，说明上述回归具备稳健性，即迁移人口对制造业劳动生产率的促进作用随着地区人力资本水平的提高而下降。比较回归(4)、回归(6)与回归(8)的交互项系数发现技术密集型行业交互项回归系数绝对值最小，与表6.3结果一致，说明在技术密集型行业中，地区人力资本水平越高，流入越多的人口对制造业的促进作用下降的程度越低，随着地区人力资本水平的提高，人口迁入对制造业劳动生产率的逆增长作用最明显的是资本密集型行业，其次是劳动密集型行业，这仍然与表6.3的回归结果一致。

---

① 这里的迁移率不仅包含跨省迁移，也包括省内迁移，因此，它比人口普查数据的统计口径大。

表 6.5 稳健性检验

因变量 ln(*rprdc*)	全样本 (1)	全样本 (2)	劳动密集型 (3)	劳动密集型 (4)	资本密集型 (5)	资本密集型 (6)	技术密集型 (7)	技术密集型 (8)
ymr	2.759***	8.757***	2.573***	9.425***	2.960***	9.538***	2.659***	7.411***
	(5.654)	(9.862)	(2.612)	(5.967)	(3.842)	(6.488)	(3.306)	(5.140)
ymr^2	−4.509***		−3.749**		−5.135***		−4.235***	
	(−5.444)		(−2.085)		(−4.043)		(−3.210)	
ln(*k*)	0.677***	0.653***	0.677***	0.633***	0.649***	0.626***	0.759***	0.739***
	(14.631)	(14.514)	(9.415)	(9.321)	(9.790)	(9.648)	(10.666)	(10.536)
hc	0.258***	0.425***	0.220***	0.397***	0.279***	0.462***	0.239***	0.380***
	(11.901)	(13.772)	(5.887)	(8.134)	(8.756)	(9.746)	(6.031)	(6.847)
fdi	−2.677***	−2.810***	−4.341***	−4.679***	−2.403**	−2.542**	−1.878	−1.879
	(−3.474)	(−3.756)	(−2.663)	(−2.954)	(−2.002)	(−2.175)	(−1.521)	(−1.573)
inf	0.351***	0.385***	0.571***	0.591***	0.262	0.300	0.267**	0.306***
	(3.556)	(3.938)	(3.664)	(3.807)	(1.282)	(1.478)	(2.313)	(2.703)
hc×*ymr*		−0.916***		−0.965***		−1.015***		−0.765***
		(−9.723)		(−5.722)		(−6.565)		(−4.974)
截距项	2.927***	1.972***	3.251***	2.401***	2.282***	1.218**	1.750***	0.964
	(6.482)	(4.788)	(4.104)	(3.212)	(3.383)	(2.047)	(2.591)	(1.474)
行业固定效应	YES	YES	YES	YES	YES	YES	YES	YES
地区固定效应	YES	YES	YES	YES	YES	YES	YES	YES
R^2	0.772	0.779	0.721	0.733	0.714	0.725	0.803	0.806
N	1 700	1 700	446	446	701	701	623	623

注：***、**、*分别表示在1%、5%、10%的统计水平上显著；括号内为t值，回归使用稳健标准差。

基于表6.2—表6.5的回归结果可以判断，劳动力源源不断流入某一地区内，会对该地区制造业劳动生产率产生先扩大后降低的作用，这暗示着一个规律：随着人口大规模的转移使得制造业先发展地区在发展初期由于集聚效应增长较快，但随着发展的深入增长率持续下降，人口集聚带来的负效应会凸显，但后发展的地区由于人口并未出现过度集聚状态，并未产生集聚的负效应，此外，欠发达地区还承接了由发达地区转移至欠发达地区的劳动密集型制造业，带动就业促进地区经济增长，因而制造业劳动生产率增长率较快，这即是劳动力流动促进地区制造业劳动生产率省际收敛的作用机理。然而进一步的深入剖析，劳动力流入是通过何种途径产生的促进和抑制制造业劳动生产率的效应的呢？本书下文继续对此进行分析。

二、技能劳动力流动的技术外溢效应的实证结果

结合第五章与本章前文的分析已经证明了目前中国地区间制造业劳动生产率正处在逐步收敛的阶段，而劳动力的流入促进了地区的增长，并且是来源于劳动力流动在经济增长的不同阶段对制造业的作用不同，随着劳动力流入的增加人口集聚的正效应会逐步由负向作用抵消。发达地区反映出经过多年的人口持续性流入，东部地区的土地、交通、工资等生产成本增加，导致沿海地区的制造业在加快向中西部欠发达地区转移。技术密集型制造业尽管依然在东部省份集聚，但随着中国中西部省份交通、通信设施的不断改善，技术密集型制造业企业也在不断向中西部地区迁移。如关爱萍等(2016)的测算就发现2004 年至 2014 年间，技术密集型制造业区域间转移的现象要比劳动密集型和资本密集型行业更为突出，技术密集型行业从东部沿海地区转出，向西南地区、中部地区转移。

由于中国一直实行比较严格的户籍管制，相对而言受教育水平越高的劳动力跨地区迁移的制度障碍越小，因此，本书关于地区间制造业劳动生产率收敛特征的影响机制分析中，首先对技术劳动力流动的技术外溢效应进行实证分析。考虑到劳动力流入与制造业劳动生产率可能互为因果关系，即制造业劳动生产率提高所带来的工资和就业机会增加，会进一步吸引劳动力流入，因此，这里采用的是 2000 年高技术流入人口数($flabr_{h2000}$)作为解释变量，被解释变量是 2010 年的 20 个两位数行业制造业实际劳动生产率的自然对数值。与上文类似，这里的分析也区分了制造业企业的要素密集度，分别考察了劳动密集型、资本密集型和技术密集型行业的技术外溢特征。与表 6.2—表 6.5 的实证回归相比，此处的控制变量删除了人力资本(hc)，原因在于此处的回归中的核心变量 $flabr_h$ 是按照受教育程度区分出的高学历流入人口，若加入人力资本变量，会与技能劳动力变量产生较强的共线性，导致回归结果不准确。技能劳动力流动的技术外溢回归结果见表 6.6。

表 6.6 高技术劳动力流入的技术外溢效应检验

因变量 ln(*rprdc*)	(1)	(2)	(3)	(4)
	全样本	劳动密集型	资本密集型	技术密集型
$flabr_{h2000}$	5.918**	0.359	1.468	15.277***
	(2.023)	(0.069)	(0.327)	(3.707)
ln(*k*)	0.419***	0.451***	0.449***	0.338***
	(7.887)	(5.856)	(4.967)	(5.315)
fdi	8.378***	4.955**	12.436***	6.457***
	(7.048)	(2.305)	(5.751)	(4.150)
inf	−0.364***	−0.164	−0.720***	−0.086
	(−2.916)	(−0.674)	(−3.044)	(−0.646)
行业固定效应	YES	YES	YES	YES
截距项	8.324***	8.048***	7.247***	8.866***
	(13.364)	(8.843)	(6.640)	(11.841)
R^2	0.816	0.805	0.691	0.879
N	587	148	232	207

注：***、**、*分别表示在1%、5%、10%的统计水平上显著；括号内为 *t* 值，回归使用稳健标准差。

表 6.6 的回归(1)的全样本回归结果表明，2000 年流入的高技术劳动力对 2010 年制造业劳动生产率有着十分明显的正相关关系。2000 年高技术劳动力流入占比若增加 1%，2010 年地区制造业劳动生产率会增加 5.9%，这说明高技术劳动力的集聚确实带来了技术外溢效应。针对不同要素密集度的分行业回归(2)—回归(4)的检验结果显示，只有在技术密集型行业，2000 年的高技术流入人口对 2010 年的技术密集制造业劳动生产率有显著促进作用，技能劳动力流入增加 1%，未来劳动生产率增长 15.3%，并且这一回归系数通过了 1%水平下的显著性检验。比较回归(2)、回归(3)的结果发现劳动密集型与资本密集型制造业行业内，高技术劳动力并没有发挥明显的技术外溢效应，技能劳动力流动的回归系数并未通过显著性检验。

劳动力流入的技术外溢仅仅发生在技术密集型制造业企业，应该反映工作岗位与劳动者技能的匹配关系在行业间的差异。产业集聚的主要原因是技术匹配，当产业与人口集聚时，企业能够找到与自身技术水平最接近的劳动力，这样会大大节省培训成本，带动工资及劳动生产率的提高。而高技术劳动力主要流入高新技术制造业，因此技术外溢更多地表现在技术密集型行业内。

彭国华(2015)的研究也发现东部省份在改革开放后吸引的中西部地区高技术劳动力流入与东部省份工作任务的复杂程度呈现正向排序匹配，从而在劳动力跨区流动的背景下，东部地区高技术劳动力与工作岗位的匹配拉大了其与中西部省份的地区收入差距。由高技术劳动力流入的技术外溢效应导致的技术密集型行业的技术进步，会促进其余技术密集型行业的争相模仿，形成行业间技术扩散效应，从而促进技术密集型行业整体劳动生产率的提高，这会使得技术密集型行业集聚的地区与技术密集型行业分布较少的地区的劳动生产率的地区间差距扩大。

三、技能劳动力流动的成本上升效应的实证结果

上述分析结果(表 6.6)表明，中国目前高技术劳动力的技术外溢主要发生在技术密集型企业，这意味着近年来地区间制造业收敛很大程度上是因为劳动力流动的成本递增效应日益凸显。根据劳动力的供给需求原理，高技术劳动力供给越多，高技术劳动力的工资应越低，但世界多数国家的经济现象恰恰相反，高技术劳动力供给越多，工资不仅没有降低反而会增长，这种经济现象被称为劳动力的“技能溢价”效应。而要考察高技术劳动力流入的技能溢价特征，必须要分析高技术劳动力流入、用工成本增长与劳动生产率之间的相互影响。但由于区分高低技术结构的劳动力的工资数据较难获得，这里使用地区平均工资进行替代，因为高技术劳动力工资水平的增长势必会拉动平均工资水平的上涨。联立方程组模型是消除变量之间内生性问题时的标准计量方法，并且可以更具体地展现内生变量之间的因果关系，以消除工资和制造业劳动生产率的严重的内生性。为避免因过度识别导致的回归偏误，这里的回归分析采用三阶段最小二乘法(3SLS)。表 6.7 为实证结果。

表 6.7 的回归结果表明，无论是制造业全行业还是分要素密集度的行业结构的回归均得出工资水平的提高会导致制造业劳动生产率降低[回归(1)、回归(4)、回归(7)、回归(10)]。回归(2)、回归(5)、回归(8)、回归(11)表明，在全行业和分结构的行业中均显示技能劳动力流入占比的增加能够提高地区工资水平，且回归结果均通过了 1%的显著性检验。比较回归(3)、回归(6)、回归(9)、回归(12)发现，技能劳动力流动是否受到地区制造业劳动生产率影响的方程仅仅在劳动密集型行业中回归结果不显著，其余回归中制造业劳动生产率的回归系数均显著。上述结果表明技能劳动力流动占比的增加会带来地区工资水平的提高，地区工资水平的增加会提高生产成本从而降低劳动生产率，

表 6.7　高技术劳动力、工资与制造业劳动生产率(3SLS)

	全样本			劳动密集型			资本密集型			技术密集型		
	(1)	(2)	(3)	(4)	(5)	(6)	(7)	(8)	(9)	(10)	(11)	(12)
	ln(*rprdc*)	ln(*w*)	$flabr_h$	ln(*rprdc*)	ln(*w*)	$flabr_h$	ln(*rprdc*)	ln(*w*)	$flabr_h$	ln(*rprdc*)	ln(*w*)	$flabr_h$
ln(*w*)	−1.95***			−2.08**			−1.80*			−4.12***		
	(−2.61)			(−1.98)			(−1.90)			(−2.79)		
$flabr_h$		12.47***			12.40***			12.50***			12.39***	
		(44.14)			(22.07)			(28.10)			(25.82)	
ln(*rprdc*)			0.00***			0.00			0.00**			0.00**
			(2.641)			(1.25)			(2.056)			(2.18)
ln(*k*)	0.71***			0.89***			0.65***			0.33***		
	(18.05)			(15.08)			(13.54)			(2.68)		
fdi	10.97***	2.89***		8.93**	2.93***		13.53***	2.98***		15.09***	2.83***	
	(4.40)	(12.01)		(2.55)	(6.14)		(4.21)	(7.90)		(3.03)	(6.89)	
fa	1.19***			1.17**			1.02**			2.62***		
	(3.49)			(2.46)			(2.35)			(4.01)		
private		−0.23***			−0.23**			−0.23***			−0.24***	
		(−4.40)			(−2.25)			(−2.87)			(−2.71)	
medi	−0.01		0.00***	−0.01		0.00***	−0.00		0.00***	−0.01		0.00***
	(−1.40)		(5.24)	(−1.12)		(2.70)	(−0.52)		(3.19)	(−0.89)		(2.88)
nlabr		−0.01			0.03			−0.03			−0.00	
		(−0.06)			(0.19)			(−0.26)			(−0.00)	
hedunm		−0.00			−0.00			−0.00			−0.00	
		(−0.30)			(−0.08)			(−0.57)			(−0.05)	

续　表

	全样本			劳动密集型			资本密集型			技术密集型		
	(1)	(2)	(3)	(4)	(5)	(6)	(7)	(8)	(9)	(10)	(11)	(12)
	$\ln(rprdc)$	$\ln(w)$	$flabr_h$	$\ln(rprdc)$	$\ln(w)$	$flabr_h$	$\ln(rprdc)$	$\ln(w)$	$flabr_h$	$\ln(rprdc)$	$\ln(w)$	$flabr_h$
pe		-0.37^{***}	-0.01^{*}		-0.34^{**}	-0.01		-0.37^{***}	-0.00		-0.37^{***}	0.00
		(−4.57)	(−1.74)		(−2.20)	(−1.16)		(−2.92)	(−0.84)		(−2.72)	(0.35)
$thrav$			0.16^{***}			0.16^{***}			0.16^{***}			0.15^{***}
			(43.35)			(21.87)			(27.57)			(20.90)
截距项	23.49^{***}	10.16^{***}	-0.07^{***}	22.95^{**}	10.14^{***}	-0.07^{***}	22.73^{**}	10.18^{***}	-0.08^{***}	48.73^{***}	10.17^{***}	-0.11^{***}
	(3.24)	(147.05)	(−11.62)	(2.27)	(74.68)	(−6.41)	(2.48)	(95.40)	(−7.50)	(3.34)	(86.28)	(−4.42)
N	587	587	587	148	148	148	232	232	232	207	207	207

注：***、**、*分别表示在1%、5%、10%的统计水平上显著，括号内为 t 值。

并且技能劳动力流动同时还受到地区制造业劳动生产率的影响。之所以回归(6)并不显著，是因为技能劳动力大多数存在于技术密集型行业或者资本密集型行业的技术人员中，而劳动密集型行业中大多数是非技能劳动力，受教育程度相对较低，因此劳动密集型制造业劳动生产率的提高对于技能劳动力流入的吸引力较弱，因此呈现非相关性。

与劳动密集型和资本密集型行业相比，工资增长降低劳动生产率的这一效应在技术密集型行业中的作用更为显著，回归系数为－4.12且通过1%水平下的显著性检验。工资增长对劳动密集型与资本密集型行业劳动生产率的降低作用相对较小，回归系数分别为－2.08与－1.8，且劳动密集型行业的回归结果通过了5%的显著性检验，资本密集型行业的回归结果通过了10%的显著性检验。出现这一回归结果的原因是高技能劳动力存在技能溢价效应，并且大部分高技术劳动力在技术密集型行业中就业，因此技能溢价效应主要表现在技术密集型行业中，这表明技术密集型行业工资成本由于技能溢价效应增长幅度更大，对技术密集型行业劳动生产率降低的程度就更高。同时这一结果似乎也暗示了高技术劳动力流入的技术外溢效应可能已经落后于技能溢价多带来的成本增加效应，这与之前研究所发现的东部省份技术密集型、劳动密集型产业近年来在加快向中西部省份迁移的现象保持一致。

技能溢价一方面来自现代信息技术的快速发展，加快了制造业企业的技术偏向型技术进步，这会增加东部地区企业对高技术劳动力的需求；另一方面随着国际贸易的发展，中国企业的出口产品结构也在不断升级，高技术产品出口规模增加需要提高高技术劳动力的投入，高技术劳动力需求增加自然会导致工资水平上升。跨地区高技术劳动力流动主要是往东部沿海省份流动，技术人才集聚产生技能溢价，加大技术工人与非技术工人的工资差距，导致不同经济发展水平的地区间对高收入人群的吸引力出现长期性差距。也就是说高技术劳动力流入、技术外溢和技能溢价的螺旋上升效应，目前主要出现在技术密集型制造业部门，而东部省份的劳动力成本上升，会造成东部地区的劳动密集型、资本密集型制造业的外流。

尽管中国一直都实行严格的户籍制度，但高技术流动劳动力在绝大多数城市的落户障碍实际上并不高。此外，高技术劳动力往往收入水平相对较高，增长得更快，这使得高技术劳动力流入的购房需求相对更大，因而带来东部沿海地区商品房价格的螺旋式上升，提高了劳动力的生活成本，降低了劳动力的效用水平，从而可能使低附加值的制造业企业被逐步挤出。表6.8对高技术

表 6.8　　高技术劳动力、房价与制造业劳动生产率(3SLS)

	全样本			劳动密集型			资本密集型			技术密集型		
	(1)	(2)	(3)	(4)	(5)	(6)	(7)	(8)	(9)	(10)	(11)	(12)
	$\ln(rprdc)$	$\ln(hp)$	$flabr_h$	$\ln(rprdc)$	$\ln(hp)$	$flabr_h$	$\ln(rprdc)$	$\ln(hp)$	$flabr_h$	$\ln(rprdc)$	$\ln(hp)$	$flabr_h$
$\ln(hp)$	−0.14			−0.01			−0.24			−0.94**		
	(−0.70)			(−0.04)			(−0.99)			(−2.52)		
$flabr_h$		26.92***			27.07***			26.84***			26.54***	
		(44.43)			(22.28)			(28.18)			(25.73)	
$\ln(rprdc)$			0.00**			0.00			0.00**			0.00
			(2.29)			(1.18)			(2.15)			(1.60)
$\ln(k)$	0.71***			0.89***			0.66***			0.28**		
	(18.22)			(15.43)			(13.98)			(2.24)		
fdi	6.79***	5.73***		3.59	5.83***		10.19***	5.72***		10.78***	5.49***	
	(3.44)	(11.98)		(1.32)	(6.10)		(4.10)	(7.60)		(2.79)	(6.54)	
fa	0.49**			0.31			0.51**			1.71***		
	(2.46)			(1.12)			(1.99)			(4.69)		
$private$		0.04			0.07			−0.03			0.07	
		(0.39)			(0.33)			(−0.16)			(0.43)	
$medi$	−0.01***		0.00***	−0.02**		0.00	−0.01*		0.00*	−0.02**		0.00*
	(−3.00)		(2.90)	(−2.30)		(−1.57)	(−1.66)		(1.66)	(−2.36)		(1.83)
$nlabr$		−1.14***			−1.19***			−1.12***			−1.19***	
		(−7.43)			(−3.89)			(−4.66)			(−4.62)	
$hedunm$		−0.00***			−0.00***			−0.00***			−0.00***	
		(−10.52)			(−5.30)			(−6.49)			(−6.87)	

续 表

	全样本			劳动密集型			资本密集型			技术密集型		
	(1)	(2)	(3)	(4)	(5)	(6)	(7)	(8)	(9)	(10)	(11)	(12)
	ln(*rprdc*)	ln(*hp*)	$flabr_h$	ln(*rprdc*)	ln(*hp*)	$flabr_h$	ln(*rprdc*)	ln(*hp*)	$flabr_h$	ln(*rprdc*)	ln(*hp*)	$flabr_h$
pe		−2.07***	−0.01**		−2.00***	−0.01		−2.10***	−0.01		−2.20***	−0.00
		(−12.52)	(−2.25)		(−6.14)	(−1.38)		(−7.84)	(−1.13)		(−7.96)	(−0.72)
thrav			0.16***			0.16***			0.16***			0.15***
			(46.32)			(23.28)			(29.49)			(22.41)
截距项	5.65***	9.14***	−0.07***	2.94	9.13***	−0.07***	7.05***	9.16***	−0.08***	16.46***	9.22***	−0.09***
	(3.67)	(66.31)	(−11.82)	(1.38)	(33.19)	(−6.66)	(3.72)	(42.16)	(−7.88)	(4.85)	(39.52)	(−3.85)
N	587	587	587	148	148	148	232	232	232	207	207	207

注：***、**、*分别表示在1%、5%、10%的统计水平上显著，括号内为 t 值。

劳动力流入的房价增长效应进行了回归分析。

回归(2)、回归(5)、回归(8)与回归(11)的结果显示高技术劳动力的流入确实显著带动了地区住房销售价格的上涨，技能劳动力流动的回归系数均显著为正；比较回归(1)、回归(4)、回归(7)与回归(10)发现，住房价格提高对制造业的劳动生产率有降低的作用，但这一结果仅在技术密集型制造业中显著，房价的回归系数显著为负。出现这一结果的原因，笔者认为是由于技能劳动力具有更高的住房的需求(陈斌开与张川川，2016)，而房价的增长带来技能劳动力生活成本的增长，降低了技能劳动力的效用水平，从而影响技能劳动力的迁移决策，降低技能劳动力所从事的行业的劳动生产率，而技能劳动力从事的行业大多为技术密集型行业，因此上述循环作用在技术密集型行业中凸显，而在其他行业中作用并不显著。

相比工资效应，房价对技术密集型制造业劳动力生产率的限制作用显然更小。考虑到之前研究所发现的，高技术劳动力流入对技术密集型制造业企业所带来的很高的技术外溢效应(表 6.6)，以及技能劳动力流入会造成技术密集型制造业劳动生产率增长率下降，这应该意味着，技术劳动力流入引起的工资、房价上升，生产、生活成本增加，已经成为促进地区间技术密集型制造业流动生产率条件收敛的最重要传导机制①。尽管目前技术密集型制造业企业对生产成本上升的效应有一部分被技能劳动力流动的技术外溢效应冲销，但工资、房价等生产成本的快速上升，已然在不断压低东部地区的资本密集型与技术密集制造业劳动生产率的上升空间。

这里需要进一步阐明的是，表 6.7 与表 6.8 中关于方程 6.4 与方程 6.7 的核心解释变量回归系数基本保持一致，这是因为上述两个方程的被解释变量与核心解释变量均为省份变量，而不是行业×省份变量，因此区分行业的回归系数基本相同，或变化不大，但这并不影响本章的研究结论。

以上实证结果表明，中国目前要素市场价格机制成为配置地区间制造业生产能力以及地区差距的重要杠杆，这无疑对中国区域协调发展政策完善提供了新的思路。中西部地区可以通过加大基础设施建设水平，吸引东部的制造业转移；而东部省份在资源、环境成本上升过程中，要加快技术升级、服务业

---

① 当然技术密集型行业不仅依赖于劳动力和土地等要素成本，也依赖于地方政府的优惠政策，如美国惠普公司于 2016 年 10 月撤销了位于中国上海超过十年并一直盈利的喷墨打印机研发部门，并将喷墨打印机研发部门整体迁移至新加坡，很重要的一个原因是新加坡政府提供了 2—3 年研发部门所有劳动力的工资薪金。

发展，实现产业的升级换代。

第四节 小结

中国目前劳动密集型制造业的低成本优势正面临着巨大挑战，产业升级是中国经济持续增长的关键。本章从中国劳动力流动视角，研究了流动劳动力的技术结构对制造业劳动生产率收敛的影响机制，揭示了劳动力跨地区流动是引致中国地区间制造业劳动生产率条件 β 收敛的最主要原因，即中国地区间劳动力流动的技术结构异质性，给东部沿海地区所带来的技术外溢与成本上升双重效应，会引发区域间制造业发展速度的相对变化，从而促进地区间制造业劳动生产率的收敛。

本章的基本发现是：第一，中国的劳动力跨省流动与制造业的劳动生产率呈现倒“U”型相关关系，即劳动力源源不断流入某一地区内，会对该地区制造业产生先增加、后降低的作用。上述结果意味着，人口大规模的转移使得制造业先发展地区在发展初期由于集聚效应增长较快，地区差距增加，但随着发展的深入，增长率持续下降，人口集聚带来的负效应会凸显。后发展地区由于人口并未出现过度集聚状态，并未发生集聚的负效应。此外，欠发达地区还承接了由发达地区转移至欠发达地区的劳动密集型制造业，制造业劳动生产率增长率较快，最终导致制造业地区差距的缩小。劳动力流动对人口流入地制造业劳动生产率的扩大作用随着地区人力资本水平的增长而减弱，当人力资本水平提高到一定程度时，劳动力流动的增加甚至会降低地区制造业劳动生产率。

第二，技能劳动力流入存在技术外溢效应，但仅仅发生在技术密集型制造业企业。由高技术劳动力流入的技术外溢效应导致的技术密集型行业的技术进步，会促进其余技术密集型行业的争相模仿，使得技术密集型行业集聚的地区与技术密集型行业分布较少的地区的劳动生产率的地区间差距扩大。出现这一现象的原因来自技能劳动力流入的大多数行业为技术密集型行业，并且技术密集型行业对人才要素的依赖程度也较高，因此技术外溢更容易在技术密集型行业中产生效应，促进创新，提高劳动生产率。

第三，在制造业发展初期，劳动生产率增加吸引高技术劳动力不断向东部地区流入，但高技术劳动力的持续流入导致地区工资增长，降低了制造业全行业的劳动生产率。在技术密集型行业，其对劳动生产率的影响更大。这是由于技能劳动力往往具有技能溢价效应，且技能劳动力更多流入到技术密集型行业，因此技能劳动力流动带来工资成本增长从而提高生产成本的效应要高于劳动密集型与资本密集型行业。技能劳动力流动还会通过房价的增长降低制造业劳动生产率，但这仅仅存在于技术密集型行业，在劳动密集型行业与资本密集型行业并不显著。这是由于迁移人口中，技能劳动力具备更高的收入水平和较小的落户障碍，因而这一群体对住房需求较高；技能劳动力流动的增加还会带动人口流入地房价的增长，提高了流入地技能劳动力生活成本，降低技能劳动力的效用，从而影响技能劳动力的迁移决策，降低技术密集型行业的劳动生产率。劳动力流动通过技术外溢与技能溢价两种方式共同作用于制造业地区差距，最终表现为制造业 β 收敛。虽然技能劳动力流动的技术外溢同时以正向促进作用带来技术密集型行业劳动生产率的增长，但生产、生活成本的增长也在逐渐缩小技术密集型制造业行业增长的空间，生产成本的增长会同时存在降低劳动密集型与资本密集型行业劳动生产率的作用。

区域经济协调有序发展是当今中国经济发展的主体目标，为了实现这一目标，政府需要使要素在区域间合理配置，发挥出各地区产业生产的比较优势，改善经济发展初期地区产业分布极度不平衡、地区差距严重两极分化的现象。本章的研究意味着完善区域协调发展政策，一方面应进一步发挥要素流动对产业结构升级的作用机制，提高中西部地区教育投入力度，从而提高人力资本水平，促进中西部地区劳动力集聚的知识外溢效应。从吸引人才流入和防止人才外流层面，当前特别是要加快推进中西部省份的基础设施建设、改善中西部地区的公共服务供给的水平和质量，发挥基础设施的规模报酬递增的促进作用，引导资本和高技术劳动要素向经济欠发达地区流动，创造地区间技术外溢、商业和贸易网络，增加落后地区制造业技术模仿能力。另一方面是积极发挥劳动力和住房市场的调控作用，减少对工资、城市化和住房市场的不必要行政性干预，充分发挥市场的作用、政府加以辅助性的调节，使生产、生活成本差异逐步转化为调控地区间产业转移的内在动力，实现区域间经济社会的协调发展，从而促进经济长足增长。

第七章　劳动力流动进程中公共服务供给的效率与支出责任分析

全球各大城市的发展总是伴随着人口的不断积聚，当前的中国也正在经历着快速发展的人口城镇化时期。2010 年的人口普查数据显示，流入上海的外省市人口占常住人口比例已经高约 39%，2000 年该指标仅为 21%；2010 年外省市流入北京人口占常住人口的 36%，2000 年的比例是 19%。根据 2013 年度人口抽样调查数据，北京市常住人口为 2 114.8 万人，其中，常住外来人口为 802.7 万人，占常住人口的 38%，据此，中国一线城市的外来人口流入的数量依然在不断增加。

上文的研究表明，各项公共支出结构中，基本公共服务对技能劳动力的吸引有着十分显著的作用；技能劳动力要素跨区域流动会通过工资、房价促进制造业省际收敛，技能劳动力流入的初期主要发挥技术外溢作用，发挥集聚经济的优势，扩大地区间差距，但随着技能劳动力的不断流入，地区间生产、生活成本的增长所带来的劳动生产率抑制作用凸显，超过了集聚经济的效应，最终表现为制造业先发展地区增长减速，加上近年来部分低端制造业腾笼换鸟，向中西部地区内迁，加快了中西部地区的增长。因此当前缩小中西部地区与东部地区的制造业地区差距，进一步改善区域发展的不平衡与不充分问题，首先应该在中西部地区培育人才，提高人力资本水平，防止人才流失，而对东部发达地区积极推动产业升级，发展先进制造业，这也同样需要培育人才。无论是人才的培育还是区域间对于人才流动的竞争，都需要政府提供具有"吸引力"的基本公共服务，但当前中西部地区尤其是西部落后省份还存在诸如基础教育的公共服务供给效率低下等问题，这对于培育人才、发挥人力资本促进经济增长的作用十分不利。

当前，依据城镇化的 S 型曲线理论，大多数东部省份已经进入了城镇化发展的稳定时期，但部分西部省份城镇化进程仍然较慢，劳动力要素区域间配置的不均衡会造成省际较大的经济发展悬殊。因此深入开展城镇化进程中以基础教育为例的公共服务供给效率问题以及公共服务的财政支出责任的研究，对尽快建立科学规范的公共服务供给制度具有非常重要的意义。

本章余下部分分为两小节，第一节是城镇化进程下以基础教育为例的公共服务配置效率的测算，主要测度各省现阶段包含义务教育与中等教育在内的基础教育的投入产出效率，以关注当前对于基础教育公共服务的投入是否存在效率损失，以及效率损失存在于哪些层面；第二节是讨论在人口城镇化进程下的公共服务供给应该注意的问题，并给出财政支出责任制度设计上的一些建议。

第一节　公共服务配置效率：以基础教育为例

在城镇化快速发展的进程中，各省份对基础教育需求都呈现扩张趋势。近年来，中国各省份之间财政教育事业费支出的地区差距有所缩小，人均教育事业费支出的基尼系数从 2007 年的 0.21 降低到 2013 年的 0.15①，但教育财源仍然存在缺口。贾婷月(2015)指出，以 2010 年的流动人口规模计算，若要将流动人口纳入当地基础教育公共服务系统中，东部地区所需基础教育经费为 574.8 亿元，其中东部直辖市为 148 亿元，与西部十一个省份加总的基础教育经费相差无几，显然当前东部直辖市的基础教育已经出现明显的拥挤效应。随着各地居民对基础教育的期望越来越高，对优质教育资源的需求也日渐增长(翟博和孙百才，2012)，这使得当前财政基础教育经费陷入了捉襟见肘的尴尬处境。

在经济进入增长的“新常态”时期，地方政府应将财政支出的重心转向建立普惠型公共服务以促进区域均衡发展、推动经济可持续增长，这就需要加大政府对基础教育投入占 GDP 的比例。在基础教育需求扩张的财政支出压力下，地方政府不应盲目增加财政教育支出经费，而是首先应该考量现阶段各地区基础教育资源的配置是否已经优化，对仍然存在财政基础教育资源浪费的地区加以矫正，以确保下一阶段基础教育的投入有的放矢。

基础教育的投入—产出效率的测算可以清晰地揭示各省份基础教育资源优化与浪费的现状，若技术效率有效，说明资源实现了最优配置；若技术效率

① 根据相应年份《中国统计年鉴》各省财政支出中教育事业费支出数据计算。

低下，则说明资源存在浪费。对基础教育全要素生产率及其分解指标的测算，可以考察中国基础教育资源改善或恶化的动态变化趋势，以及在资源配置不变条件下是否存在技术进步的因素促进了教育产出水平进一步提高的情况。中国经济《“十三五”规划》编制中也加入“全要素生产率”这一概念用以体现改革红利。以往关于义务教育或基础教育效率的研究仅限于评价教育自身在资源投入、教学和管理层面的效率，而本节立足于地方财政的资源配置与调节地区收入差距的两大职能，从多投入—多产出的角度科学地选取投入与产出指标，研究了地方政府对资源配置的合意度，为下一步实现流动人口市民化的基础教育扩张经费的合理利用提供政策依据。

本节首先基于 DEA 的投入导向型 CCR 模型测算了 2004 年与 2012 年各省基础教育的技术效率及其分解指标，揭示了 2004 年与 2012 年各省基础教育技术效率由高到低的排序，指出了存在基础教育资源优化与浪费的具体省份及其投入要素应该缩减的比例。通过将 2004 年与 2012 年的测算结果对比分析，本节阐明了基础教育效率低下的省份的效率排序变动情况，但效率排序提升并不能说明效率有所增长，因此本章继续使用 Malmquist 指数法对基础教育的技术效率在 2004—2012 年的增减情况进行测算，以考察财政资源在基础教育领域的浪费是否存在改善。Malmquist 指数法不仅可以呈现技术效率变动情况与其变动的原因，其分解指标还可以显示基础教育领域的技术进步与“技术退步”。本节最后基于 Malmquist 分解指数判断了基础教育全要素生产率增减的来源，分析了是否存在保证投入要素不变只通过技术改进来提高教育产出的现象。

本节的重点工作在于：其一，近年来对于基础教育效率的研究对象仅包含义务教育，《“十三五”规划》提出要普及高中阶段教育，因此本章将高中教育纳入研究范围内；其二，以往研究仅限于考察教育自身在教学管理与资源投入的效率，本节旨在立足于财政的资源配置与稳定宏观经济的职能考察财政基础教育资源配置效率水平及动态变化，因此在产出指标选择上不仅纳入了考量财政基础教育资源配置的“数量”与“质量”指标，还纳入了地区经济绩效指标；其三，本节的研究指出了当前财政资源的浪费程度，以及为优化资源配置各项要素应投入的最优规模，对未来财政承担起城镇化基础教育支出的合理规模提供前期政策指导。

一、教育配置效率的研究基础

国内教育财政方面的研究近年来主要关注地区教育供给缺口及地区教育均等化两个方面。在中国教育财政体制的研究中，王善迈等（1998）运用聚类分析的方法，对中国各省份的经济发展和教育发展进行了区类划分，研究发现中国各地区公民所享有的国家最低教育公平权利依旧未能实现，中国教育投入不平衡与经济发展不平衡具有一致性。随后王善迈等（2003）在对中国公共教育体制改革的研究中指出，经过改革开放以来的阶段性发展，公共财政虽然在义务教育阶段付出了较大的努力，但财政教育支出不足以及教育分布不平衡等问题依然凸显，并就教育财政制度法规、学校资源分配制度、专项转移支付模式、高等教育财政模式以及贫困资助制度五大方面提出了详尽的制度设计和政策建议，指出了中国教育财政理论研究的基本方向。

中国教育状况的改善始于 2005 年，中央加大对教育财政支出的投入。李全生、解志恒（2006）测算了 2005 年全国各省教育的基尼系数，对中国教育公平性进行了分析，研究发现人均受教育年限越高，基尼系数越小。王蓉（2008）、李婉（2007）、郑磊（2008）利用面板数据对中国目前 31 个省市的公共教育支出数据进行了回归分析，得出了经济发展和财政分权与公共教育支出呈现负相关关系。侯慧君（2010）指出中国现阶段教育财政在 2010 年以前存在总量不足、支出比例不合理、地区分配不合理、资金使用效率低下、中央地方政府财权与事权不对等、民间资本进入难六大方面的问题。宗晓华（2011）立足教育财政当下发展趋势，提出公共教育财政要以解决政府教育支出责任为突破口，循序渐进地明确政府与市场边界、明确政府在决策权处置方面的方向，制定适合中国国情的公共教育财政制度。高萍（2013）使用中国各省份的面板数据研究发现中国近年来教育不均等程度有所缓解，并指出应该继续提高地区基本公共教育供给能力和均等化程度。屠建州等（2016）认为存在财政教育资金缺口的集中地区是中西部地区，并设计出一套有条件的专项转移支付方案用以保证资金向教育支出缺口地区倾斜。

以上的文献指出了当前中国公共教育制度存在公共教育供给能力不足、财政经费运用不合理的缺陷。研究财政教育经费的利用与教育资源最优配置组合息息相关，这就涉及公共教育供给的投入-产出效率层面。现有文献针对高等教育投入产出效率的研究相对成熟，而对基础教育的研究还并不完善。李玲等（2014）使用 DEA 与 Malmquist 指数法研究了中国农村义务教育经费的配置效率，研究结果表明农村的义务教育经费配置效率较高，但研究仅限于农村的义务教育层面。白雪洁等(2010)同样使用DEA的方法分别测算了小学与初中的效率水平，并指出各项投入要素的冗余程度。但该研究在产出指标的选择上并没有考虑教育的质量，并且以效率值0.8为界限划分高效率与低效率区域并不合理，这是因为DEA基本模型测算的效率值只能作为效率排序的依据，在不同的年份、不同的教育水平计算出来的具体数值是不可比较的。张爱英(2014)使用DEA测算了各省份基础教育效率，该研究将中等教育囊括在内，在测算效率后进一步通过实证检验分析了财政支出力度等经济指标对基础教育效率的影响。但该研究只考虑了数量因素而忽略了教育的质量。

已有的文献针对基础教育效率的研究主要存在以下缺陷：第一，研究对象集中在高等教育和义务教育，但高中教育也同样重要[①]，但现有的文献关于将高中阶段纳入省际基础教育财政配置效率的研究十分不足，投入产出指标的选择上也存在较大的局限；第二，以往关于基础教育研究的文献仅立足于教育本身在经费利用、教学与管理层面的效率，而不是以公共部门为主体从资源优化与浪费的角度选择指标并进行考量，本节在投入与产出指标的选择上充分考虑了财政资源配置的职能，并纳入了衡量宏观经济的绩效的产出指标；第三，在关于省际层面包括高中阶段的基础教育供给效率的研究中缺少对效率动态变化的解释，即对资源浪费的改善还是恶化的研究仍不充分，本节使用Malmquist指数法将效率与全要素生产率指标进行分解，用以考察省际基础教育资源浪费是否存在改善。

二、研究方法及数据

效率的研究方法主要分为非参数法和参数法，参数法为随机前沿方法(SFA)，而非参数方法为数据包络分析(DEA)与随机处置壳(FDH)方法。参数法需要确定生产函数的具体形式，若生产函数形式设定不准确，则会引起较大的回归误差。非参数法的优势是不需要设定生产函数的具体形式，不需进行回归，也不需要对不同量纲的投入与产出变量单位化，而是利用线性规划的

① 本节的研究将基础教育划分为初等教育和中等教育，具体研究对象为小学、初中与高中阶段。《国务院关于基础教育改革与发展的决定》提出要大力发展高中阶段教育，而《“十三五”时期规划》中也提出要普及高中阶段教育，可见高中阶段的教育水平和质量的提高已经成为当前民生关注的重要问题，因此将其纳入公共基础教育的范围内。

方法刻画效率生产前沿面，测量各个决策单元(DMU)的相对效率，因此国内外广泛地将其应用到经济与管理的各个领域。Afonso(2005)最早将非参数方法应用到OECD国家教育与医疗效率的研究中，同时使用FDH与DEA方法进行了对比分析，研究指出DEA方法较FDH更加严格，使用DEA方法测算而得的有效率的决策单元在使用FDH方法测算时一定是有效率的，但若是使用FDH方法测算的有效率的决策单元则不一定在DEA方法的测算下有效率。Afonso(2005)还使用FDH方法对OECD国家公共支出效率进行测算，进而评价了OECD国家的政府规模的适度性；Afonso(2013)在其后续的研究中运用DEA和SFA两种方法对比分析了OECD国家总产出的全要素生产率，研究显示两种方法所得出的结果基本一致。从国内外的研究来看，DEA在研究公共部门的效率问题上是一种行之有效的方法。

本节使用DEA-CCR模型与DEA-Malmquist指数法从静态和动态两个角度对各省(自治区、直辖市)基础教育效率与全要素生产率的情况进行描述。静态效率排序主要使用CCR模型，但CCR模型只能使用截面数据计算一年期各省的相对效率值，不能在时间序列上考察效率的增减趋势，也不能将效率数值在不同年份上进行比较。为了补充上述模型的缺陷，并展现各省份效率与全要素生产率在2004—2012年的动态变化，本章使用DEA-Malmquist指数法进行补充，这一方法可以展现效率与全要素生产率在一段时期内增加和减少的幅度，因此称之为动态效率变化，两种方法互为补充，以全面地解释各地区2004—2012年财政配置基础教育资源的优化与浪费情况。

CCR模型的基本思想是将某一经济系统看成是基于一定投入要素实现特定产出的生产过程。假设有n个决策单元(DMU)，每个DMU都有m种类型的投入要素x以及s种类型的产出要素y，则其线性规划公式如下：

$$\begin{cases} \min \theta = V_D, \\ s.t.\ \sum_{j=1}^{n} x_j \lambda_j + s^- = \theta x_0, \\ \quad \sum_{j=1}^{n} y_j \lambda_j - s^+ = y_0, \\ \quad \lambda_j \geqslant 0,\ j=1,\ 2,\ \cdots,\ n, \\ \quad s^- \geqslant 0,\ s^+ \geqslant 0. \end{cases} \tag{7.1}$$

方程组(7.1)中，若$\theta=1$，则决策单元DMU_j为弱DEA有效；若$\theta>1$，并

且 $s^-=0$，$s^+=0$，则决策单元为 DEA 强有效，DEA 弱有效与强有效均说明投入要素配置是优化的；若 $\theta<1$ 则决策单元为 DEA 无效，说明投入要素存在浪费。

在动态效率分析阶段，本章使用的是基于 DEA 技术的 Malmquist 指数法。Malmquist 指数最早由瑞典经济学家 Malmquist 作为一种消费指数而提出，通常是与非参数方法中的数据包络分析法（DEA）结合使用。Malmquist 指数法所计算出来的分解指标可以考察各省基础教育投入-产出效率增减的百分比，并且可以报告出全要素生产率的变化趋势。假设（X_s，Y_s）和（X_t，Y_t）分别表示时期 s、t 的投入、产出向量，$D_0^s(X_s, X_s)$ 表示以 s 时期技术为参照的 s 期投入产出向量的产出距离函数，$D_0^s(X_t, X_t)$ 表示以 s 时期技术为参照的 t 期投入产出向量的产出距离函数。s 时期 Malmquist 生产率指数为：

$$M_0^s(X_s, Y_s, X_t, Y_t)=\frac{D_0^s(X_t, Y_t)}{D_0^s(X_s, Y_s)} \tag{7.2}$$

通过对（7.2）式中不同时期技术条件下的两个 Malmquist 指数取几何平均值，进一步分解后可得到（7.3）式：

$$\begin{aligned} M_0(X_s, Y_s, X_t, Y_t) &= \left[\frac{D_0^s(X_t, Y_t)}{D_0^s(X_s, Y_s)} \times \frac{D_0^t(X_t, Y_t)}{D_0^t(X_s, Y_s)}\right]^{\frac{1}{2}} \\ &= \frac{D_0^t(X_t, Y_t)}{D_0^s(X_s, Y_s)} \times \left[\frac{D_0^s(X_t, Y_t)}{D_0^t(X_t, Y_t)} \times \frac{D_0^s(X_s, Y_s)}{D_0^t(X_s, Y_s)}\right]^{\frac{1}{2}} \\ &= EC \times TP \end{aligned} \tag{7.3}$$

其中，$EC=\frac{D_0^t(X_t, Y_t)}{D_0^s(X_s, Y_s)}$，$TP=\left[\frac{D_0^s(X_t, Y_t)}{D_0^t(X_t, Y_t)} \times \frac{D_0^s(X_s, Y_s)}{D_0^t(X_s, Y_s)}\right]^{\frac{1}{2}}$。

式（7.3）结果中第一项 EC 表示技术效率变化（Efficiency Change），第二项 TP 表示技术进步（Technical Progress），其中技术效率变化（EC）纯技术效率变化（PC）×规模效率变化（SC）。所以全要素生产率变化（TFP）可分解为技术进步、纯技术效率变化和规模效率变化，即：$TFP=TP\times PC\times SC$。

本节的基础教育研究范围包括义务教育和中等教育，因此所有投入、产出指标均由普通小学、普通初中和普通高中相应指标加总得到。使用 DEA 方法测度效率时的关键环节在于投入与产出指标的选择，选择不同的指标可以体现不同的经济目的。在借鉴国内外研究并结合中国基础教育现实情况的基础上，本章从地方财政配置基础教育资源的角度选择投入与产出指标，具体见表7.1。

表 7.1　基础教育投入产出效率指标体系

一级指标	二级指标	三级指标
投入指标	人力投入	专任教师数(人)
	物力投入	学校数(所)
	财力投入	固定资产总值实际值(万元)
		财政预算内教育事业费(万元)
		基本建设支出实际值(万元)
产出指标	数量指标	在校生数(人)
	质量指标	巩固率(%)
	经济绩效	实际 GDP 增长率(%)

投入指标为专任教师数、学校数、财政预算内教育事业费支出、财政预算内教育基本建设支出实际值以及各级各类学校固定资产总值实际值。这五个指标分别从人力、物力、财力三个方面综合地体现了地方财政对中国基础教育的投入情况，其中固定资产总值实际值与基本建设支出实际值是由其名义值经过固定资产投资价格指数调整得到[①]。

衡量教育产出的指标主要分为数量指标和质量指标两方面，其中数量指标主要为在校生数或毕业生数，数量指标在一定程度上与财政支出直接相关。教育质量指标的选择也应与财政支出相关联，如质量指标以知识、技能等衡量时，主要体现的是教学质量，用来评价学校层面的效率水平；从政府支出的角度来评价教育效率的质量指标主要为毕业率、巩固率、完成率等[②]。本节的产出指标包括反映数量的在校生数以及反映质量的巩固率。巩固率是衡量一个国家教育质量的重要指标，起初在义务教育阶段被广泛使用。本节中巩固率具体指高中毕业人数与小学第一年入学人数之比，其中小学第一年入学人数用小学招生人数代替。此外，本节还增加了反映经济绩效的指标——实际GDP 增长率，这是由于教育对经济发展有着重要的作用，教育可以提高劳动

① 给定学校建设标准，同样的一所学校建在北京、上海，与建在西部地区三四线城市成本存在较大差别，但提供的教学空间是相同的，因此固定资产总值与基本建设支出若使用名义值会带来较大估计误差。

② 丁建福，成刚. 义务教育财政效率评价[J]. 北京师范大学学报，2010(2)：109—117.

力素质，提高人力资本水平，改善人口和劳动力资源状况，提高劳动生产率；教育还可以促进科学研究的繁荣，进一步地激发创新，提高地区经济增长。本节的研究目的在于从政府配置资源的角度衡量基础教育的资源优化与浪费情况，资源有效配置的目的是为了促进经济长期可持续增长，因此增加基础教育的经济绩效指标是本节与其他相关研究的不同之处。

使用DEA方法时，决策单元(DMU)的个数要大于投入与产出指标总数的3倍为宜，投入与产出的指标个数的总和越多，测算出的效率水平就越高，位于效率前沿的DMU个数也越多，测算出来的效率水平存在偏差。因此使用省际层面的数据进行DEA效率的测算时，DMU为30个省(自治区、直辖市)，投入与产出指标的个数的加总应该小于10个。

专任教师数、在校生数与学校数的数据来源为各年份《中国统计年鉴》；财政预算内教育事业费与基本建设支出数据来自各年度《中国教育经费统计年鉴》；各类学校固定资产总值数据来源为各年份《中国教育统计年鉴》；巩固率与人均GDP增长率数据来源为相关年份《中国统计年鉴》，并经计算得到。由于各级各类教育层次的固定资产总值数据年份上的限制，本节选择2004—2012年的数据，将全国除西藏外30个省份作为各个决策单元(DMU)，以最大限度地反映全国各省份财政配置基础教育效率的情况。本节所有实证结果均使用DEAP2.1软件操作而得。

三、基础教育配置效率的测算结果

(一) 静态效率排序与投入要素最优规模

本节此处的研究采用的模型为投入导向型的CCR模型，也就是保持现有的产出水平下，投入要素应该缩小的程度①。本节列出了2004年与2012年的对比测算结果(见表7.2)。结果显示：

第一，2004年有10个省份的基础教育资源实现优化配置，技术效率值(*TE*)处于效率前沿面上；2012年基础教育资源优化的省份上升至12个。与2004年处在技术效率(*TE*)前沿面的省份相比，2012年北京市基础教育的技

① CCR模型测算出来的技术效率(*TE*)可以进一步分解成纯技术效率(*PTE*)与规模效率(*SE*)，其中$TE=PTE\times SE$。*TE*反映的是规模报酬不变的情况下各省(自治区、直辖市)的基础教育规模与生产前沿面之间的距离，*PTE*反映的是规模报酬可变的情况下，各省基础教育规模与生产前沿面之间的距离，因此，当某个DMU既处于*PTE*的生产前沿面上，又处在TE的生产前沿面上，则它的*SE*也是有效率的，而某个DMU只在*PTE*的生产前沿面上，不在*TE*的生产前沿面上，则它的*SE*是无效的。

术效率(TE)水平从原本的效率前沿面上降为第 26 名，湖北从原本的基础教育技术效率(TE)前沿面上降为第 14 位。北京与湖北的基础教育的技术效率(TE)虽然都从有效水平变为无效，但北京主要是由于基础教育纯技术效率(PTE)低下引起的，而湖北则是由于基础教育的规模效率(SE)低下引起的。相反，江西的基础教育效率从原本的第 23 名进入到了技术效率(TE)前沿面上，四川的基础教育效率由原本的第 17 名无效水平上升至 2012 年的有效水平，说明这两个省份地方政府近年来基础教育投入要素的调整已经到最优规模。此外，从表 7.2 还发现处在技术效率(TE)前沿的省份中，东部省份与西部省份较多，中部省份较少。

表 7.2　2004 年与 2012 年各省份基础教育投入产出效率地区差异

年份	2004 年					2012 年					
地区	crste	vrste	scale		排序	地区	crste	vrste	scale		排序
北京	1.000	1.000	1.000	—	1	天津	1.000	1.000	1.000	—	1
天津	1.000	1.000	1.000	—	1	吉林	1.000	1.000	1.000	—	1
上海	1.000	1.000	1.000	—	1	江苏	1.000	1.000	1.000	—	1
江苏	1.000	1.000	1.000	—	1	浙江	1.000	1.000	1.000	—	1
湖北	1.000	1.000	1.000	—	1	江西	1.000	1.000	1.000	—	1
广东	1.000	1.000	1.000	—	1	山东	1.000	1.000	1.000	—	1
海南	1.000	1.000	1.000	—	1	河南	1.000	1.000	1.000	—	1
贵州	1.000	1.000	1.000	—	1	广东	1.000	1.000	1.000	—	1
青海	1.000	1.000	1.000	—	1	四川	1.000	1.000	1.000	—	1
宁夏	1.000	1.000	1.000	—	1	贵州	1.000	1.000	1.000	—	1
河南	0.995	1.000	0.995	drs	11	青海	1.000	1.000	1.000	—	1
安徽	0.983	1.000	0.983	drs	12	宁夏	1.000	1.000	1.000	—	1
山东	0.982	1.000	0.982	drs	13	内蒙古	0.996	1.000	0.996	drs	13
陕西	0.977	1.000	0.977	drs	14	湖北	0.986	1.000	0.986	drs	14
新疆	0.977	0.978	0.999	drs	15	河北	0.969	0.971	0.998	irs	15
甘肃	0.950	1.000	0.950	drs	16	黑龙江	0.969	1.000	0.969	drs	16
四川	0.943	0.979	0.962	drs	17	海南	0.969	1.000	0.969	drs	17
广西	0.938	1.000	0.938	drs	18	上海	0.968	1.000	0.968	irs	18
重庆	0.914	0.914	1.000	—	19	广西	0.963	0.965	0.998	irs	19
浙江	0.909	0.909	1.000	—	20	新疆	0.962	0.965	0.998	irs	20
辽宁	0.904	0.941	0.960	drs	21	重庆	0.951	1.000	0.951	drs	21
吉林	0.901	0.906	0.995	irs	22	湖南	0.920	0.931	0.989	drs	22

续 表

年份	2004 年					2012 年					
地区	crste	vrste	scale		排序	地区	crste	vrste	scale		排序
江西	0.875	0.952	0.919	drs	23	辽宁	0.919	0.988	0.931	drs	23
内蒙古	0.858	1.000	0.858	drs	24	云南	0.883	0.886	0.997	drs	24
河北	0.826	0.860	0.961	drs	25	福建	0.878	0.886	0.992	drs	25
云南	0.805	0.812	0.992	drs	26	北京	0.872	0.890	0.980	irs	26
福建	0.801	0.802	1.000	—	27	甘肃	0.865	1.000	0.865	drs	27
湖南	0.788	0.816	0.965	drs	28	安徽	0.841	0.900	0.935	drs	28
黑龙江	0.772	0.773	0.999	drs	29	陕西	0.818	1.000	0.818	drs	29
山西	0.754	0.961	0.784	drs	30	山西	0.786	0.973	0.808	drs	30
平均值	0.928	0.953	0.974	—	—	平均值	0.951	0.978	0.972	—	—

注：crste 表示技术效率（*TE*），是 CRS 技术计算出来的结果；vrste 为纯技术效率（*PTE*），是 VRS 技术计算出来的结果；scale 为规模效率（*SE*），irs 表示规模报酬递增，drs 表示规模报酬递减；技术效率可分解为纯技术效率和规模效率，且技术效率等于纯技术效率与规模效率的乘积，表 7.3 同理。

东部只有天津的基础教育技术效率（*TE*）依然处于效率前沿，北京与上海 2012 年的基础教育技术效率（*TE*）均有所降低。整体来看，除海南与辽宁外的东部其余省份基础教育技术效率（*TE*）都没有降低。同样作为直辖市的重庆基础教育技术效率（*TE*）排名仅下降两位，不同的是 2004 年重庆基础教育低效率是由于纯技术效率（*PTE*）较低导致，2012 年则是由于规模效率（*SE*）导致的，重庆应该将目前基础教育效率的调整重点放在规模效率（*SE*）上。东北三省中黑龙江与吉林的基础教育技术效率（*TE*）排序也都有显著提高，黑龙江 2004 年基础教育技术效率（*TE*）排序为倒数第二，但是 2012 年上升至第 16 名，且技术效率较低主要源自规模效率（*SE*）低下；吉林的基础教育则从原本 2004 年的低效率转变为 2012 年处于效率前沿面的位置上。

表 7.3 为 2012 年东、中、西部地区基础教育效率的平均值。从各年份横向比较来看，中部地区基础教育资源浪费最多，其次是西部地区，东部地区资源浪费最少。三大地区基础教育的技术效率（*TE*）低下虽然是纯技术效率（*PTE*）与规模效率（*SE*）低下共同作用的结果，但是中西部地区规模效率（*SE*）的影响更大一些，因为纯技术效率（*PTE*）的值要低于规模效率（*SE*）的值，东部地区则是纯技术效率（*PTE*）的影响更大一些。西部地区虽然经济发展水平低于中部地区，但是基础教育的供给效率却高于中部地区。近年来中国大力扶持西部地区的基础教育，使得西部地区教育资源配置有所改善。例

如教育部出台相关优惠政策鼓励大学生毕业后到中西部基层地区就业、高等师范大学免费师范生毕业后到基层就业以及中国扩大对西部地区教育投入的政策都促进了西部地区公共教育的发展。

表 7.3　　2012 年东、中、西地区平均基础教育效率

地区	srste	vrste	scale
东部	0.961	0.976	0.985
中部	0.938	0.976	0.961
西部	0.949	0.983	0.966

DEA 方法不仅会对效率进行排序，还会给出在纯技术效率（*PTE*）为 1 时投入要素应缩减浪费的程度。本节依据 DEA 测算出的投入要素目标值与原始值进行对比，计算出 2012 年基础教育纯技术效率低于 1 的省份投入要素应减少的比例（见表 7.4）。总体来看，在基础教育纯技术效率低于 1 的各省份，五种投入要素都需要减少。北京市各项教育资源都存在着大量的浪费，其中财政预算内基础教育事业费支出需要减少 34%，而基本建设支出需要减小 73%，说明在现有的产出水平下，北京市基础教育财政性支出资金利用率极其低下，人员也存在冗余，基础教育的教育事业费仅需当年的 66%，而基础教育基本建设支出仅需当年的 27%。山西、安徽与云南三省在固定资产总值这项投入要素存在浪费，这三个省份需要更加注重教育的质量，而不是学校基础设施的建设上。新疆的教育基本建设支出与北京一致，仅需要当年的 27%，近年来中国的教育逐渐向西部倾斜，虽然基本建设支出一直有所扩张，但在新疆却没有使得基础教育的产出达到应有的规模，基本建设支出浪费了 73%之多。以上的结果显示，中国 2012 年大概有 1/3 省份存在纯技术效率（*PTE*）低下的问题，这些地区在现有的产出水平下应该按照表 7.4 中的投入要素减少的比重进行资源配置。

在“十三五”时期，人口大规模流动进程中，一方面地方政府正面对着基础教育需求极大而供给不足的问题，另一方面财政对于基础教育投入要素的配置在部分省份却存在效率扭曲。财政经费的损失必然最后将转化成所有纳税人的负担，降低居民的公共福利。

表 7.4　2012 年低技术效率省份基础教育投入要素应缩减的比例

地区	固定资产总值	教育事业费支出	教育基本建设支出	专任教师数	学校数
北京	0.28	0.34	0.73	0.11	0.11
河北	0.11	0.03	0.03	0.10	0.03
山西	0.22	0.03	0.03	0.10	0.03
辽宁	0.01	0.12	0.12	0.08	0.01
安徽	0.31	0.18	0.28	0.10	0.10
福建	0.15	0.11	0.11	0.11	0.11
湖南	0.07	0.07	0.07	0.08	0.07
广西	0.12	0.12	0.04	0.04	0.15
云南	0.29	0.23	0.11	0.11	0.11
新疆	0.04	0.13	0.73	0.20	0.04

(二) 基础教育技术效率与全要素生产率的动态变化

为解决传统的 DEA-CCR 模型不能显示出每个地区在 2004—2012 年基础教育效率的增减趋势、不能揭示基础教育资源浪费的改善与恶化程度问题，此处实证分析采用 DEA-Malmquist 指数法对 2004—2012 年的各省份基础教育供给效率的变化趋势进行测算，见表 7.5。技术效率变化(*EC*)指标显示在 2004—2012 年间技术效率(*TE*)平均值增长了 0.3%，其中，2007 与 2009 年的各省份基础教育技术效率(*TE*)的平均值较上一年有所降低，其余年份较上一年有所增长，说明中国存在基础教育资源浪费的省份近年来浪费程度有所改善。2007 年与 2009 年的技术效率的降低是由于纯技术效率变化(*PC*)与规模效率变化(*SC*)共同导致的，纯技术效率与规模效率均有所降低。

从纯技术效率变化(*PC*)的角度看，2005 年纯技术效率(*PTE*)降低，而技术效率(*TE*)增加，说明 2005 年 TE 的增加主要是来自规模效率(*SE*)的增长；除此之外其余年份纯技术效率(*PTE*)都比上一年有所增长，对技术效率(*TE*)的增长有所贡献。从规模效率变动(*SC*)的角度来看，规模效率(*SE*)的各省平均值在 2005 年、2008 年与 2011 年较上一年有所增长，2006 年与上年保持不变，其余年份与上一年相比有所降低。通过将技术效率变化(*EC*)的平均值分解发现，中国基础教育技术效率(*TE*)在 2004—2012 年之间的变化主要体现在纯技术效率(*PTE*)的变化上，因为纯技术效率(*PTE*)的变动幅度更大。这表示虽然短期内应更关注规模效率(*SE*)的提高，但长期更需要关注纯技术效率（PTE）的变化，也就是在现有的规模和教育管理水平下，降低财政支出的浪费和教育人员的冗余，达到基础教育的“生产可能性边界”。

表 7.5　　2004—2012 年中国各省份基础教育效率变化趋势

年度	技术效率变化	技术变化	纯技术效率变化	规模效率变化	全要素生产率
2005	1.013	0.997	0.999	1.014	1.009
2006	1.016	0.946	1.016	1.000	0.961
2007	0.981	1.080	0.988	0.993	1.059
2008	1.011	0.942	1.001	1.010	0.952
2009	0.976	0.942	0.988	0.987	0.919
2010	1.004	0.933	1.017	0.987	0.936
2011	1.016	0.960	1.007	1.009	0.975
2012	1.010	0.908	1.012	0.998	0.918
平均值	1.003	0.962	1.004	1.000	0.965

注：若指数等于 1，则表示相应指标在该时间段没有增减；若指数大于 1，说明该指标在相应时间段增长，反之亦然。①

经济增长的动力来源为全要素生产率与要素的投入（高帆，2015）。对于基础教育而言，全要素生产率更多地反映了在现有的投入要素水平不变时产出仍然能够增长的幅度，是政府制定长期经济政策的重要依据。中国基础教育全要素生产率（TFP）从 2004—2012 年平均降低了 3.5%，其中除了 2005 年与 2007 年外，每一年与上一年比较都是下降的。笔者发现全要素生产率（TFP）的降低是由于技术变化指数（TC）小于 1，这说明中国的基础教育存在“技术退步”。众所周知，技术只能进步，不可能出现倒退的现象。技术进步指标小于 1，一方面是由于经济转型时期针对基础教育的制度与政策的出台使得基础教育需要一定的适应期，或者硬件设施或师资质量的更新跟不上经济发展的速度导致；另一方面来自当前城镇化快速发展阶段对基础教育需求的快速扩大，而教育质量提高缓慢，形成了相对的技术“退步”。在投入要素不变的情况下，这种相对的“技术退步”会使得基础教育产出降低。

① 五个指标的基本关系如下：全要素生产率（TFP）＝技术效率变化（EC）×技术变化（TC），其中，技术效率变化（EC）＝纯技术效率变化（PC）×规模效率变化（SC），所以，全要素生产率（TFP）＝纯技术效率变化（PC）×规模效率变化（SC）×技术变化（TC）。技术效率变化（EC）表示技术效率（TE）的增长或降低；纯技术效率变化（PC）反映纯技术效率（PTE）的增长或降低；规模效率变化（SC）反映规模效率（SE）的增长或降低。

四、提高基础教育配置效率的建议

本节使用DEA基本原理，采用CCR模型与Malmquist指数法对中国各省份地方政府基础教育供给的效率及全要素生产率的动态变化进行详细的测算，以揭示财政基础教育资源的优化与浪费状态及其改善情况，研究得出以下结论：

其一，中国基础教育资源浪费现象存在地区差异，财政对基础教育资源的浪费近年来有所改善。从省际效率排序变动的平均值来看，全国只有少于1/2的省份处在效率前沿。东部直辖市中北京与上海的技术效率的排序下降，东北三省中吉林与黑龙江效率排序上升幅度较大。从东、中、西三大地区的平均值比较来看，东部地区基础教育技术效率水平最高，西部地区基础教育的技术效率高于中部地区。无论从纯技术效率的角度还是规模效率的角度来看，在保持现有的经济绩效与教育产出的情况下，中国地方政府对于基础教育供给无论在人力、物力还是在财力上都存在明显的浪费。纯技术效率低下的地区，如2012年北京市财政基础教育事业费支出应该缩减34%，基本建设支出需要缩减73%才能达到纯技术有效，其余中部六省、西部三省在当前的产出水平上，教师资源、固定资产总值、学校数量也都存在冗余。从效率数值的动态变化来看，除了2006年至2007年技术效率降低以外，其余年份基础教育技术效率都在增长，说明基础教育资源浪费的省份资源配置得到改善。

其二，短期内，政府应该重视优化投入要素的规模，提高规模效率。地方政府作为基础教育的“生产者”，应促进生产技术水平达到最优化，投入资源被合理的利用。然而，中国有近20个省份技术效率低于效率前沿，其中1/2省份基础教育技术效率的低下完全来自规模效率低下。存在规模效率低下的省份中的多数地区处于规模报酬递减阶段，这意味着基础教育的投入增加时，产出增加的比重要低于投入增加的比重，基础教育的供给规模并没有达到最优，对于纯技术效率为1而规模效率低于1的省（自治区、直辖市）来说，虽然对于基础教育的“生产技术”已经达到最优，但还需要整合投入要素的配比以使其达到最优规模。

其三，长期时，地方政府应重视在投入要素不变的情况下，如何通过促进技术进步使得教育产出增长，也即提高基础教育的全要素生产率。使用Malmquist指数法测算发现，各地区基础教育的全要素生产率除2005年与2007年外其余年份均下降，下降的原因来自技术“退步”，这说明经济转型时期针对基础教育的制度与政策的出台需要一定的适应期，当前城镇化快速发展阶段对基础教育的需求快速扩大，而教育质量提高缓慢，形成了相对的技术“退步”。由“技术退步”导致的基础教育产出降低，会形成基础教育投入资源的相对浪费。

在人口大规模流动的城镇化时期地方政府对基础教育资源配置应该从以下几个方面进行改进：

第一，各省地方政府对于基础教育供给应该因地制宜，寻求财政教育投入要素规模配置的最优方案，以解决效率低下问题。中、西部地区若要扩大基础教育的供给，应该首先提高规模效率，优化各项教育资源的投入比例，如安徽省应该主要缩减对基础教育固定资产的投资，而新疆则应该适当将财政资源向固定资产和学校数量的增加倾斜；相反东部地区经济发展较好，基础教育技术效率普遍较高，处于基础教育技术效率前沿上的东部省份若要扩大基础教育的供给可按照原本的投入要素比例增加基础教育要素投入，而对于如北京这样资源浪费较多的地区，则在扩大教育供给时，应该降低基本建设支出占财政资源的比例，适当精简教师队伍，重点将财政资金用于教学质量的提高，如增加图书、仪器与远程教学设备，增加教师培训次数以优化课程设置等方面。

第二，基础教育的全要素生产率近年来有所下降，并主要是由“技术退步”导致。“技术退步”体现在城镇化进程下基础教育的供给数量与质量跟不上经济发展的速度，针对基础教育的财税政策具有时滞性。为解决这一问题，首先，财政专项转移支付的比重可适当增加，但要保证教育资金能够专款专用，抵制教育资金被挤占的行为。其次，在进一步深化城镇化基础教育供给的改革方面，完全由政府配置教育资金不能完全避免效率损失，政府一方面可以适当在高中阶段引入市场的力量，并给予税收政策等多方面的支持，发挥市场配置资源的灵活性以促进基础教育的发展；另一方面也要加强对市场的监管，对私立学校的师资、基础设施、收费管理进行严格审查，确保受教育的权益。最后，提高基础教育全要素生产率应该将资金更多地用于教育质量上的提高，如引进高学历或教学经验丰富的专任教师而不仅仅是增加教师的数量，而不是修建校舍、增加固定资产投资，从而使基础教育的质量的提高与经济快速发展接轨。

第二节 劳动力流动进程中的财政支出责任研究

一、劳动力流动进程中的基本公共服务支出压力

中华人民共和国成立初期实行的城乡分割户籍制度严重阻碍了城镇化的发展。以往的户籍制度改革对引导农民工流动的作用也有限,这说明已有的户籍改革制度附带的条件过于苛刻,农民工获得城市户籍具有一定困难(孙文凯,白重恩,谢沛初,2011)。农民工流入城镇加快了城镇经济发展。首先,农民工转移对GDP增长起着重要的推动作用,改革开放以来劳动力流动对中国经济增长的贡献为16%到20%(蔡昉,2000);其次,在市场化程度不断提高的前提下,农村剩余劳动力流入城镇对城镇居民收入有显著的正效应,即农村劳动力流入城镇数量越多,城镇居民收入越高(沈坤荣,余吉祥,2011);最后,人口净流入对该地区人力资本积累主要为促进效应(阮荣平等,2011)。农业流动人口虽然对流入地带来诸多好处,但却并未得到与其贡献相应的社会重视。付文林(2007)在其研究中也指出了知识、技术水平较低的劳动者在迁移中面临着明显的公共福利歧视。农民工往往受到就业与生活等多个层面的社会排斥(白南生,李靖,2008)。农民工作为城镇化的主体却被排斥在人口流入地城镇基本公共服务系统之外,不能与该地区城镇户籍人口平等地享受城镇化成果,这往往有失公平。

党的十八大将新型城镇化作为国家战略,提出"加快改革户籍制度,有序推进农业转移人口市民化,努力实现城镇基本公共服务常住人口全覆盖"。《国家新型城镇化规划(2014—2020年)》(以下简称《规划》)的目标是户籍人口城镇化率到2020年将达45%左右,平均每年城市户籍人口需要增加1.3个百分点。随着城镇化的快速发展,诸如社会优抚与救济、养老保障、基础教育、公共卫生以及公共文化等基本公共服务项目都会产生总量上的变化(王伟同,2009),显然,城镇化的基本公共服务成本分担机制的设计需要首先明确推进城镇化带来的各方利益冲突与财政支出责任划分中应注意的问题。

根据《规划》,政府将承担城镇流动人口市民化的大部分基本公共服务方面的成本。城镇化进程中比较突出的两方面问题为农民工住房保障和随迁子女的基础教育问题。近年来,城市的"城中村"问题十分严重,例如,深圳由于

保障性住房供给不足，房地产市场供不应求，较高的价格使涌入深圳的农民工无法负担高额的房租，很多低收入人员居住在“城中村”。城镇住房保障是县级以上人民政府的重要责任，目前中国房价收入比在经济发达地区一般都很高，上海等一线城市已经远高于纽约、首尔和伦敦，保障性住房的供给尤为重要。中国现阶段保障性住房主要包括公共租赁房、共有产权房与经济适用房。经济适用房是“十二五”时期保障性住房的主体。中国以往的经济适用房政策适用对象为城镇低收入户籍人口，外出务工的低收入流动人口并没有被纳入经济适用房政策适用范围。2010年中国外出务工的农民工有1.59亿人，真正在城市购房的还不足1%，政府应该承担起为低收入外来务工人员提供保障性住房的责任。

从2010年中国经济适用房的供给情况看，各省份已售出的经济适用房基本属于大户型(见表7.6与表7.7)。假设按照一户为三口人计算，2010年农业流动人口大约为5 300万户。按照2010年已销售的经济适用房平均面积每户84.3平方米、每平方米2 495元计算，平均每套经济适用房购置成本约21万元，全国所有农业流动人口经济适用房在2010年的总购置成本为11万亿元，可见，若按当前经济适用房的规模为低收入流动人口提供保障房，购房负担依然很重，政府的建造成本也十分巨大。对于农业流动人口而言，政府应以优惠的政策鼓励城镇专门为低收入流动人口提供小户型保障房。仍然以2010年数据为准，按人均建筑面积15平方米计算，将全部流动人口纳入保障房体系还需要提供6万亿元的保障房，不仅如此，这背后还需要政府承担大量为补贴而少收、免收土地出让金等的机会成本。由此可见，流动人口市民化的住房成本是十分巨大的，这并不是一次性的过程，而是一个逐渐覆盖的循序渐进的过程。依据《规划》，保障性住房的提供要针对中等偏下收入的农业流动人口实行租售并举，当前公共租赁房的供给显然不足，取得公共租赁房资格的流动人口依然较少。

共有产权房作为另一种住房保障手段，政策适用范围在不同地区有所差异。上海市共有产权房面向对象为地区常住人口，与经济适用房的面向对象比较，这显然是放松了户籍的限制。对外来务工人员来说，只要在当地工作一定年限，外来人口也有可能申请到共有产权房。政府可以为农业流动人口提供一定数量的小户型共有产权房，这虽然减轻了低收入流动人口的购房压力，但由于共有产权房一部分产权由政府承担，这势必会加重政府的支出压力。依据成涛林(2015)的估计，按照到2020年全国保障房覆盖面为20%的最低标准、2014—2020年新增人口11 568万人、平均每个家庭为3人、保障性住房建造成本每年增加10%来算，保障性住房的建设投资还需要17 276亿元。此外长三角地区、珠三角地区一方面地区房价较其他地区偏高，另一方面流入该地区的农民工也较多，因此政府保障性住房供给成本要高于中西部地区。

表7.6　2010年中国各地区经济适用房平均价格　(单位：元/平方米)

地区	经济适用房平均价格	地区	经济适用房平均价格
全国总计	2 495	河南	1 991
北京	4 520	湖北	2 398
天津	4 754	湖南	1 626
河北	2 323	广东	3 718
山西	1 546	广西	1 807
内蒙古	1 837	海南	3 465
辽宁	3 064	重庆	2 451
吉林	1 977	四川	1 865
黑龙江	1 952	贵州	2 590
上海	—	云南	1 757
江苏	2 449	西藏	—
浙江	3 379	陕西	2 246
安徽	1 781	甘肃	1 840
福建	2 440	青海	1 045
江西	1 594	宁夏	1 388
山东	2 702	新疆	1 566

数据来源：《中国房地产统计年鉴2011》。

为流动人口随迁子女提供基础教育公共服务是中国推进新型城镇化进程中不可忽视的重要部分。由于户籍制度的限制，流动人口子女往往不能在城镇内接受正规的城市学校教育，与普及义务教育和保证每一个适龄儿童受教育的权利相违背，也不利于国民素质的提高。现有的城市中小学校已经满负荷运转、不堪重负，若将流动人口随迁子女再纳入当前的教育系统中，便成为另一个财政难题。

表 7.7 2010 年中国各地区经济适用房销售情况

地区	销售面积（平方米）	销售套数（套）	平均每套面积（平方米）	地区	销售面积（平方米）	销售套数（套）	平均每套面积（平方米）
全国	27 488 701	325 939	84.34	河南	2 127 666	23 205	91.69
北京	494 613	6 891	71.78	湖北	994 811	11 952	83.23
天津	1 661 283	21 659	76.70	湖南	1 094 550	12 952	84.51
河北	769 244	8 353	92.09	广东	693 374	9 155	75.74
山西	287 688	3 072	93.65	广西	923 573	8 744	105.62
内蒙古	702 116	8 377	83.81	海南	418 537	3 736	112.03
辽宁	670 883	9 337	71.85	重庆	2 526 003	32 628	77.42
吉林	100 370	1 147	87.51	四川	734 005	8 039	91.31
黑龙江	517 057	7 485	69.08	贵州	1 371 629	12 086	113.49
上海	—	—	—	云南	142 514	1 657	86.01
江苏	3 151 983	37 533	83.98	西藏	—	—	—
浙江	863 591	11 086	77.90	陕西	1 290 553	14 399	89.63
安徽	376 864	4 164	90.51	甘肃	328 471	3 517	93.40
福建	524 854	6 376	82.32	青海	2 871	30	95.70
江西	1 025 621	13 860	74.00	宁夏	473 947	5 207	91.02
山东	2 450 886	30 597	80.10	新疆	769 144	8 695	88.46

注：每套经济适用房平均面积由经济适用房销售面积与销售套数之比得出。
数据来源：《中国房地产统计年鉴 2011》。

表 7.8 是根据 2010 年第六次人口普查数据中的流动人口规模和年龄结构的数据，以及 2010 年各地区的分类别的生均教育经费计算出的城镇化的基础教育成本的可能规模。计算过程如下：首先，根据各地区不同年龄段的流动人口计算出各省应上普通小学与普通中学的人口数，普通中学包括普通初中和普通高中。各地区流入人口的总体规模为户口迁移至该地五年以上的人口数，分年龄流动人口数据缺乏各省的截面数据，因此本书采用全国 7—12 岁流动人口占总流动人口数的比率乘以各地区流动人口数量代表各地区应上小学的流动人口数，同理使用全国 13—18 岁的流动人口占总流动人口的比率乘以各地区流动人口数量作为应上普通中学的流动人口数（包括普通初中和普通高中）。其次，将各地区应上普通小学的人数与应上普通中学的人数分别乘以 2010 年相应的生均教育经费，即可估算出为 2010 年所有适龄流动人口提供基础教育的财政支出数量。生均教育经费数据来自中国经济与社会发展统

计数据库。如表7.8所示，东部地区所需的基础教育经费最多，为574.8亿元，中西部地区所需要的基础教育经费分别为233亿元与153亿元左右，东部三个直辖市的基础教育经费约为148亿元，约占东部地区的四分之一，与西部11个省基础教育经费总数相差无几，显然东部直辖市的公共服务拥挤效应已经很大。中国东部地区流动人口主要来自中西部地区；中部地区与西部地区的流动人口80%以上为省内迁移人口，无论是省内迁移还是省际迁移，若户籍不在当地，根据“就近入学”原则，许多流动人口子女需要花费高额的借读费才能在其流入地上学，并且不能在当地进行升学考试。

表7.8　各地区流动人口市民化的基础教育供给成本

地区	7—12岁年龄流动人口（人）	13—18岁年龄流动人口（人）	普通小学教育经费（万元）	普通中学教育经费（万元）	基础教育经费合计（万元）
东部地区	1 987 169	4 219 436	1 440 769.99	4 307 544.11	5 748 314.11
中部地区	1 475 279	3 132 520	580 455.39	1 751 649.29	2 332 104.68
西部地区	777 286	1 650 443	407 299.65	1 122 923.44	1 530 223.09
东部直辖市	200 276	425 254	358 627.87	1 125 219.63	1 483 847.50

注：本数据根据2010年人口普查数据及中国经济与社会发展统计数据库中数据计算得出。

二、流动人口市民化的利益分配冲突

地方政府面对巨额的城镇化基本公共服务支出压力，需要明确划分各级政府的支出责任，在此之前首先需要考虑新型城镇化进程中的各种层面的利益冲突。

（一）人口流入与流出地区的利益冲突

在人口城镇化进程下，依赖于横向转移支付促进公共服务均等化难度较大。在农民工市民化的过程中，存在人口流入地财政压力加剧与人口流出地地方政府相对收益的财力失衡问题。中国目前地区间经济发展水平与公共服务供给水平差距很大，导致大城市尤其是特大城市公共服务供给的质量水平较高的同时房价也奇高。广东、浙江、上海、北京、江苏和福建等六个省市集中了全国八成以上跨省流入人口，如果再加上省内的人口流动，东部地区各省份在推进新型城镇化中的资金保障压力与其余省份相比更大。如何协调人口流入、流出地区的利益冲突？对现行政府间财税分配关系调整是巨大挑战。

（二）新市民与老市民的利益冲突

实现中国城镇化的基本公共服务均等化必须要依赖于政府的财政资金保障。《规划》提出要完善地方税体系，加快房地产税、资源税改革。房产税从长期看是地方税源的有效思路，但住房保障范围扩大、房产税改革推出，都会在一定程度上降低商品房市场的需求，并且房产税的资本化对商品房价格具有负面影响。教育、医疗等准公共品都具有俱乐部商品特征，流入人口增加到一定程度会带来拥挤问题，也会在一定程度上降低基本公共服务的质量。另外，根据现行制度，房产税与教育、医疗等地方公共服务的消费常常并不对应，以提供基本公共服务名义征收房产税可能会带来一系列的复杂公共服务分配问题。

（三）流动人口内部利益冲突

与其他免费服务一样，《规划》中指出的"政府承担推进城镇化的大部分成本"会导致迁移需求过度，在有限的财政保障资金制约下，迁移申请的批准时间会大大延长。解决这种过度需求的矛盾，只能是通过建立某种排队机制，根据申请人的财富、居住年限、申请时间等因素综合评分或通过随机选定方式实现。但因为城镇化不仅关系到代际内利益分配，也会影响到代际间利益分配，尤其是一个户口指标可能影响到家庭未成年子女的教育机会，因此，推进城镇化过程中，应当特别重视机制设计带来的不公平问题，要尽量营造一个在流动人口内部的平等的选拔机制，防止由于制度缺陷造成新的社会矛盾。

三、公共服务财政支出责任划分应注意的问题

《规划》将主要支出责任交给政府，提出要完善财政转移支付制度，建立财政转移支付同农业转移人口市民化挂钩机制。这颠覆了地方现有财政模式，因此需要合理调整并明确中央和地方的事权与支出责任。地区间财政转移支付的分配与吸纳流动人口数量挂钩存在实践困难，因为不同省份、同一省份不同地区间人口市民化的成本差异很大，通过专项转移支付的方式进行资金支持，可能会带来新的不平等问题。

流动劳动力的技术不平等程度一般要比本地户籍人口更大，即倾向于分布在劳动技术分布的两端，因此，外来流动人口越多的地区，劳动者之间的工资不平等也会更大。如果根据吸纳的人口数分配转移支付资金，各地区的流入人口异质性很高，尽管目前中央对省的转移支付规模比较大，但要找到一个

有效率的清晰推进城镇化的转移支付资金分配规则并不容易。

流动人口不断向上海、北京这样的特大城市流入，主要原因是因为这些特大城市在公共服务、就业机会等方面有着非常大的竞争优势。尽管迁移人口的年龄、收入等特征存在很大不同，但总体上各地区的常住人口中40、50岁人员占比较大，且大多数流动劳动力的收入相对比较低。如2010年人口普查数据表明，上海市的外省流入的常住人口分年龄段的结构为0—14岁、40—59岁和60岁以上的比重分别为8.53%、23.19%和2.61%①。显然，在近期要实现流动人口的市民化，对东南沿海各经济发达城市，面临的社会保障即期支出都是一个非常大的负担。

目前中国中央财政相比欧美许多发达国家，财政收入和支出的集中度均比较低，而中国这样一个劳动力流入地区间结构严重失衡的国家，推进新型城镇化过程中，中央政府不仅需要承担更大的支出责任，也有必要保持一个比较高的中央财政支出占比。

从这个意义上讲，一国的政府间财政分配关系可能与其政治、历史传统有关，并非简单的经济关系能够加以解释。中国在经济转型的新阶段中，推进城镇化，提升流动人口的市民化水平，需要化解地区间、居民间各种复杂的利益关系调整。由相对超脱的中央政府更大程度上发挥利益再分配的调控作用，应当有助于破解城镇化的各种利益阻碍。在对经济波动干预程度更高的国家，中央政府在财政总支出中的占比越高，也即中央政府更主要地应发挥稳定宏观经济运行的作用，在公共品供给方面，应尽可能发挥地方政府的积极性，尤其是政府管理存在着有效率的层级问题。

四、推进人口城镇化的改革建议

第一，新型城镇化是一个推进社会公平，打破社会阶层分离的重要战略，但城镇化是一个历史演进过程，需要在一个动态的历史阶段制定政策，政策不能仅仅着眼于目前在城镇的常住人口，还要防止形成新的人与人之间的不公平，财税调控政策要保障人民自由流动权利，应尽可能避免对人口迁移决策造成扭曲。无论是居住证、还是户口的申请制度改革，都应当保证制度的公开透明，除了居住年限要求外，不再附加其他刚性的申请门槛；实行社会保障、教育部直属重点大学招生指标等的全国统筹；对人口吸纳能力无法满足迁入人口

① 数据来源：2010年《第六次全国人口普查数据》。

需要的大城市来说，不仅要进行总量控制，还要采取拍卖、摇号相结合的方式进行市民化名额分配。推进城镇化过程中，要尽量营造一个在流动人口内部平等的选拔机制，避免因制度缺陷而造成社会矛盾。

第二，平衡地区间基本公共服务供给、推进产业的地区间梯度转移。中国城市发展极化现象过于严重，很大程度上是因为大城市的社会福利过于集中，城市户口指标承载着过多的经济利益，导致社会资源严重错配、损害了市场机制在资源有效利用中的作用。推进新型城镇化不能仅仅着眼于财政资金保障机制建设，更重要的是要对因公共服务差别带来的人口流动进行矫正，应该考虑直接打破附加在户口上的公共福利歧视。加快推进养老保险、医疗保险的全国统筹改革，中央在构建财税体制的基本框架改革中，应利用财政转移政策改革，将教育和医疗资源等更大程度向经济欠发达地区倾斜，使地区间人口流动更有效率、人口流动的地区特征更加均衡。

中国自 2000 年开始，东部地区制造业发展的速度慢于中西部地区，而中西部地区生产性服务业的增加值增长速度慢于东部沿海地区。这也意味着，人口净流入的地区，生产性服务业的发展优于制造业，而人口净流出的地区，制造业发展速度较快。城镇化过程中，人口集聚和产业集聚会加剧城市的生态承载负担，而且城市公共基础设施所具有的准公共品特征，也会具有一定的阈值。因此，城镇化发展要创新思路，在产业转移和升级等经济层面取得突破，目前应该研究通过财税手段，加强产业梯度转移效率，根据人口净流入与净流出地区的产业分布和发展趋势特征调节人口流动的走向，平衡各区域生态人口与经济的均衡发展。此外，越来越多的研究表明地区间产业发展竞争优势，往往是自然条件、劳动力素质、基础设施水平和政府的行政效率等多重因素共同影响的结果。从财税角度，中央政府在顶层制度设计层面，通过对基本公共服务供给适度分权，分散化教育、文体和科技资源，有助于中国流动人口分布更加均衡。工作地和居住地更有效地结合、减少城镇化的成本也是推进新型城镇化发展的有效途径。

第三，建立多元化推进城镇化的资金筹措机制，发挥市场在资源配置中的作用。目前的城镇化障碍很大程度上是流动人口的户籍障碍，失去了过去十多年以来中国经济、资产价格增长所带来的福利。但改革过程中，因为在各个领域都或多或少影响了发达地区、城市居民的利益，推进城镇化中面临的阻力也是空前的。不过，无论是基础教育、公共卫生，还是社会保障均属于具有较强外部性的公共品，同时农民工社会福利水平的提升对于社会和谐稳定的发展也具有重要意义，因此在农民工市民化的成本分担中，由东部经济发达地区承担更大的责任是较为公平的制度安排。

目前地区间商品房价格差异较大，而东南沿海经济发达城市过去十多年以来的房价房租飙升，形成流动人口难以融入城市生活的恶性循环。以房产税改革为核心构建地方税收收入体系，地区间房产税的税源无疑会存在非常大的不平衡。目前的学区划分与房产税负担并没有直接联系，且地理位置不同，房价差别很大，按面积设定免征额并不公平，会造成低价房补贴高价房，建议房产税应根据金额确定免征额，如根据当地商品房平均价格和固定面积确定免征额标准。近期开征房产税的收入应该专款专用，主要用于解决新市民化人口的住房问题，政府提供的公共租赁房与共有产权房应当严格控制套内面积，以保障基本的居住需要为目的，同时要避免政府的过度财政负担。

第四，合理划分财政支出责任，提高财政转移支付的效率。在新型城镇化快速发展过程中，可以根据流动人口市民化的总体格局，由中央代行一部分地方政府的基本公共服务支出责任，尤其是考虑到迁移人口的家庭财富、人力资本水平和年龄结构等差异，转移支付专项资金分配标准应该尽可能简单清晰，而且还应明确划分各级政府的基本公共服务供给责任，对属于中央政府事权范围的随迁子女教育、社会保障支出等，在核定资金总量的前提下可通过增加转移支付总额、调整转移支付比例的方式促进地方政府财力与事权匹配，实现公共服务与人的良好空间匹配关系。

中国过往的城镇化主要是土地城镇化，而新型城镇化主要通过地方政府实施，但其利益诉求与中央政府并不完全一致。平衡新型城镇化过程中地区间财政利益关系，提高地方行政体系的执行力是构建财政保障机制的前提，在行政体系保障之外，还要设计一个激励与约束兼容的经济保障制度，将推进新型城镇化战略内生化到地方政府的选择中。

地方债是城镇化过程中的基础设施建设的资金来源之一，要加快完善基本的地方债发行制度保障，改革政府预算会计制度，系统编制地方政府资产负债表，否则会给债券市场的基本秩序造成负面冲击，对长期市场关系建设得不偿失。另外，城镇化成本分担要努力利用市场手段，鼓励有条件的地区通过进行农民土地确权、个人和集体土地直接入市，为一些向城市流入的农民家庭筹集迁移的原始资金。

第八章　推进区域间制造业协调发展的财政政策方向

在经济进入增长的“新常态”时期，为了促进制造业技术结构转型、进一步发展服务业从而实现中国产业结构转型升级，政府应该在公共服务的供给与税制结构调整两个方面着手，加快要素资源的区域间合理配置。包括劳动力市场、资本市场、土地市场的要素市场还需要进一步推进改革的步伐，打破制约要素有效再配置的制度因素（袁志刚和解栋栋，2011）。当市场中存在包括制度、政府行政管制以及强大的市场势力时，资源不仅不能自由流动，资源的配置也无法达到帕累托效率（曹玉书等，2012），于是，市场出现部门间的要素回报率不再相等的资源错配状态。若消除各种阻碍要素自由流动的制度性障碍，减少要素错配，将大大改善中国经济增长状况（陈永伟与胡伟民 2011）。当然，效率与公平一直以来被认为是“鱼和熊掌不可兼得”的难题，但对于中国这样一个幅员辽阔、要素禀赋分布不均的大国，区域间制造业发展的不平衡、不充分已经明显地阻碍了经济增长的效率。因此当前的形势应该是提高欠发达地区的经济效率，公共政策应该向欠发达地区倾斜，鼓励中西部经济欠发展地区政府扶持地方产业的积极性，从而实现产业发展地区之间的相对公平。中国未来财政政策的调整与改革，是一个循序渐进的过程，尤其是公共支出责任划分的问题，需要在探索中发现问题，解决问题，尽量避免公共支出政策的偏差对地方产业增长带来的损失。本章对全文进行总结，并对未来促进区域间制造业发展的财政政策改革提出初步构想。

第一节 主要研究结论

一、民生性公共支出促进制造业增长并影响地区差距

近年来中国政府公共支出的结构有显著的变化，经济发展初期财政支出结构主要以建设和发展性支出为主，近年来民生支出占比逐渐提高，而维护性支出占比逐渐降低。从地区各产业和人均GDP地区差距的角度看，中国工业与服务业省际劳动生产率即劳均增加值地区差距呈现结构性分化。工业省际基尼系数与泰尔指数呈现倒"U"型特征，即工业地区差距先扩大后缩小；服务业在2012年之前并没有出现地区差距缩小的趋势，但2012年以后也存在地区差距缩小的趋势；人均GDP的省际基尼系数与泰尔指数也出现了倒"U"型特征；虽然近年人均GDP与服务业地区差距都有缩小的趋势，但工业劳动生产率地区差距的缩小先于人均GDP以及服务业地区差距的缩小。因制造业增加值占工业增加值的比重达到80%左右，工业劳动生产率地区差距的演变与主要来源为制造业地区差距。

本书的经验分析发现公共支出占比的提高对服务业与制造业劳动生产率的增长有显著的促进作用；细分公共支出结构发现，增加民生性政府支出、建设与发展性支出会显著地提高制造业劳动生产率，且民生性支出的效应大于建设与发展性支出的增长效应；同时，提高民生性支出还会显著提高服务业劳动生产率的增长，促进中国产业结构升级。因此，政府增加公共服务支出占比，能够有效促进制造业增长与产业升级。

简单地考察制造业省际基尼系数与公共支出占比的总量与结构的时间序列趋势，发现公共支出总量的占比与制造业省际基尼系数有比较明显的负相关关系；区分结构发现，这种明显的负相关关系主要来自民生性公共支出，即基本公共服务支出的增加与制造业地区差距的缩小显著相关。综合前文分析，这一结果意味着，虽然地区建设与发展性支出和民生性支出都可以促进制造业劳动生产率的增长，但是对于改善制造业地区差距背后的动力主要受到地区公共服务支出和地区公共服务水平的影响。

二、地区公共服务是高技术劳动力流入的"吸引力"

在经济发展的"十三五"时期，建立健全的人才流动机制，应该从基础设施

与公共服务的供给着手[①]。当前，中国各省财政民生性支出依然存在差距。地区间不同类型的公共服务支出差距程度不一致，地区医疗卫生支出差距存在显著缩小的趋势，而财政教育支出、社会保障支出、科技文化支出与公共安全支出的地区差距略有缩小，财政交通运输支出与环境保护支出地区差距先缩小后扩大。

本研究发现影响技能劳动力与非技能劳动力流动的因素不同。首先从公共服务支出的角度来看，公共服务支出对非技能劳动力的“引力”作用有限，如财政教育支出占比的提高对低技术劳动力存在滞后的拉力作用，而财政科技文化支出、医疗卫生支出与交通运输支出占比的提高，对低技术劳动力的迁入既存在当期的拉力作用，也具备滞后的拉力作用，但是财政环境保护支出占比的增加仅存在当期拉力效应，工资对于低技术劳动力的流入具有十分显著的“引力”作用；与低技术流动劳动力的回归结果相反的是，高技术劳动力是否迁移并不取决于地区工资水平，反而取决于地区公共服务支出的水平，各类公共服务支出对于高技术流动劳动力既存在当期拉力效应，也存在滞后拉力效应，这说明地区基本公共服务支出规模的扩张能够持续性地吸引外地高技术劳动力流向本地。

其次从公共服务存量水平来看，地区公共服务存量水平对低技术外来劳动力不存在“引力”效应，反而基础教育与公共交通对高技术劳动力的流入存在明显的“引力”作用，说明高技术劳动力的迁移不仅关注公共服务支出增量政策，还关注地区公共服务的存量水平。公共服务支出与公共服务存量吸引高技术劳动力流入并扩大高技术劳动力的集聚规模，会进一步地带动地区商业服务业的发展，促进更多的低技术外来务工人员的就业，从而间接推动城镇化水平的提高，也即公共服务支出与存量规模的扩张，对地区城镇化增长具有乘数效应。

从中国区域发展现状来看，公共服务供给水平较高的地区，往往是东部长三角地带、京津冀地带与东南沿海地带，高技术劳动力向东部地区流动，更加看重东部地区所带来的未来就业与生活质量的提高。人口向东部发达省份持续净流入虽然对东部地区产业技术结构升级会产生带动作用，但由此带来的要素区域分布不均、城镇化水平地区差距过大、经济发展结构失衡不利于中国

---

① “十三五”规划中提出要鼓励大众创业、万众创新，并实施人才发展战略，特别指出：“要建立健全人才流动机制，提高社会横向和纵向流动性，促进人才在不同性质单位和不同地域间有序自由流动。”

实施制造业向技术密集型行业转型、不利于实现“制造强国”的目标、更不利于实现经济的长期增长。当前中国东北地区已成为人才净流出区域，产业凋敝、国有经济占比过高、企业内部低效、冗余现象普遍，这与经济效率较高的东部发达省份成为鲜明的对比，长此以往可能造成东北地区城市凋敝，而东北土地资源肥沃，若长此以往，势必造成更大的资源浪费。

三、劳动力流动是促进省际制造业收敛的重要因素

中国制造业劳动生产率在2001年之前不存在绝对β收敛，仅存在条件β收敛；在2001年以后省际制造业既存在绝对β收敛也存在条件β收敛，这与工业省际基尼系数的倒“U”型特征对应。劳动力跨省流动是制造业出现收敛的重要原因，并且劳动力流动在不同时期对制造业收敛的作用不同，2001年以前，劳动力流动对地区制造业有促进发散的效应，2001年以后，劳动力大规模的转移具有促进制造业条件β收敛的作用。区分劳动密集型、资本密集型与技术密集型三类要素密集度的行业结构发现技术密集型行业的收敛速度与劳动密集型和资本密集型制造业相比较慢。劳动力流动对劳动密集型与资本密集型行业仅存在促进条件β收敛的作用，对技术密集型行业既存在促进条件β收敛的作用，也存在促进绝对β收敛的作用。

改革开放以来，东部沿海省份较早地成为地区制造业的集聚地，在经济发展初期吸纳了较多的劳动力集聚，带动了东部省份制造业的发展，加速了中国工业化的进程，但这也使发展初期地区间经济增长差距显著加大。经济增长差距的扩大还会进一步吸引人口流入，政府在经济发展初期的财政竞争行为也加剧了区域经济发展不平衡的程度。然而，随着经济发展地区人口流入的增加，经济发展水平的提高，人口流动的负效应凸显，由人口红利带来的工业化发展不可持续，东部地区一度出现产业转移以及“用工荒”的现象。

可贸易的制造业部门地区差距率先缩小，反映了地区间产业结构升级模式的差别。东部地区率先快速发展使得当前的制造业低成本竞争优势丧失，形成部分低附加值制造业向中西部地区转移，最终表现为中西部地区的工业劳动生产率的更快增长，而东部省份面临制造业的转型升级和增长放缓。不可贸易的服务业部门的地区间劳动生产率差距在2012年以前依然在扩大，一方面反映的是地区间生产成本增加效应，另一方面在于东部地区的人口集聚所带来的多样化服务需求，会刺激劳动力流入地区的消费性服务业更快增长，因而，一段时期内，地区间制造业和服务业会出现完全相反的收敛性特征。本

书研究结果意味着，促进劳动力要素地区之间合理有序流动的公共支出政策可以实现区域间制造业均衡发展的目标。

四、技能劳动力的技术外溢与成本增长效应作用于制造业收敛

中国的劳动力跨省流动与制造业的劳动生产率呈现倒“U”型相关关系，即劳动力源源不断流入某一地区内，会对该地区制造业产生先增加、后降低的作用。上述结果意味着随着人口大规模的转移使得制造业先发展地区在发展初期由于集聚效应增长较快，地区差距增加，但随着发展的深入、增长率持续下降，人口集聚带来的负效应会凸显，而后发展地区由于人口并未出现过度集聚状态，并未产生人口过度流动的负效应，从而导致制造业地区差距的缩小。劳动力流动对人口流入地制造业劳动生产率的扩大作用随着地区人力资本水平的增长而减弱，当人力资本水平提高到一定程度时，劳动力流动的增加甚至会降低地区制造业劳动生产率，这说明流动劳动力中，与非技能劳动力相比，技能劳动力流动更有可能促进制造业收敛。

技能劳动力流入既存在技术外溢效应又同时存在成本上升效应，共同作用于制造业收敛。但技术外溢效应仅仅发生在技术密集型制造业企业。由高技术劳动力流入的技术外溢效应导致的技术密集型行业的技术进步，会促进其余技术密集型行业的争相模仿，使得技术密集型行业集聚的地区与技术密集型行业分布较少的地区的劳动生产率的地区间差距扩大。然而，高技术劳动力的持续流入导致地区工资与房价增长，降低制造业劳动生产率。工资作为直接生产成本，其增长对制造业全行业的劳动生产率都存在抑制作用，但对技术密集型行业劳动生产率的影响更大；技能劳动力流动还会通过房价的增长降低制造业劳动生产率，但这仅仅存在于技术密集型行业，这是由于房价作为劳动力的生活成本，其增长降低了迁移的技能劳动力的效应，是技能劳动力流入的“推力”，从而有抑制人才集聚的作用，不利于技术密集型劳动生产率的提高。

中国目前要素市场价格机制成为配置地区间制造业生产能力的重要杠杆，无疑对中国区域协调发展政策的完善提供了新的思路，中西部地区可以通过加大基础设施建设水平，吸引东部的制造业转移；而东部省份在资源、环境成本的上升过程中，要加快技术升级、服务业发展，实现产业的升级换代。

五、基本公共服务的资源浪费不利于劳动力流动的可持续发展

中国当前正处于城镇化的快速增长阶段，在人口城镇化进程中，最主要的问题是流动人口市民化，这就需要制定相对妥善的公共服务供给政策。流动人口不能与本地户籍人口享受一致的公共服务，不利于人才的集聚和劳动生产率的提高，更不利于城镇化的可持续发展，但若要将流动人口全部纳入本地公共服务系统，势必造成巨大的财政压力。因此，公共服务供给的财政支出责任设计，应该注意利益分配冲突，建立相对公平的政策机制，但在此之前还需要关注现阶段是否存在公共服务供给的资源浪费。

以基础教育为例测算的基本公共服务的投入产出效率表明，中国基础教育资源浪费现象存在地区差异。东部地区基础教育技术效率水平最高，但西部地区基础教育的技术效率却高于中部地区。无论从纯技术效率的角度还是规模效率的角度来看，在保持现有的经济绩效与教育产出的情况下，中国地方政府对于基础教育供给无论在人力、物力还是在财力上都存在明显的浪费。从效率数值的动态变化来看，除了 2006 年至 2007 年技术效率降低以外，其余年份基础教育技术效率都在增长，说明基础教育资源浪费的省份资源配置得到改善。

短期内，政府应该重视优化投入要素的规模，提高规模效率。地方政府作为基础教育"生产者"，需着力于生产技术水平最优化，投入资源被合理利用。长期时，地方政府应重视在投入要素不变的情况下，如何通过促进技术进步使得教育产出增长，也即提高基础教育的全要素生产率。

为改善基础教育效率低下以及全要素生产率下降的问题，中西部地区若要扩大基础教育的供给，应该首先提高规模效率，优化各项教育资源的投入比例；相反东部地区经济发展较好，基础教育技术效率普遍较高，处于基础教育技术效率前沿上的东部省份若要扩大基础教育的供给可按照原本的投入要素比例增加基础教育要素投入。财政专项转移支付的比重可适当增加，但要保证教育资金能够专款专用，抵制教育资金被挤占的行为。此外，政府可以适当在高中阶段引入市场的力量，并给予税收政策等多方面的支持，发挥市场配置资源的灵活性以促进基础教育的发展；加强对市场的监管，对私立学校的师资、基础设施、收费管理进行严格审查，确保受教育的权益；提高基础教育质量，如引进高学历或教学经验丰富的专任教师等。

第二节　改善区域间制造业发展失衡的公共支出政策展望

党的十九大强调："中国特色社会主义进入新时代，中国社会主要矛盾已经转化为人民日益增长的美好生活需要和不平衡不充分的发展之间的矛盾。"加快解决区域经济发展的不平衡、不充分是当前促进经济和社会稳定发展的重要前提。改善区域产业发展的失衡是解决区域经济发展不平衡、不充分的路径之一。基于本书的研究结论，改善区域间制造业发展失衡的公共支出政策可以着眼于要素空间合理配置的角度进行推进。一是打破劳动力跨地区流动的壁垒，促进劳动力集聚的知识外溢的规模报酬递增效应；二是要提高城镇化的质量，缩小地区城镇化发展差距。实现上述两个目标的公共政策应致力于大力发展偏远地区、经济落后地区的民生项目，才能得以吸收人才，提高城镇化质量；三是积极发挥劳动力和住房市场的调控作用，减少对工资、城市化和住房市场的不必要行政性干预，使生产成本差异逐步转化为调控地区间产业转移的内在动力，实现区域间经济社会的协调发展。能够实现上述三方面目标的财政支出政策应从以下几个方面继续推进。

一、加快推进落后地区民生项目的建设以提高劳动力质量

本书第四章表明，公共服务存量水平与公共服务支出水平均是吸引技能劳动力流入该地区的重要财政举措。当前特别是要加快推进中西部省份的基础设施建设、改善中西部地区的公共服务供给的水平和质量，加大对边远地区公共安全、交通基础设施、基础教育与基本医疗的投入，尽可能地减缓人才外流；同时应鼓励科技创新发展，引导资本和劳动要素向经济欠发达地区流动，创造地区间技术外溢、商业和贸易网络，增加落后地区制造业技术模仿能力。

"十三五"规划提出"开展东部沿海地区与中西部地区、东北等老工业基地人才交流和对口支援，继续实施东部城市对口支持西部地区人才培训工程"。为落实这一目标，应对因公共服务差别带来的人口流动进行矫正，应该考虑直接打破附加在户口上的公共福利歧视。加快推进养老保险、医疗保险的全国统筹改革，中央在构建财税体制的基本框架改革中，应利用财政转移政策改革，将教育和医疗资源等更大程度向经济欠发达地区倾斜，使地区间人口流动更有效率、人口流动的结构在区域间更加均衡。

此外，在人才培育层面，应进一步提高西部地区基础教育的巩固率，提升整体人力资本存量水平。一方面，这需要政府加强对西部落后地区基础教育政策的宣传和呼吁，使更多的儿童享受义务教育的权利，从而为继续教育输送更多的生源，从根本上培育人才；另一方面，加强对欠发达地区职业教育培训的财政补贴，使更多的非技能劳动力有机会实现技术升级，为更多转移产业输送技术人才，与东部转移产业形成良好对接，从而形成落后地区自发的就业结构升级。除了基础教育与职业教育层面，还应该进一步加强对高精尖人才科学研究事业的补贴、加强研究经费的投入力度，使欠发达地区高等院校和科研院所在师资团队、实验室设备等方面能够达到国内先进水平，加强欠发达地区与发达地区科学研究的合作交流，以促进知识外溢，培育更多的人才。

在劳动力供给总量层面，当前社会人口老龄化严重，人口红利已经不复存在，因而需要进一步鼓励生育率的提高，但这背后存在另一个问题，即由于“二胎”政策的放开，使女性参与劳动时受到更为严重的就业歧视，因此政府应该加强对女性劳动力在就业中的法律保护。

二、改善交通基础设施网络与公共服务悬崖以推进城市群一体化发展

当前，中国的城市群发展仍然有很大的空间，面临的主要问题包括大城市功能集聚过度，并且未能与周边城市形成分工、互补与协同发展的区域一体化产业体系；城市之间的交通网络仍未完全打通，中心城市与周边城市公共服务差距悬殊，公共服务与交通基础设施仍不能满足城市群发展的需求。依据本书第四章、第五章与第六章的研究结论可以发现，当前中国制造业的发展，尤其是经济发达地区的制造业发展与区域均衡发展都需要人才。在经济高质量发展阶段，人才追求的不仅仅是工资水平的提高，更加看重公共服务水平。正是因为交通网络城际间的不通畅与公共服务城际间的悬崖式差距，形成了技能劳动力跨区域流动的隐形壁垒，导致技能劳动力流入后存在黏性，使区域间块状经济分割的局面难以扭转。

人口的空间流动、产业的结构变迁和空间区位选择是发挥城市群力量的源泉。党的十九大报告中指出：“加快建设制造强国，加快发展先进制造业，推动互联网、大数据、人工智能和实体经济深度融合，在中高端消费、创新引领、绿色低碳、共享经济、现代供应链、人力资本服务等领域培育新增长点、形成新动能……培育若干世界级先进制造业集群。加强水利、铁路、公路、水运、航

空、管道、电网、信息、物流等基础设施网络建设。”当前城市群一体化建设的推动虽然在逐渐加快，但仍存在一定的困难，其主要的一个方面在于交通基础设施网络的建设。之所以十九大报告中要把建设制造强国与加强基础设施建设一同提出，正是因为交通基础设施网络与产业区域间发展与产业一体化存在重要的相关性。交通网络的打通，不仅关系到各产业城市间区位的合理分布，还能够加强人才流动，提高人与人之间面对面的交流，促进知识外溢和技术扩散，实现中心城市带动周边城市发展。

促进区域产业协同发展，政府除了应间接主导交通基础设施网络的进一步打通外，还应改善中心城市与周边城市公共服务悬崖式的差距。政府应该直接主导教育与医疗公共服务，对于经济发达的重心城市，重点在于公共服务质量的“精”而不是数量上的优势，以吸引高精尖人才推动地区制造业的转型，对于经济相对欠发达的外围城市，在保证公共服务供给数量的同时还要进一步提高质量，财政也应给予一定的补贴以吸引人才，并逐渐通过技术创新带动制度创新，创造交流的密度和浓度，激发城市的活力，带动长期的产业区域间协同发展。

三、发挥劳动力和房地产市场配置资源的作用以改善区域制造业失衡

依据本研究可得出结论，实现区域间制造业协调发展，首先要打破劳动力跨省流动的制度障碍，发挥劳动力市场配置资源的作用，实现劳动力跨区域自由流动。中国的农业户口与城镇户口的户籍制度差异带来的“二元经济”体制，使农业劳动力不能实现自由流动。这是因为农业劳动力进入城市后基本无法享受与本地居民同样的公共服务，并且由于农业户口与城镇户口的差别，农民工还存在就业歧视，因此虽然二元户籍分割并没有产生对农业劳动力在土地上流动的封锁，但农业劳动力仍然较少地进入正规部门就业。因此在人口城镇化进程下，中国的劳动力没有遵循从第一产业向第二产业进而再向第三产业流动的逻辑，这会产生资源错配[①]，制约经济的可持续发展。

若要打破户籍制度的限制，一方面，对于大城市，要放松对高精尖人才的落户障碍，促进发达地区制造业结构升级；另一方面，要从教育根本上打破农

① 李晓飞：《户籍分割、资源错配与地方包容型政府的置换式治理》，《公共管理学报》2009 年第 1 期，第 169—170 页。

业劳动力流入城市的户籍限制。对于农业户口的劳动力，唯一可不受户籍制度制约而能够在城镇成为永久移民的方式是接受高等教育[①]，这就需要政府加大对农村基础教育的投入，缩小城乡基础教育公共服务的差距，提高农业户籍儿童接受高等教育的可能性。

此外，打破户籍分割，实现劳动力从传统产业部门向高效率部门的自由流动，要继续推进城镇化进程中的人口市民化，但地方政府会面临较大的财政支出压力。这就需要建立多元化推进城镇化的资金筹措机制，发挥市场在资源配置中的作用。在公共服务的供给上，引入市场作用，打造高品质的教育、医疗等公共服务，政府同时保证基本的教育与医疗等公共服务，同时政府要积极发挥引导和协调作用、加强组织和监管职能、制定公平合理规范的制度加以辅助。

依据本书第六章的研究结论，在人才向着高质量公共服务地区转移的背景下，人才流入会自发地通过推动住房与工资的上涨带动区域间制造业的收敛。因而，地方政府应该减少对住房市场的不必要的干预，尤其降低特大城市对技能劳动力购房的限制，尽可能避免由于保障房供给不合理而扰乱商品房市场，发挥商品房市场价格配置劳动力资源的作用，住房市场机制会自动地筛选出与产业发展匹配的技能劳动力与非技能劳动力，因为高技术人口有较高的购买力，而低技术人口会迫于生活的压力而改变自身迁移决策。对住房市场上减少行政干预有助于形成有序的城镇化，同时也不会挤出高技术人才。

---

① 赵西亮：《教育、户籍转换与城乡教育收益率差异》，《经济研究》2017年第12期，第164—178页。

参 考 文 献

[1] 阿瑟·奥沙利文:《城市经济学(第8版)》,中译本,北京大学出版社2015年版。

[2] 白雪洁、房伟:《中国义务教育效率的省际差异及投入拥挤研究》,《当代财经》2010年第3期,第32—39页。

[3] 白南生、李靖:《城市化与中国农村劳动力流动问题研究》,《中国人口科学》2008年第4期,第2—10页。

[4] 曹荣庆:《块状经济与人口流动悖论》,《中国人口科学》2008年第5期,第73—80页。

[5] 成涛林:《新型城镇化地方财政支出需求及资金缺口预测:2014—2020年》,《财政研究》2015年第8期,第53—57页。

[6] 蔡昉:《农村剩余劳动力流动的制度性障碍分析——解释流动与差距同时扩大的悖论》,《经济学动态》2005年第1期,第35—39页。

[7] 蔡昉:《中国城市限制外地民工就业的政治经济学分析》,《中国人口科学》2000年第4期,第1—10页。

[8] 蔡昉、都阳:《中国地区经济增长的趋同与趋异——对西部开发战略的启示》,《经济研究》2000年第10期,第30—37页。

[9] 钞小静、沈坤荣:《城乡收入差距、劳动力质量与中国经济增长》,《经济研究》2015年第6期,第30—43页。

[10] 曹玉书、楼东玮:《资源错配、结构变迁与中国经济转型》,《中国工业经济》2012年第10期,第5—18页。

[11] 陈斌开、张川川:《人力资本和中国城市住房价格》,《中国社会科学》2016年第5期,第43—64页。

[12] 陈斌开、金箫、欧阳涤非:《住房价格、资源错配与中国工业企业生产率》,《世界经济》2015年第4期,第77—98页。

[13] 陈强远、梁琦:《技术比较优势、劳动力知识溢出与转型经济体城镇化》,《管理世界》2014年第11期,第47—59页。

[14] 陈永伟、胡伟民:《价格扭曲、要素错配和效率损失:理论和应用》,《经济型:季刊》2011年第10卷第4期,第1401—1422页。

[15] 段平忠:《中国人口流动对区域经济增长收敛效应的影响》,《人口与经济》2008 年第 4 期,第 1—5 页。

[16] 董直庆、蔡啸、王林辉:《技能溢价:基于技术进步方向的解释》,《中国社会科学》2014 年第 10 期,第 22—40 页。

[17] 戴觅、茅锐:《产业异质性、产业结构与中国省际经济收敛》,《管理世界》2015 年第 6 期,第 34—46 页。

[18] 樊士德、姜德波:《劳动力流动与地区经济增长差距研究》,《中国人口科学》2011 年第 2 期,第 27—38 页。

[19] 范剑勇:《产业集聚与地区间劳动生产率差异》,《经济研究》2006 年第 11 期,第 72—81 页。

[20] 范剑勇:《中国地区差距演变及其结构分解》,《管理世界》2002 年第 7 期,第 37—44 页。

[21] 范剑勇、王立军、沈林洁:《产业集聚与农村劳动力的跨区域流动》,《管理世界》2004 年第 4 期,第 22—29 页。

[22] 范剑勇:《产业集聚与地区差距:来自中国的证据》,载《中国社会科学评论》,法律出版社,2004 年第 1 期,第 22—40 页。

[23] 傅勇、张晏:《中国式分权与财政支出结构偏向:为增长而竞争的代价》,《管理世界》2007 年第 3 期。

[24] 付文林:《财政分权、财政竞争与经济绩效》,高等教育出版社 2011 年版。

[25] 付文林:《人口流动的结构性障碍:基于公共支出竞争的经验分析》,《世界经济》2007 年第 12 期,第 32—40 页。

[26] 付文林:《人口流动、增量预算与地方公共品的拥挤效应》,《中国经济问题》2012 年第 1 期,第 41—53 页。

[27] 甘行琼、刘大帅、胡朋飞:《流动人口公共服务供给中的地方政府财政激励实证研究》,《财贸经济》2015 年第 10 期,第 87—101 页。

[28] 关爱萍、冯星仑、张强:《不同要素密集型制造业集聚特征及变动趋势——来自中国 2000—2014 年的经验证据》,《华东经济管理》2016 年第 10 期,第 95—100 页。

[29] 高帆、石磊:《中国各省份劳动生产率增长的收敛性:1978—2006 年》,《管理世界》2009 年第 1 期,第 49—71 页。

[30] 高帆:《中国区域农业全要素生产率的演变趋势与影响因素——基于省际面板数据的实证分析》,《数量经济技术经济研究》2015 年第 5 期,第 3—19 页。

[31] 高萍:《区域基本公共教育均等化现状、成因及对策——基于全国各省(市、自治区)面板数据分析》,《宏观经济研究》2013 年第 6 期,第 91—97 页。

[32] 郭庆旺、赵志耕、贾俊雪:《中国省份经济的全要素生产率分析》,《世界经济》2005 年第 5 期,第 46—53 页。

[33] 黄先海:《中国各省劳动生产率变化的测度与比较——基于数据包络分析法(DEA)的研究》,《浙江社会科学》2005 年第 5 期,第 32—37 页。

[34] 侯慧君:《中国公共教育支出的理论与实践探析》,《教育与经济》2010 年第 3 期,第 21—25 页。

[35] 黄永春、郑江淮、杨以文、祝吕静:《中国去工业化与美国再工业化之谜解析——来自服务业与制造业交互外部性的分析》2013 年第 3 期,第 7—19 页。

[36] 贾婷月、王晓阳、周孝伦:《财政支出结构与非农产业可持续增长研究》,《上海经济》2019 年第 4 期,第 94—106 页。

[37] 贾婷月:《基本公共服务支出与城镇化地区差距——基于劳动力流动的视角》,《上海经济》2018 年第 1 期,第 42—55 页。

[38] 贾婷月:《新型城镇化、利益分配关系与财政支出责任研究》,《财政研究》2015 年第 12 期,第 44—49 页。

[39] 贾婷月:《公共基础教育配置效率: 资源优化还是资源浪费》,《上海财经大学学报》2017 年第 1 期,第 49—60 页。

[40] 金戈、史晋川:《多种类型公共支出与经济增长》,《经济研究》2010 年第 7 期,第 43—56 页。

[41] 金戈:《产业结构变迁与产业政策选择——以东亚经济体为例》,《经济地理》2010 年第 9 期,第 1517—1523 页。

[42] 姜乾之、权衡:《劳动力流动与地区经济差距: 一个新的分析框架》,《上海经济研究》2015 年第 9 期,第 3—14 页。

[43] 简泽、段永瑞:《企业异质性、竞争与全要素生产率的收敛》,《管理世界》2012 年第 8 期,第 15—29 页。

[44] 李平、许家云:《国际智力回流的技术扩散效应研究——基于中国地区差异及门槛回归的实证分析》,《经济学(季刊)》2011 年第 4 期,第 935—964 页。

[45] 梁婧、张庆华、龚六堂:《城市规模与劳动生产率: 中国城市规模是否过小? ——基于中国城市数据的研究》,《经济学(季刊)》2015 年第 4 期,第 1053—1072 页。

[46] 李世杰、胡国柳、高健:《转轨期中国的产业集聚演化: 理论回顾、研究进展及探索性思考》,《管理世界》2014 年第 4 期,第 165—170 页。

[47] 李国平、范红忠:《生产集中、人口分布与地区经济差异》,《经济研究》2003 年第 11 期,第 79—93 页。

[48] 刘修岩:《集聚经济与劳动生产率: 基于中国城市面板数据的实证研究》,《数量经济技术经济研究》2009 年第 7 期,第 109—119 页。

[49] 鲁桐、党印:《公司治理与技术创新: 分行业比较》,《经济研究》2014 年第 6 期,第 115—128 页。

[50] 刘勇政、冯海波:《腐败、公共支出效率与长期经济增长》,《经济研究》2011 年第 9 期,

第 17—28 页。
[51] 刘夏明、魏英琪、李国平：《收敛还是发散？——中国区域经济发展争论的文献综述》，《经济研究》2004 年第 7 期，第 70—81 页。
[52] 刘小鲁：《区域性公共品的最优供给：应用中国省际面板数据的分析》，《世界经济》2008 年第 4 期，第 86—95 页。
[53] 陆铭、陈钊：《城市化、城市倾向的经济政策与城乡收入差距》，《经济研究》2004 年第 6 期，第 50—58 页。
[54] 陆铭、蒋仕卿、陈钊、佐藤宏：《摆脱城市化的低水平均衡——制度推动、社会互动与劳动力流动》，《复旦学报（社会科学版）》2013 年第 3 期，第 48—64 页、第 166—167 页。
[55] 陆铭、欧海军、陈斌开：《理性还是泡沫：对城市化、移民和房价的经验研究》，《世界经济》2014 年第 1 期，第 30—54 页。
[56] 刘生龙：《中国跨省人口迁移的影响因素分析》，《数量经济技术经济研究》2014 年第 4 期，第 83—98 页。
[57] 李玲、闫德明、黄宸：《中国农村义务教育经费配置效率研究——基于 DEA 和 Malmquist 指数的实证分析》，《教育与经济》2014 年第 3 期，第 3—7 页。
[58] 李全生、解志恒：《基于基尼系数对中国教育公平性的研究》，《国家教育行政学院学报》2008 年第 10 期，第 59—61 页。
[59] 李婉：《财政分权与地方政府支出结构偏向——基于中国省级面板数据的研究》，《上海财经大学学报》2007 年第 10 期，第 75—82 页。
[60] 罗伯特 · J. 巴罗、哈维尔 · 萨拉伊马丁：《经济增长》，中译本，格致出版社 2010 年版。
[61] 马拴友：《政府规模与经济增长：兼论中国财政的最优规模》，《世界经济》2000 年第 11 期，第 59—64 页。
[62] 潘越、杜小敏：《劳动力流动、工业化进程与区域经济增长——基于非参数可加模型的实证研究》，《数量经济技术经济研究》2010 年第 5 期，第 34—48 页。
[63] 潘文卿：《中国区域经济差异与收敛》，《中国社会科学》2010 年第 1 期，第 72—84 页。
[64] 彭国华：《技术能力匹配、劳动力流动与地区差距》，《经济研究》2015 年第 1 期，第 99—110 页。
[65] 齐绍洲、李锴：《区域部门经济增长与能源强度差异收敛分析》，《经济研究》2010 年第 2 期，第 109—122 页。
[66] 曲玥、蔡昉、张晓波：《“飞雁模式”发生了吗？——对 1998—2008 年中国制造业的分析》，《经济学（季刊）》2013 年第 4 期，第 757—776 页。
[67] 阮荣平、刘力、郑风田：《人口流动对输出地人力资本影响研究》，《中国人口科学》2011 年第 1 期，第 83—91 页。
[68] 沈坤荣、唐文健：《大规模劳动力转移条件下的经济收敛性分析》，《中国社会科学》

2006 年第 5 期,第 46—57 页。
[69] 沈坤荣、马俊:《中国经济增长的“俱乐部收敛”特征及其成因研究》,《经济研究》2002 年第 1 期,第 33—39 页。
[70] 沈坤荣、余吉祥:《农村劳动力流动对中国城镇居民收入的影响——基于市场化进程中城乡劳动力分工视角的研究》,《管理世界》2011 年第 3 期,第 58—65 页。
[71] 孙文凯、白重恩、谢沛初:《户籍制度改革对中国农村劳动力流动的影响》,《经济研究》2011 年第 1 期,第 28—41 页。
[72] 孙浦阳、韩帅、许启钦:《产业集聚对劳动生产率的动态影响》,《世界经济》2013 年第 3 期,第 33—53 页。
[73] 孙三百、黄薇、洪俊杰、王春华:《城市规模、幸福感与移民空间优化》,《经济研究》2014 年第 1 期,第 97—111 页。
[74] 孙巍、李菁:《中国制造业区域产业结构的收敛性研究》,《经济管理》2010 年第 3 期,第 46—54 页。
[75] Sylvie Démurger、杰夫·萨克斯、胡永泰、鲍曙明、张欣:《地理位置与优惠政策对中国地区经济发展的相关贡献》,《经济研究》2002 年第 9 期,第 14—23 页。
[76] 唐颖、赵文军:《公共支出与中国经济增长方式转变——基于省级面板数据实证检验》,《财贸经济》2014 年第 4 期,第 14—29 页。
[77] 屠建州、马红旗:《中国教育财政缺口与基于教育均等化的转移支付模式研究》,《财经研究》2016 年第 2 期,第 27—39 页。
[78] 王德祥、李建军:《人口规模、“省直管县”对地方公共品供给的影响——来自湖北省市、县两级数据的经验证据》,《统计研究》2008 年第 12 期,第 15—21 页。
[79] 王小鲁、樊纲:《中国地区差距的变动趋势和影响因素》,《经济研究》2004 年第 1 期,第 33—44 页。
[80] 汪进、钟笑寒:《中国的刘易斯转折点是否到来——理论辨析与国际经验》,《中国社会科学》2011 年第 5 期,第 22—37 页。
[81] 吴伟平、刘乃全:《异质性公共支出对劳动力迁移的门槛效应:理论模型与经验分析》,《财贸经济》2016 年第 3 期,第 28—44 页。
[82] 魏后凯:《中国地区经济增长及其收敛性》,《中国工业经济》1997 年第 3 期,第 31—37 页。
[83] 魏后凯:《当前区域经济研究的理论前沿》,《开发研究》1998 年第 1 期,第 34—38 页。
[84] 王蓉、杨建芳:《中国地方政府教育财政支出行为实证研究》,《北京大学学报》2008 年第 4 期,第 128—137 页。
[85] 王善迈、杜育红、刘远新:《中国教育发展不平衡的实证分析》,《教育研究》1998 年第 6 期,第 19—23 页。
[86] 王善迈、袁连升、刘泽云:《中国公共教育财政体制改革的进展、问题及对策》,《北京师范大学学报(社会科学版)》2003 年第 6 期,第 5—14 页。

[87] 王伟同：《城市化进程与城乡基本公共服务均等化》，《财贸经济》2009 年第 2 期，第 40—45 页。
[88] 夏怡然、陆铭：《城市间的"孟母三迁"——公共服务影响劳动力流向的经验研究》，《管理世界》2015 年第 10 期，第 78—90 页。
[89] 徐清：《工资"拉力"与城市劳动力流入峰值——基于"推拉"理论的中国经济实证》，《财经科学》2012 年第 10 期，第 37—45 页。
[90] 邢春冰、贾淑艳、李实：《教育回报的地区差异及其对劳动力流动的影响》，《经济研究》2013 年第 11 期，第 114—126 页。
[91] 严成樑、龚六堂：《财政支出、税收与长期经济增长》，《经济研究》2009 年第 6 期，第 4—15 页。
[92] 严浩坤、徐朝晖：《农村劳动力流动与地区经济差距》，《农业经济问题》2008 年第 6 期，第 52—58 页。
[93] 袁鹏：《制造业劳动生产率地区差异演变的驱动因素分析》，《管理科学》2008 年第 2 期，第 94—104 页。
[94] 袁志刚、解栋栋：《中国劳动力错配对 TFP 的影响分析》，《经济研究》2011 年第 7 期，第 4—17 页。
[95] 于涛方：《中国城市人口流动增长的空间类型及影响因素》，《中国人口科学》2012 年第 4 期，第 47—58 页。
[96] Yiu Por Chen：《财政分权下的地方经济发展、地方公共品拥挤效应和劳动力流动——以 1982—1987 年为例》，《世界经济文汇》2009 年第 4 期，第 36—51 页。
[97] 张海峰、姚先国：《经济集聚、外部性与企业劳动生产率——来自浙江省的证据》，《管理世界》2010 年第 12 期，第 45—52 页。
[98] 赵伟、李芬：《异质性劳动力流动与区域收入差距：新经济地理学模型的扩展分析》，《中国人口科学》2007 年第 1 期，第 27—35 页。
[99] 中国城镇劳动力流动课题组：《中国劳动力市场建设与劳动力流动》，《管理世界》2002 年第 3 期，第 74—79 页。
[100] 踪家峰、周亮：《大城市支付了更高的工资吗?》，《经济学(季刊)》2015 年第 7 期，第 1467—1496 页。
[101] 周业安、章泉：《参数异质性、经济趋同与中国区域经济发展》，《经济研究》2008 年第 1 期，第 60—75 页。
[102] 张文武：《集聚与扩散：异质性劳动力和多样化贸易成本的空间经济效应》，《财经研究》2012 年第 7 期，第 14—24 页。
[103] 钟笑寒：《劳动力流动与工资差异》，《中国社会科学》2006 年第 1 期，第 34—46 页。
[104] 朱国忠、乔坤元、虞吉海：《中国各省经济增长是否收敛?》，《经济学：季刊》2014 年第 3 期，第 1171—1194 页。

[105] 庄子银、邹微:《公共支出能否促进经济增长: 中国的经验分析》,《管理世界》2003年第7期,第4—17页。
[106] 赵志耘、吕冰洋:《政府生产性支出对产出-资本比的影响——基于中国经验的研究》,《经济研究》2005年第11期,第46—56页。
[107] 郑磊:《财政分权、政府竞争与公共支出结构——政府教育支出比重的影响因素分析》,《经济科学》2008年第1期,第28—40页。
[108] 宗晓华:《多任务代理财政外溢与地方公共服务提供——以教育为例》,《地方财政研究》2009年第8期,第9—14页。
[109] 张爱英:《中国基础教育效率及其影响因素研究》,《经济问题》2014年第12期,第59—62页。
[110] 翟博、孙百才:《中国基础教育均衡发展实证研究报告》,《教育研究》2012年第5期,第22—30页。
[111] Arrow, K. J., Kurz, M., *Public Investment, the Rate of Return, and Optimal Fiscal Policy*, The John Hepkins Press, Baltimore, 1970.
[112] Afonso, A., Aubyn, St. M., "Non-Parametric Approaches to Education and Health Efficiency in OECD Countries", *Journal of Applied Economics*, Vol. 2., No. 8, 2005, pp. 227 - 246.
[113] Afonso, A., Schuknecht, L., Tanzi, V., "Public Sector efficiency: An International Comparison", *Public Choice*, Vol. 123., 2005, pp. 321 - 347.
[114] Afonso, A., Miguel, St. A., "Public and Private inputs in Aggregate Production and Growth: a Cross-Country Efficiency Approach", *Applied Economics*, Vol. 32., No. 45, 2013, pp. 4487 - 4502.
[115] Baily, M. N., Barry, P. B., "US Manufacturing: Understanding Its Past and Its Potential Future", *The Journal of Economic Perspectives*, Vol. 28., No. 1, 2014, pp. 3 - 26.
[116] Binet, M. E., "Testing Fiscal Competition among French Municipalities: Granger Causality Evidence in a Dynamic Panel Data Model", *Regional Science*, Vol. 82., 2003, pp. 277 - 289.
[117] Barro, R. J., "Government Spending in a Simple Model of Endogenous Growth", *Journal of Political Economy*, Vol. 98., 1990, pp. 103 - 125.
[118] Barro, R. J., Sala-I-Martin, *Economic Growth*. McGraw-Hill, NewYork, 1995.
[119] Black, D. A., William H., "Bidding for Firms", *American Economic Review*, Vol. 79., 1989, pp. 1249 - 1256.
[120] Borcherding, T. E., Deacon, R. T., "The Demand for Service of Non-federal Governments", *American Economic Review*, Vol. 62., 1972, pp. 891 - 901.

[121] Borjas, G., "The Economic Benefits from Immigration", *Journal of Economic Perspectives*, Vol. 9., No. 2, 1995, pp. 3 - 22.

[122] Borjas, G., Stephen G. B., Stephen J. T., "Self-Selection and Internal Migration in the United States", *Journal of Urban Economics*, Vol. 32., 1992, pp. 159 - 185.

[123] Bencivenga, V. R., Bruce, D. S., "Unemployment, Migration, and Growth", *Journal of Political Economy*, Vol. 105., No. 3, 1997, pp. 582 - 608.

[124] Bernard, A., Jones, C., "Comparing Apples to Oranges: Productivity Convergence and Measurement across Industries and Countries", *American Economic Review*, Vol. 86., No. 5, 1996, pp. 1216 - 1238.

[125] Bagne, D. G., *Principles of Demography*, John Wiley & Sons, Incorporated, 1969.

[126] Carrington, W., Enrica, D., Tara, V., "Migration with Endogenous Moving Costs", *American Economic Review*, Vol. 86., No. 4, 1996, pp. 909 - 930.

[127] Chen, Y. P., "Fisical Dcentralization, Rural Industrialization and Undocumented Labor Moblility in China, 1982 - 1987", *Regional Studies*. Vol. 49., No. 5, 2015, pp. 1 - 15.

[128] Ciccone, A., Robert E. H., "Productivity and the Density of Economic Activity", *The American Economic Review*, Vol. 86., No. 1, 1996, pp. 54 - 70.

[129] Ciccone, A., "Agglomeration effects in Europe", *European Economic Review*, Vol. 46., No. 2, 2002, pp. 213 - 227.

[130] Dekle, R., Jonathan E., "Agglomeration and Land Rents: Evidence from the Prefectures", *Journal of Urban Economics*, Vol. 46., No. 2, 1999, pp. 200 - 214.

[131] Degen, K., Fischer, A. M., "Immigration and Swiss Hourse Prices", CEPR Discussion Paper, No. 7853, 2010.

[132] Diamond, R., "The Determinants and Welfare Implications of US Workers Diverging Location Choices by Skill: 1980 - 2000", *American Economic Review*, Vol. 106., No. 3, 2016, pp. 479 - 524.

[133] Dumais, G., Glenn, E, Glaeser, E. L., "Geographic Concentration as a Dynamic Process", NBER working paper, No. 6270, 1997.

[134] Devarajan S., Swaroop V., Zou H., "The Composition of Public Expenditure and Economic Growth", *Journal of Monetary Economics*, Vol. 37., No. 2, 1996, pp. 313 - 344.

[135] Gallaway, L. E., Vedder, R. K., "Mobility of Native Americans", *Journal Ecnonmic History*, Vol. 31., No. 3, 1971, pp. 613 - 649.

[136] González, L., Francesc O., "Immigration and Housing Booms: Evidence from

Spain", IZA Discussion Paper, No. 4333,2009.

[137] Hornung, E., "Immigration and the Diffusion of Technology: The Huguenot Diaspora in Prussia", *American Economic Review*. Vol. 104., No. 1,2014, pp. 84 - 122.

[138] Hanson G., Scheve K., Matthew J., "Public Finance and Individual Preferences over Globalization Strategies", *Economics and Politics*, Vol. 19., No. 1,2007, pp. 1 - 33.

[139] Kangasniemi, M. et. al., "The economic impact of migration: productivity analysis for Spain and the UK", *Journal of Productivity Analysis*, Vol. 38., No. 3,2012, pp. 333 - 343.

[140] Krugman, P., "Increasing Returns and Ecnonmic Geography", *Journal of Political Ecnonmy*, Vol. 99., No. 3,1991, pp. 483 - 499.

[141] Lewis, W. A., "Economic Development with Unlimited Supplier of Labor", *The Mancherster School of Ecnonmic and Social Studies*, Vol. 22., No. 2, 1954, pp. 139 - 191.

[142] Lucas, R., "Life Earnings and Rural-Urban Migration", *Journal of Political Economy*, Vol. 112., No. 1,2004, pp. 29 - 59.

[143] Lowry, I. S., *Migration and Metro Politan Growth: Two Analytieal Models*, Chandler Publishing Company, San Francisco, 1966.

[144] Marshall, A., *Principles of Economics: An Introductory, 9th edition*, Macmillan, London, 1890.

[145] Means, T. S., Stephen L. M., "Estimating the Publicness of Local Government Services: Alternative Congestion Function Specifications", *Southern Economic Journal*, Vol. 61., No. 3,1995, pp. 614 - 627.

[146] Oates, W. E., "The Effects of Property Taxes and Local Public Spending on Property Values: A Reply and Yet Further Results", *Journal of Political Economy*, Vol. 81., No. 4,1969, pp. 1004 - 1008.

[147] Oates, W. E., Fisical Federalism, Harcourt Brace Jovanovich, New York, 1972.

[148] Peri, G.,"The Effect of Immigration on Productivity: Evidence from U. S. States", *Review of Economics and Statistics*, Vol. 94., No. 1,2012, pp. 348 - 358.

[149] Paserman, M. D., "Do High-Skill Immigrants Raise Productivity? Evidence from Israeli Manufacturing Firms, 1990 - 1999", *IZA Journal of Migration*, Vol. 2., No. 1,2013, pp. 1 - 31.

[150] Ranis, G., Fei, J., "A theory of Economic and Development", *American Ecnonmic Review*, Vol. 51., No. 4,1961, pp. 533 - 565.

[151] Rodrik, D. , "Unconditional Convergence in Manufacturing", *The Quarterly Journal of Economics*, Vol. 128. , No. 1,2013, pp. 165 - 204.

[152] Rioja, F. K. , "Filling potholes: macroeconomic effects of maintenance versus new investments in public infrastructure", *Journal of Public Economics*, Vol. 87. , No. 9 - 10,2003, pp. 2281 - 2304.

[153] Ravenstein, E. G. , "The Laws of Migration", *Journal of the Statistical Society of London*, Vol. 48. , No. 2,1885, pp. 167 - 235.

[154] Solow, R. M. , "A Contribution to the Theory of Economic Growth", *The Quarterly Journal of Economics*, Vol. 70. , No. 1,1956, pp. 65 - 94.

[155] Sachs, J. D. , Warner, A. , "Fundamental Sources of Long-run Growth", *American Ecnonmic Review*, Vol. 87. , No. 2,1997, pp. 184 - 188.

[156] Saiz, A. , "Immigration and Hoursing in American Cities", *Jourual of Urban Ecnonmics*, Vol. 61. , No. 2,2007, pp. 345 - 371.

[157] Sveikauskas, L. , "The Productivity of Cities", *The Quarterly Journal of Economics*, Vol. 89. , No. 3,1975, pp. 393 - 413.

[158] Tiebout, C. , "A Pure Theory of Local Expenditures", *Journal of Political Economy*, Vol. 64. ,1956, pp. 416 - 424.

[159] Xie, D. , Hengfu Z. , Hamid D. , "Fiscal Decentralization and Economic Growth in the United States", *Journal of Urban Economics*, Vol. 45. , No. 2,1999, pp. 228 - 239.

后　记

本著作是在我的博士论文基础上修改完成的。2015 年底，我计算了工业、服务业以及经济总量的省际基尼系数，发现分产业的地区差距演变趋势截然不同，我对这一问题产生了浓厚的兴趣，博士在读期间一直致力于找出工业制造业与服务业地区差距演变趋势结构分化的内在原因和机制。我于 2017 年 6 月通过了答辩，并完成了博士论文的最后一稿。在同年我进入了上海社会科学院应用经济研究所工作，工作的这一年半以来，制造业发展的问题一直备受关注，尤其是制造业升级与区域产业发展的不平衡、不充分问题。本书的研究虽然还存在诸多不足，但研究的初衷在于从宏观视角上对制造业区域间收敛的内在机制有一个全新的认识。这本书的写作过程十分艰难，从劳动力流动的角度去研究公共支出结构对制造业地区差距的影响最大的限制在于人口流动数据并不充分，从选题和文献搜集到数据处理和实证分析，都经历了无数次的否定，以及同样次数的卷土重来。但即便改了数次，仍然会存在疏漏，欢迎各位读者批评指正，更欢迎就此问题与我深入探讨，能与各位同仁共同为改善中国区域产业结构失衡的财政政策设计贡献一份力量，是我的荣幸。

感谢我的工作单位上海社会科学院应用经济研究所，本著作的出版得益于我工作单位的资助与支持。感谢我的导师付文林教授。在付老师的指导下，我进入博士阶段学习生活时首先关注了中国城镇化进程下基本公共服务供给的问题，这对当时理解中国人口大规模流动对区域收入差距的影响做了铺垫。随后，我与付老师每周进行一次讨论，论文选题最初的启发就来自一次与付老师就制造业收敛的问题的讨论。研究的过程并不顺利，让我经常困惑不解，但幸亏有付老师的点拨和鼓励，让我最终能够在解释制造业收敛背后的动因这一研究领域有一些突破。付老师曾对我们说，他在写作过程中会把握每一句话的逻辑。付老师踏实严谨的学术态度以及低调儒雅的人格魅力，像一盏黑暗中的启明灯，不仅伴随着我整个博士期间的成长，还指引着我未来如何成为一名优秀的学者。

感谢为我们讲授专业课程的公共经济与管理学院的老师们，在这些老师的课堂上，我学习到了丰富的公共经济理论，让我茅塞顿开。感谢硕士导师史桂芬教授，是她引领我走上了科研的道路。感谢王斌老师，在有关博士研究生的大大小小各项事宜上他都尽职尽责。

感谢父母，因为有他们，我才有机会在这五彩缤纷的世界里体味人生的冷暖，享受生活的快乐与幸福。感谢亲人以及同窗好友。在这里我要特别感谢我的挚友卢梦霏女士，她积极乐观的生活态度为我枯燥的科研生活带来无尽的欢笑和慰藉。感谢徐研博士、苏理梅博士、徐超博士、汪丽萍博士、崔亚博士、孙文平博士，与他们的交流让我受益匪浅，同时也为本书的完成提出了宝贵的意见。感谢张园园女士、田野女士、夏颖女士、印明珠女士、陈秋琪女士、黄法军先生、于思淼先生、韦航先生、方嘉明先生，能与你们同行一段路程本身就是最珍贵的人生体验。

最后感谢所有帮助过我的人，感谢上海财经大学，谨以此献给母校。

贾婷月

2018 年 12 月于上海